ゼロイチ運動と「かやの理論」

鳥取県智頭町　グループ・ダイナミックスの実践＆論文集

〈編著〉寺谷 篤志
〈書評〉宋 金文

「魁（さきがけ）」 揮毫 彫刻家 近藤哲夫氏
愛媛県西条市在住

発刊に寄せて　夢を実現！

「智頭町でもまちづくりをしよう」と、著者の寺谷氏から声をかけられた。その時、「智頭町でまちづくりはできない」と答えた。あれから36年になる。心が動いたのは、「親の世代から夢は与えてもらわなかったが、せめて子どもたちに語れる町にしよう」と、重ねて励ましの言葉があったからだ。１９９６年、氏と一緒に「杉《さん》トピア（杉源《さんげん》境《きょう》）ちづ構想」を基に、ゼロイチ運動の企画書を作った。そして、２００７年秋、気づけば担当者として、地区振興協議会の企画書と規約の作成に当たっていた。

山形地区振興協議会は２００８年４月１日に発足して12年を迎える。この間、地域の「福祉と共育」をテーマに事業を行ってきた。森のミニデイサービスで出会うお年寄りの笑顔、林業体験では子供たちの元気な表情を見ることができる。先輩方の努力によって諸事業は揺るぎないものになった。この三月には、智頭町から旧山形小学校の管理を受託した。校舎を活かして次のステージに一歩進めたい、それは「山形　共育空間」構想である。

１９８４年、山形地区からまちづくりがスタートした。その中心となられた故前橋登志行さんは、生前、智頭町の活性化は「山々の稜線に三又を架け、チェーンブロックで引き上げるしかない。」と、誰も持たなかった発想を提案された。当時、鳥取国体が開催され選手へのお土産に、山形地区公民館長として智頭杉を使った「杉の写真たて」を製作された。それがゼロイチ運動へとつながり、領域自治の「地区振興協議会」の設立へと発展した。

このたび、まちづくりの実践録と、杉万俊夫先生が研究されているグループ・ダイナミックス（集団力学）の講義と論文が編集された。この一冊は智頭町の「誇り」へとつながるだろう。

発刊を機会に１９８４年から取り組んできた『まちづくり資料（レガシー）館』の開館と、子どもたちに『ゼロイチ運動と「かやの理論」の教室』を開講する予定だ。一つ夢が実現する。

令和２（２０２０）年秋

鳥取県智頭町　山形地区振興協議会
会長　大呂佳巳

はじめに 「かやの理論」で地域を拓く

高齢化社会では世代交代が難しい。地域では、40代50代は若者だ。60代になってもまだ若いといわれる。なにかをやろうとしても、年齢が大きな壁となって立ちはだかる。地域づくりのために、身近な人たちに声をかけて、1988年4月、智頭町活性化プロジェクト集団（Chizu Creative Project Team, 以下「CCPT」）を設立した。しかし、リーダーシップをどうとるか悩んだ。スポーツや職場で体験してきた、トップダウンのリーダーシップに限界を感じていた。

1993年4月、これまで聞いたことがない「かやの理論」と出会い、直感的に地域づくりに使えると思った。「かや」とは、空気とか雰囲気のことである。それらは規範と呼ばれる。「かや」は一人ひとりを半分だけしばり、残りの半分は自由に考え行動している。人は必ずなんらかの「かや」の影響を受け、何種類もの「かや」に包まれ、昨日とはちがう「かや」ができ、絶えず変化していると説かれた。

この「かやの理論」を応用した避難誘導の話があった。高い所に立ち、大きなボディアクションで、「あっちが出口だ」と大声で叫ぶと、大混乱が起きる。そこで、事前に何人かに誘導先を話しておき、彼らが〝ささやき〟かけて手を取る吸着誘導法だと、即座にもう一人、二人と気づき、その力が即時的な小集団の「核」となって動きだす。小集団が合流する形で大きな群集流となって、スムースに避難ができたとあった。これだ。この理論は地域づくりに活かせる。CCPTと役場で、複合的にプロジェクトチームを組織して、地域を変えることができるかもしれない。

1989年9月にスイスの山岳地の麓《ふもと》の村で、住民主体の地域計画づくりを視察していた。「かやの理論」が地域戦略へとつながった。1995年1月から6月、CCPTと役場の連携プロジェクトの一つとして、グランドデザイン「杉《さん》トピア（杉源境）ちづ構想」を策定した。このまちづくり計画で住民自治システムの概念が発案された。瓢箪《ひょうたん》から駒のごとく、起死回生策が生まれた。

１９９５年夏、杉万俊夫先生（当時：京都大学総合人間学部助教授、現：京都大学名誉教授、九州産業大学教授）は、私たちが10年間取り組んできた地域づくりを調査し、論文−１：過疎地域活性化のグループ・ダイナミックス—鳥取県智頭町の活性化運動10年について—を、脱稿された。結語に、《（抜粋）仮に、「集団」としての可視性を減じたとしても、（中略）地域コミュニティのひだの中にしみ込み、そして、岩をもうがって伸びる木の根のように、縦割り行政システムの壁を突き崩して、その中に浸食していくならば、そこには、新しい住民自治に向けての一つの具体的な方向性が提示されてくるであろう。》と、ＣＣＰＴの課題が示唆されていた。

１９９７年、地域戦略目標を「誇りの創造」として、集落単位で住民が地域計画を立て実行する「日本・ゼロ分のイチ村おこし運動」がスタートした。ゼロ（無）からイチ（有）の律動は、２００８年に地区（校区）単位へと発展した。住民自治の規範は、百人委員会へと伝搬し、その後、移住者や若者が活躍するステージへと進展した。

「かやの理論」の講義から27年、『地域からの挑戦』（岩波ブックレット）、『よみがえるコミュニティ』（ミネルヴァ書房）が発刊されてから20年、今日までの活動は、実証報告としてⅠ・実践編とⅡ・資料編に収録し、グループ・ダイナミックスの講義をⅢ・講義編、グループ・ダイナミックスの視点から活動を調査・解析した論文をⅣ・論文編に編集している。

寺谷篤志

目次

Ⅱ．資料編

Ⅳ・論文編（左綴じ）

I. 実践編

第１章　衝撃《しょうげき》「かやの理論」に出会う

１　これは面白い、「かやの理論」

１９９３年４月４日、杉万俊夫先生から初めて「かやの理論」を聞いた。こんな学問があるのかとびっくりした。「かや（蚊帳）」とは規範のことだ。規範とは空気とか雰囲気のことで、「かやの理論」とは集団論である。「かや＝蚊帳」とは、私たちが子どものころ、鴨居《かもい》の四方から吊り下げて、蚊に刺されないようにした「蚊帳」のことだ。蚊帳は現在では全く使われなくなったが、蚊帳の内とか外という言葉は使う。つまり、その集団内における規範を蚊帳《かや》に例えて話された。

１９８４年から地域づくりに我武者羅に取り組んでいた。首長は一期交代、町会議員は二度の選挙違反で大量逮捕された。智頭町の誇りは地に落ち、屈辱感さえ持った。住民気質は、煮えたら食おうかと機が熟すのを待っている。何か施策でもやれば批判や中傷の的になる。村雀《すずめ》が騒いでいると思うようにしていたが、町には評論家がいっぱいいた。役場にあっては漫然《まんぜん》と日々を送っているように見えた。

地域社会に目をやると、過疎化・高齢化・少子化が加速度的に進んでいる。このまま鳥取県の山の中に埋もれて終《しま》うのか、なんとも言い難いやり切れなさを感じた。覚悟して広島市から帰郷したが、地域の「誇り」とはほど遠い町だった。無気力な町に住んでいると思うと残念だった。まるで茹《ゆ》でガエルではないか。町の将来を、二人の息子たちにどう話をするのか。せめて自分たちが頑張ろうと、身近な人たちに声をか

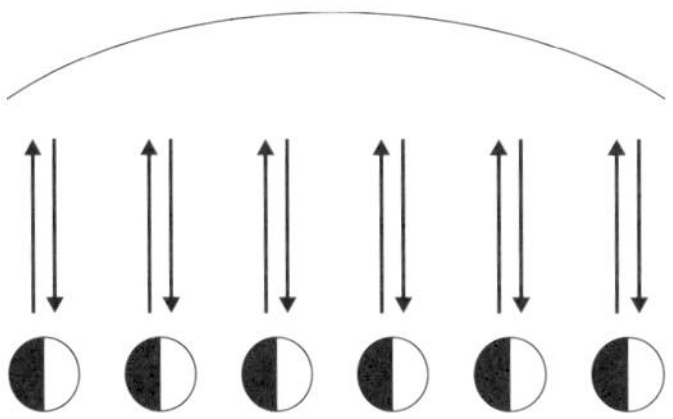

概念図-1《かやの理論》

け、地域づくりに挑戦した。近隣町村とは一味違う地域づくりをやっていたが、所詮、井の中の蛙《かわず》である。いくら取り組んでも趣味の範ちゅうから出られない、もどかしさを感じていた。

そこで、なんであろうと学ぶことからだと、吉田松陰の松下村塾に因んで、1989年8月、平成の維新は杉の下からと、「地域経営」をテーマに杉下村塾《さんかそんじゅく》を、地域リーダー、行政マン、知り合いの研究者に呼びかけて開講した。智頭町の最奥部で交通の便も悪く、誰が講習会費を3万円も払って参加する者があるものかとか、地域は運営であって地域経営の概念は無いなど、意見はあったが、それらの声を振り切って智頭町のソフト機関を目指して、年に一度、二泊三日で10年間にわたり、地域経営塾を開いた。

まさか、この一歩が突破口になろうとは思わなかった。塾では、「先生徒」と称して先生と生徒が入れ替わり、毎回、侃々諤々《かんかんがくがく》、深夜まで議論が続いた。杉万先生は1992年の第4回目の杉下村塾に参加された。翌年の春の耕読会（読書会）で、「かやの理論」の講義（講義編講義-1）をいただいた。カセットテープにとって文章に起こし、一年かけて「かや」の概念［概念図-1］をつかみ、地域戦略に仕立てCCPT（資料編第1章資料3）のメンバーに提案した。

2　「かやの理論」の講義ポイント（資料編第1章資料1、2）

「かやの理論」の講義ポイントを、次の①～⑤の箇条書きにまとめた。

①集団に漂う空気が「かや」である。人はいくつかの「かや」に属している。「かや」の重複構造を利用して全体を変えることができる。リーダーシップは、「かや」の中の人々が程度の差こそあれ発揮している。自分が意図する「かや」をどうやって作っていくかがリーダーシップである。

②高いところに立って、大きなボディアクションと大きな声で「あっちが出口だ」と叫ぶ、従来の誘導法だと混乱が起きる。ところが、「こっちに逃げてください」と〝ささやき〟かけて、手を取り、あるいは肩を押しながら逃げる吸着誘導法《フォローミー》で避難がスムーズにできる。つまり、気づく、すると即座にもう一人、二人と気づく、その力が即時的な小集団の「核」となって動きだす。この小集団が合流する形で一つの大きな群集流となる。

③個人は「かや」の影響を受けている。そして、半分だけ影響を受け「かや」は変化する。また、一人ひとりの人間を半分だけしばり、残り半分は自由に考え行動している。昨日とはちがう「かや」ができて、「かや」が変化し、変わったところの「かや」が個人をしばる、というエンドレスのドラマである。個人は何種類もの「かや」に包まれている。

④二つの自分がある。第一の自分は今という瞬間を走って、評価や理屈とは無関係に走る自分と、第二の自分は第一の自分に対してアドバイスをする評価や理屈を担当する自分である。絶妙な二人三脚で一人の自分になっている。自分の構造が変化しているのは、第二の自分が第一の自分に与えるアドバイスの仕方が変化しているからだ。

⑤日本社会は「イエ型集団編成」の原型である。これからは、女性・高齢者・若い人・外国人が主体性を持って、一人ひとりが変わっていくことが、日本の選択である。

3　気づき、リーダーシップと場づくり

１９８８年４月、住民の有志30人で企画・実践・学習集団を目指して、ＣＣＰＴ（資料編第1章資料３）を設立した。何分にも地域づくりのボランティア集団である。活動に拘束力はなく自由である。ということは無責任である。地域の活性化に役立つような活動ができないものかと考えていた。しかし内心、役場の職員でない者が、地域づくりを一生懸命にやっても無駄ではないかと、思うようになっていた。また、ＣＣＰＴの活動の方向性についても行き詰まっていた。スイスの山岳地で視察した住民主体による地域計画づくりに向けた戦略がどうしても見つからない。悶々としていた。そんな時に「かやの理論」に出会った。

1　目から鱗、リーダーシップ

私は長年にわたり指差をして集団を方向づけてきた。地域では、上から目線ではどうしてもうまくいかない。これだけ言っても分からないのかと、不足に思う気持ちが生まれストレスが溜まった。リーダーシップは難しいものだと思っていた。「かやの理論」の講義で、リーダーシップは「かや」の中の人々が、程度の差こそあれ発揮しているとあった。トップダウンでは通じない理由が分かった。一人ひとりがリーダーシップを取っているのだ。そして、避難時の誘導法として吸着誘導法が紹介された。まさに目から鱗が落ちた。

「かやの理念」を基にリーダーシップを工夫してイメージをつかんだ。名づけて「エディターシップ」である。冷静に考えると、自分が体験してきた指差型のリーダーシップであっても、常に自分自身がピラミットの

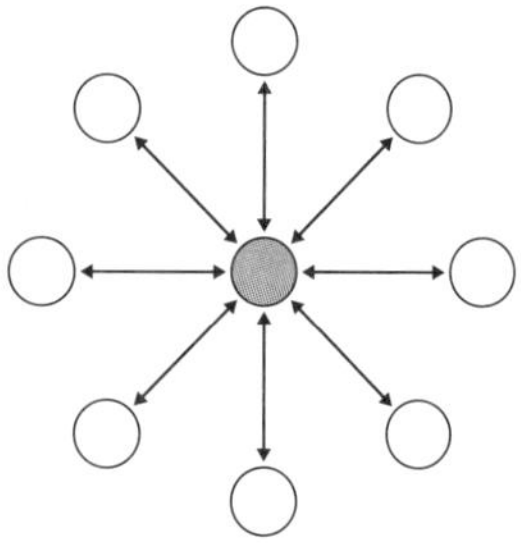

概念図－2《エディターシップ》

頂点に立っているのかというと、そうではない。テーマによっては他者が中心になっている。ということは、常に上下の関係ではなく、テーマなり中心となる個人を「核」に仮定し、スタッフを「各」として水平型の関係として見る。すると「核」と「各」はテーマによって転換している。たまたまその役割が「核」のポジションであっても、次のテーマに移れば「各」に移動する。つまり、「核」と「各」は交代し、ポジションに応じて役割を演じているのだ。

もう一つの考え方は、テーマを互いに紡いでいるととらえた。［概念図－2］で表すと「核」を中心に「各」の関係は、放射状のイメージである。講義編講義－2　こころと意味・「かや」を学んで考えた。合わせて天地スリップの概念（後記第2章2－5）［概念図－7］で、リーダーシップの核心をつかんだ。

2　周りの人との関係、場づくり

地域の人間関係は密だ。ということは周りの人たちの意見に影響を受けやすい。面と向かって言われると意識して感情的になる。

人は「かや」に包まれ常に影響を受けている。個人は全体に影響し、全体は個人に影響している。言葉のみで規範を切り替えることはできない。その意図する環境をつくることによって、人は変わるのではないか。説得を試みるよりも、場づくり、環境づくりに力を入れた。人は舞台に立てば主役になる。いかに舞台がつくれるかが課題である。地域づくりのシナリオは、具体的に人材を当てて計画すれば成功する。ポジションが人をつくるといえる。

4　「かやの理論」の講義前夜

１９９０年3月18日、ＣＣＰＴの若い人たちの発案で、智頭町出身大学生に町を空から見てもらおうと、自衛隊鳥取地方連絡部の協力を得て、大型ヘリコプター2機に搭乗する事業を行った。その際に、岡山県奈義町の陸上自衛隊日本原演習地の売店で、「新野外令合本」を入手した。その中に作戦計画策定上の注意事項が解説してあり、地域づくりに応用できると思った。心理戦・広報の優越、情報概説や作戦目的、作戦目標、作戦段階など、地域づくりのステップをつくるヒントになった。

窓口になっていただいた高原二佐の講演を伺い、小隊は四人で編成されていることを知った。「四」という数字で閃いた。集団の合意形成を模造紙会議方式で企画をしていたが、岡田憲夫先生（当時：鳥取大学工学部教授・現：京都大学名誉教授）の指導を受けて四面会議システム（後記第２章２-４）［概念図-６］方式に整理して、１９９１年11月、土木学会で発表した。そして、野外令を参考に地域づくりの戦略目標を、「誇りの創造」とした。

１９９２年11月7日、岡田先生と一緒に杉万先生が杉の木村に入られた。前日から第4回杉下村塾を開いていた。山間の初冬は釣瓶《つるべ》落としで外は真っ暗だった。杉万先生から自己紹介があり、集団論を分かりやすく説明された。私は「人間科学ですね、お考えが分かる本はないでしょうか」と尋ねた。途端《とたん》に「私は本は書きません」と返答があった。咄嗟《とっさ》に、「書かれないものは分かりません。先生はいつまで命がありますか」

と、出会い頭のやり取りであった。ちょっと、厳しい雰囲気になったところへメンバーから、懇親会の準備ができたと連絡が入った。私も40代の初めで血気盛ん、そんな初対面だった。約30年経って失礼なことを言ったものだと反省している。

それから5ケ月後の１９９３年4月4日、杉万先生に「かやの理論」の講義をしていただいた。この講義をきっかけにＣＣＰＴを調査され、１９９５年夏、論文編論文-1を脱稿された。そして、四半世紀にわたり地域づくりを検証された。本書には特別講義と論文を収録している。杉万先生はコミュニティに学問的意味を、どう見出されたのか。集団力学で解析されている。

5　杉万先生「私と智頭との出会い」

杉万先生が智頭町に入られた印象を、『よみがえるコミュニティ』（ミネルヴァ書房、２０００年11月、編著：杉万俊夫）に紹介されている。

《Ｐ37-38：しかし、もっとおもしろかったのは、研究者や地域プランナーのような先生の役割にある人間と、それ以外の生徒の役割にある人間が、まったく同じ目線に立っていること、いや、ややもすると、両者の役割が逆転しているかのように思える瞬間さえあることだった。しかし、実は、そのような瞬間は、意図的な試みだった――その試みが、「先生徒《せんせいと》（＝先生＋生徒）」という言葉で呼ばれ、自覚的になされていたことを、翌年の塾で知った。話を聞いているうちに、今年の塾のテーマが「憩住《けいじゅう》」であることがわかった。――もちろん、その意味するところは、皆目わからなかった。いよいよ閉会というとき、翌春4月の「耕読会」の講師をしてほしいと依頼された。耕読会とは、講師が選定した本を読み、講師を中心にディィスカッションする会で、年4回開催されているらしい。何のことやらよくわからなかったが、熱意と迫力に押されて引き受けてしまった。

以上が、私が初めて智頭に足を踏み入れたときの話である。都市部で育った私にとって、それは、自分が研究者であることを意識しつつ田舎を訪れた初めての経験だった。人並みに、村おこしという言葉は知っていた。私が育った福岡県の隣県、大分県の一村一品運動、同じく大分県の由布院のまちづくりなどを耳にはしていた。しかし、村おこしも、過疎地域も、私の研究とは別の世界にあった。それから8年。過疎地域活性化運動の現場、智頭にここまで深入りしようとは予想だにしなかった。

明けて1993年の4月上旬、約束した耕読会のため、再び、杉の木村を訪れた。道端には、背丈ほどの雪がかいてあった。雪の中から顔を出したフキノトウがまぶしかった。

耕読会では、一応、1冊の本を選定したものの、主として、自己紹介を兼ね、私自身の専門分野であるグループ・ダイナミックスについて話をした。それまで、企業、学校、病院といった組織の研究をしていたので、大きな組織を動かすためには、組織を構成する個々の小集団を活性化するのが重要であること、また、創発的な小集団の動きによって、大きな組織に新しい流れを生み出すことができることなどを、私自身の研究を例に引きながら説明した。この話は、「智頭町活性化プロジェクト集団（ＣＣＰＴ）」という、まさに創発的小集団をつくり、地域の体質変革に挑戦している人たちの関心を引いたようだ。

半年前は、右も左もわからなかったが、今度は、少々、ゆとりももてた。また、半年間に仕入れた若干の知識のおかげで、１人１人から聞く話も、前よりは理解できるようになった。それにしても、この熱っぽさは何か、どのようにして形成されたのか。一体、どんな人物が、何をしようとしているのか。組織が活性化するとき、その裏で、命がけとも言える、ものすごいストーリーが展開されるのを見てきていた。きっと、自分が目の当たりにしている、この熱っぽさの裏にも、ものすごいストーリーがあるのではないか。もし、そうならば、ぜひ、そのストーリーを調べてみたい――そんな希望とともに、２回目の智頭をあとにした。

その希望は、寺谷氏をはじめＣＣＰＴの方々の協力を得て、数か月後の夏にかなえられた。１９９３年７月、「２人の好対照なリーダー」をはじめとするＣＣＰＴのメンバー10数人から話を聞くことができた。後述するように、２人のリーダーが活性化運動に立ち上がったのは１９８４年。それから、ちょうど10年の時間が流れていた。この10年の運動と自らのかかわり、そして、背景となる村の歴史や現状について、町役場の職員、自営業を営む人、婦人会のリーダー、主婦など、さまざまな人の話を聞くことができた。その貴重な話、それから、寺谷氏によって整理、保存されていた膨大《ぼうだい》なファイルをもとに、次に紹介する「活性化運動の推移（１９８４-９４年）」をまとめた。≫

6　実践と講義・論文との関係

実践と「かやの理論」のコラボは、まるでシーソーゲームのようであった。講義・論文からどんな影響を受け、実践にどう取り入れたのかを本書に編集した。グループ・ダイナミックス（集団力学）による検証は、地域づくりの羅針盤となった。新しい住民自治システムの成立プロセスを、Ⅰ．実践編とⅡ．資料編に編集している。

各章ごとに、講義・論文に関る実践とその活動内容について、以下にまとめた。中でもⅢ．講義編講義−1と2、Ⅳ．論文編論文−1と2は、ＣＣＰＴと役場の連携策、住民が地域計画を立て実行する「ゼロイチ運動」の組織づくりに役立った。

第１章　衝撃

【講義−1】「かやの理論」［1993.4.4］

（実践）⇓「ひまわりシステム」「杉《さん》トピア（杉源境）ちづ構想」

［活動内容］「かやの理論」をヒントに、探していた地域戦略の第一弾とした。「かや」の重複構造を利用して、全体を変えることができる。ＣＣＰＴと役場の連携プロジェクトを組織して一歩を起こす。「よい理論」ほど「実践的」なものはない、社会心理学者クルト・レヴィンの言葉である。

郵便局と役場のプロジェクトから、お年寄りの買い物を代行する「ひまわりシステム」が発案され、大きな反響を呼んだ。その勢いを持って、智頭町のグランドデザイン「杉《さん》トピア（杉源境）ちづ構想」を策定した。第二弾の地域戦略が生まれた。

【講義−2】こころと意味・「かや」［1994.8.24］

（実践）⇓「「かや」の四点セット」「集落マネジメント」「ゼロイチ運動」

［講義要旨］３「かや」と心……意味の源泉から抜粋《もしこの12人に今「かや」があるとしたら、この「環

境」……テーブル、壁、「集合的行動パターン」、円座に座って私の話を聞く、「コミュニケーション」、そして、いろんな「暗黙自明の前提」があります。これはワンセットなのです。このワンセットで「かや」なのです。》《私たちの心の世界というのは、「かや」からいろんなものをキャッチします。そして、私たちはいろんな「かや」をいろんな人と張っています。》《「暗黙自明の前提」こそ、心の世界の「意味」が出てくる場所なのです。そこから意味が出てくるのです。》《豊かな意味を汲みとれる心をもつには、豊かな「かや」に包まれることをおいてほかにない、というのが結論です。》

第2章　胎動

【論文-1】過疎地域活性化のグループ・ダイナミックス
―鳥取県智頭町の活性化運動10年について［1997.4］［1995.10.1］

（実践）⇓「ＣＣＰＴの可視性を減じる」「集落のＣＣＰＴ化」「住民自治システム」

［論文要旨］⇓5．結語から抜粋《地域活性化という（地域全体の）集合性の再構築過程には、あまりにも対照的な2種類の集合性の相剋が必要条件であるように思われる。一つには、少数の人間からなる集合体の先鋭的な集合性、もう一つは、多数の人間からなる集合体の、長い歴史に裏打ちされた集合性である。智頭町活性化の10年は、前者が後者の力に抗して、その存在を確立していった過程であった。しかし、同時に、前者は、非常に緩慢ではあるが、確実に、後者の変容をもたらしつつある。10年という時間は、日々先鋭化を突き詰める前者の集合性を記述するにはあまりにも長く、その影響を受けて変化する後者の集合性を記述するにはあまりにも短い時間なのかもしれない。》

第3章　啐啄

【論文－2】山村過疎地における活性化運動が住民に与えた影響について〔1995.10.1〕

（実践）⇓「杉の木村」「新しい総事」「杉の木村産業組合」

〔論文要旨〕⇓まとめから抜粋《八河谷村落の変化は、「杉の木村ログハウス群」を八河谷村落内部へ取り込んで、積極的にかかわるようになったことであると言えよう。しかし、その取込は、旧来の集合性「総事」の中での取込であり、決して新しい集合性をそのまま受け入れたものではない。新しい動きを旧来の集合性「総事」の中で再解釈し、「杉の木村」を「総事」の一つとして見なすことによって、新しい動きを取り入れ、定着させていったのである。》

第4章　浸透

【論文－3】住民自治を育む過疎地活性化運動の10年
―鳥取県智頭町「日本・ゼロ分のイチ村おこし運動」―〔2010〕

（実践）⇓「集落振興協議会」「10年間期間限定」「車の両輪」「自己実現」

〔論文要旨〕⇓要約から抜粋《①同運動は初期の段階で集落に浸透し、終始6割の住民が同運動に参加したこと、②同運動の理念を最も実現した集落では、伝統的な寄り合い組織と新しい集落振興協議会を、車の両輪のように使い分けていたこと、③伝統的な寄り合い組織が、同運動の民主的性格を帯びるに至った集落も存在すること、④2～3割の人が、同運動によって新しい自己実現の場を得、また、少子高齢化が進む集落にあっても明るい将来展望を持つようになったこと、⑤同運動によって、女性の発言力が増したことが見出された。》

第5章　波及

【論文-4】「風景を共有できる空間」の住民自治—鳥取県智頭町山形地区の事例—［2013］

（実践）⇒「ごく少数の人たちによって創出」「出る杭を打つ」「領域自治」

［論文要旨］⇒1．風景を共有できる空間から抜粋《新しい運動は、ごく少数の人たちによって創出される。大多数の人々は無関心。中には、「出る杭」を打とうとする人もいる。この構図は、本論文で紹介する事例にも、見事に当てはまる。》

【論文-5】旧村を住民自治の舞台に—鳥取県智頭町：地区振興協議会の事例—［2013］

（実践）⇒「風景を共有する空間」「仕組みづくり」

［論文要旨］⇒5．考察から抜粋《「住民が自らの地域を何とかする」ための仕組み（システム）が、いかに重要であるかを教えてくれる。（中略）それが将来的に適用される人々が参加していかなければ、仕組みは機能しない。この点、「風景を共有する空間」のような顔の見える空間で、仕組みを構築する場合には、特に重要となる。》

第6章　伝搬

【論文-6】政策の立案・実行過程における住民参加の新しい試み—鳥取県智頭町「百人委員会」—［2018］

（実践）⇒「住民参加方式」「政策提案システム」

［論文要旨］⇒1-2．百人委員会の誕生から抜粋《百人委員会は、平成20年（２００８年）の町長選挙で当選した寺谷誠一郎氏の決断によって誕生した。寺谷町長（同年6月就任）は、選挙運動の期間から、「もう俺についてこいという時代は終わった。これからは、あなたたち住民が主役となり、住民と行政が一体となっ

て町の未来を切り開くしかない」と繰り返し訴え、百人委員会の実現を公約に掲げていた。》

注：論文－3から論文－6は、集団力学研究所のホームページから検索できます。
https://www.group-dynamics.org/journal

第2章　胎動《たいどう》　ヒントは実践でつかむ

1　自ら一歩、集団は二人から

１９８４年7月、帰郷して満一年経った。智頭町は鳥取国体（１９８５年開催）の空手会場に選ばれ、町全体が浮き立った雰囲気に包まれていた。私は、杉の端材を使って杉板はがきを作るアイデアを持って、長さ1メートルの角材を厚さ1センチに製材してもらうため前橋製材所を訪ねた。その時、初めて故前橋登志行氏にお会いした。故前橋氏は私より一回り上だ。話をしてみると当時、山形地区公民館長で国体の参加選手への土産品として、杉材を活用した写真たてを制作中だった。智頭は杉だと意気投合した。

出会ってから一週間ほど訪ねた際に、手を休めてご自身の半生を語られた。父親が経営する製材所の倒産と事業再生の話だった。その当時、仕事を終えてから生活の足しにと河川を歩いて鉄くず拾いをしたこと。中学校を卒業して炭焼きを手伝っていたが、昼飯時に雨が降ってきて握り飯と雨と涙と鼻水を一緒に食べたこと。人間、5時を過ぎてからも気を抜いてはいけない、それからひと走りできる者に仕事があることなど。苦労話を苦労と感じさせせない話に引き込まれた。

そして、智頭の現状と町の将来について語り合った。山林を所有していない者の屈辱感や、祖父母や親が体験してきた貧しさ、家柄で人格まで推し量られ評価される智頭町の空気を、故前橋氏も強く感じておられた。話してみると、お父上は婿養子で私の祖父もそうだった。祖父は子どもの私に呟いた。「山持の婿と貧乏人の婿とは違う」と、山林地主となった従兄との境遇の違いをぽっと語った。その一言が耳の奥に残っていた。しかし、私は無力だが、地域をなんとかしたいと話した。そうしたところ「智頭を起こすには、山々の稜線に三又を架け、チェーンブロックで引き上げるしかない」と話された。私は、智頭町の活性化は常套《じょうとう》手段ではできないと受け止めた。故前橋氏の体験談を聞きながら腹が据わってきた。同志を得た思いだった。

この出会いから二人三脚で地域づくりに取り組んだ。その様子は、論文編論文-1に、詳細に解析されている。それらの活動になぜ取り組んだのか、思いがあった。

なぜ杉の板はがきかというと、鳥取国体の前年、ミニ国体が開催された。智頭町は空手会場で、郵便局も臨時出張所を出し、記念切手等を販売することになっていた。なにか智頭町のオリジナルなものができないかと、妻とお茶を飲みながら話をした。その時閃いた。遺跡調査で木簡が発掘されているが、智頭杉板のはがきを製作したら面白いと思った。木材加工は智頭農林高校にお願いし、杉の角材を製材するため前橋製材所を訪ねたのだった。

次に、杉の名刺を開発したが反響が大きく、誰か専業化して木材加工場を作らなければ対応できなくなった。そこでトラックの運転手をしていた森本敏行氏に白羽の矢を立て、１９８６年森本氏が「智頭木創舎」

を起業した。木材を糸鋸で加工し、昆虫の形をデザインした木のはがきや、杉板の絵本を発表した。以来34年にわたり小規模ながら有限会社として操業している。杉のはがき等の取り組みは、地域の人々の関心が高く、「杉」をテーマにした活動に、徹底的にこだわってみようと話し合った。

１９８７年に「杉板はがき遊便コンテスト」を開催した。翌年には「智頭杉日本の家設計コンテスト」と、連続して実施した。設計コンテストの表彰式は、杉の精霊が祀られた「杉神社」で行ったが、その厳粛な空気に身を糺《ただ》した。「杉」は智頭町住民の精神的な支柱であることを認識した。目標を設定すると関心を持つ人たちが集まってきた。そこで、束ねる形で１９８８年に小集団のＣＣＰＴ（資料編第1章資料３）を設立した。この時、新興勢力とみなされ激しいバッシングがあった。故前橋氏は有力者に呼び出され、「お前たちを潰したる」と言われ、その際、「谷川の一滴の水も大河に通じる」と、返したと聞いている。外からの圧力は集団を強める。活動を飛躍させるきっかけとなった。

そこに、笹川平和財団から青年1名の海外研修支援の約束をもらった。この際にと、住民に投げかけて青少年の海外支援のために、賛同者から一口１０００円を募り、「智頭町活性化基金」を設立した。外の力を活用して内発を引き出す、啐啄《そったく》の力で、フィンランドに林業視察のため青年を2名派遣した。青少年の海外派遣事業を智頭町住民の支援でスタートした。智頭町に三叉を架ける一つ目の提案となった。

ＣＣＰＴの設立と同時期、地域づくりに国際交流の要素を取り入れるため、地域の子どもたちと鳥取大学の留学生との交流を図ろうと大学を訪問し、岡田憲夫先生に初めてお会いした。その時、なにを研究されているのですかと尋ねた。「島根県の匹見町に行って、過疎の研究をしています」と答えられた。それならば智頭町に来てくださいと、出会いをきっかけに手弁当で、ＣＣＰＴに社会システムの講義をしていただくことになった。社会システムの学習は三叉を架ける二つ目の提案となった。杉万先生から「かやの理論」の講義を受けて、腑に落ちたのは、これら社会システム思考の学習機会を得ていたからだと思う。

2　課外授業、社会システム思考

岡田先生の講義を受けるため、智頭町総合センターの会議室にＣＣＰＴのメンバーが集まった。いろんな職業の人たちだ。郵便局の職員もいる。役場の職員、製材所の経営者、林業従事者、農業従事者、大工さんなど。夜に集まって、講義を受けて議論が始まった。ディベート訓練では、年齢に関係なく、60歳を過ぎた人たちも熱くなって議論をした。学習した主なものは、１から６の概念である。

1　ジョハリの窓［概念図－3］

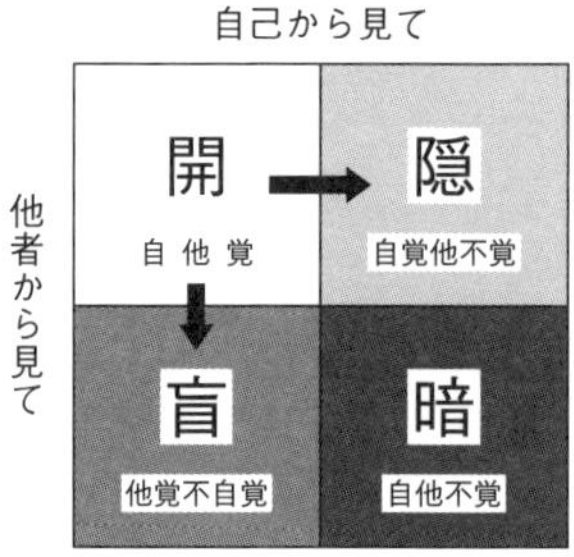

概念図－3《ジョハリの窓》

最初に講義があったのは、「ジョハリの窓」で「自他覚の概念」であった。ジョハリの窓とは、アメリカの心理学者でジョセフ・ルフトとハリントン・インガムが発表した「対人関係における気づきのグラフモデル」のことで、二人の名前を複合させて「ジョハリの窓」となった。人間には「公開された自己」「隠された自己」「自分は気づいていないが、他者が知っている自己」「自分も他者も知らない自己」があり、「自分も他者も知らない自己」の領域を小さくし、「自他覚《じたかく》」の領域を広げることを表している。

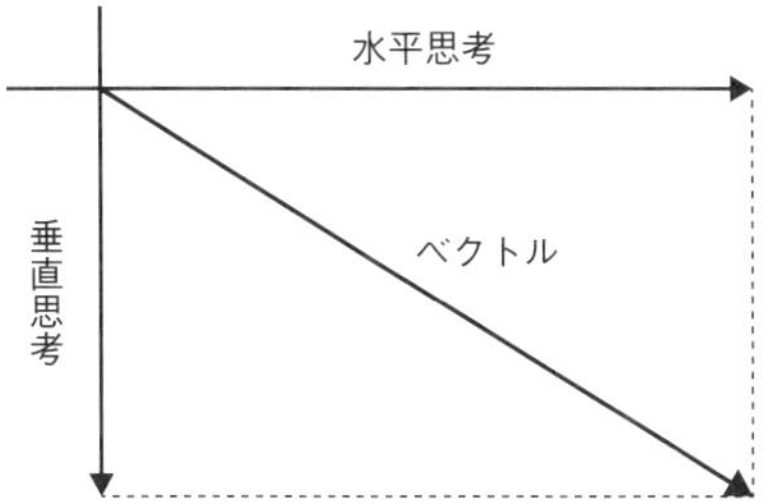

概念図-４《ベクトルの概念》

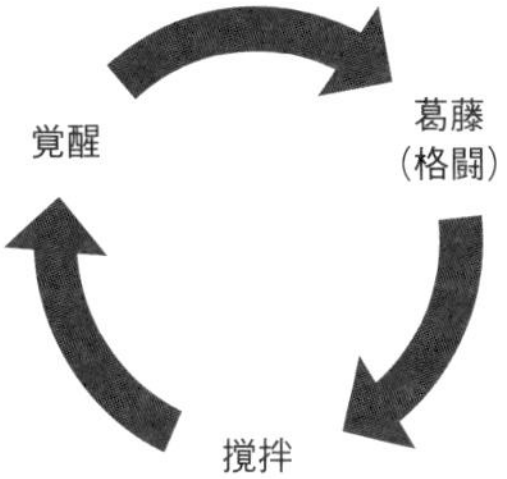

概念図-５《活性化プロセス》

２　ベクトルの概念〔概念図-４〕

ベクトル（力）とは、「大きさと向きを持つ量」と定義される。地域の人たちが他の地域の人たちへと関係を広げ、知識を得たり、身を動かしてその場に立つことが大事である。例えば物の見方として、似て似たり（垂直思考）、非にして似たり（水平思考）、似て非なり（水平思考）、非にして非なり（垂直思考）の四通りがある。水平思考は、論理的に考える垂直思考とは異なる自由な発想が特徴だ。垂直思考に水平思考の力が加わると、ベクトル思考の力を手にすることができる。このように個人も組織も地域社会も、新たな方向を持つ力（ベクトル）を得て、物事へ向かう勢いが生まれる。

３　活性化プロセス〔概念図-５〕

活性化のプロセスは、まず、ごく一部の集団が内発的に「覚醒《かくせい》化」行動を起こす。覚醒化した集団と伝統的集団とで「葛藤（かっとう、格闘）化」が起こる。この時、村を割ると声が上がる。次に葛藤化を超える様相で地域全体で混沌と「攪拌《かくはん》化」が起こる。そして、新たな次元に向けて第二の「覚醒」ステージにステップ・アップし、さらなる「葛藤化」、「攪拌化」へと展開する。これら一連の活性化プロセスを、「創発的律動」と呼ぶことにした。

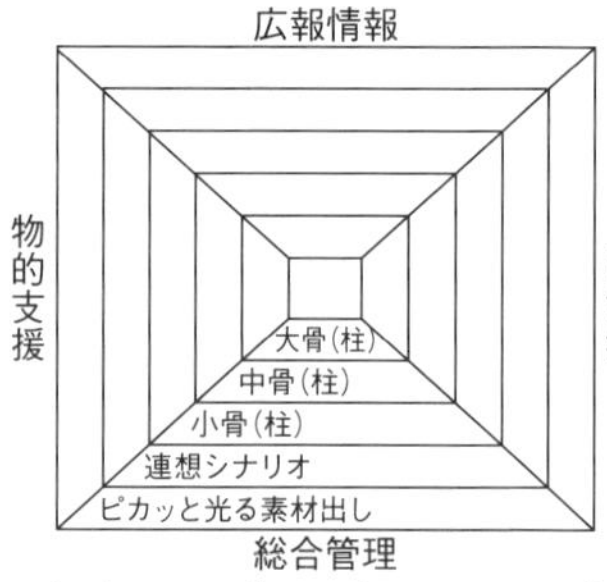

概念図−6《四面会議システム》

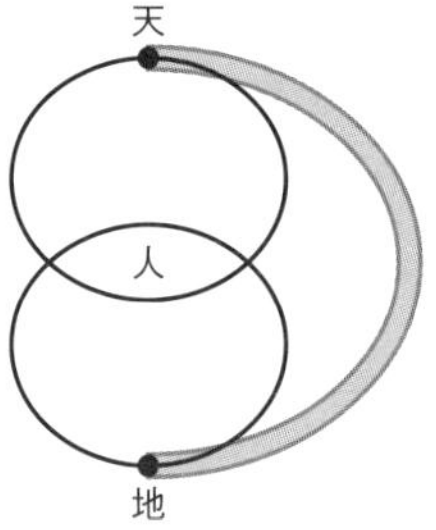

概念図−7《天地スリップ》

4　四面会議システム［概念図−6］

参加型の計画技法で、四要素―総合管理・広報情報・人的支援・物的支援―に、それぞれ人を配置する。担当する部門ごとに司会、書記を決めて話し合う。最初のステップは「SWOT分析（「強み〈Strength〉、弱み〈Weakness〉、機会〈Opportunity〉、脅威〈Threat〉」の頭文字、マーケティング戦略における環境分析ステップ）」で現状を共有する。メインのテーマをどうするか、話し合い、模造紙に書き留める。各部門の素材出しをブレーンストーミングで、キーワードは「ピカ」「イキ」「スジ」で洗い出す。次に、シナリオを作成して短期・中期・長期に分類する。最後に対面のディベートで企画を充実する。初期には模造紙会議と呼んでいたが、岡田先生の指導を受けて分類とステップを示し、四面会議システムとした（資料編第3章資料1参照）。

5　天地スリップ論［概念図−7］

天と地の間には、自由に行き来する思考の天地トンネルを設ける。人の営為を天と地の複眼で観ることで、「天」の鳥の目（マクロの視点）と、「地」の虫の目（ミクロの視点）で観察しながら、評価する。そして、自由自在に天・地トンネルを行き来することによって、物事を丸ごとで見ることができる。つまり、独善的な評価に陥らないために、天地を転換する概念だ。

6　点・線・面の戦略［概念図-8］

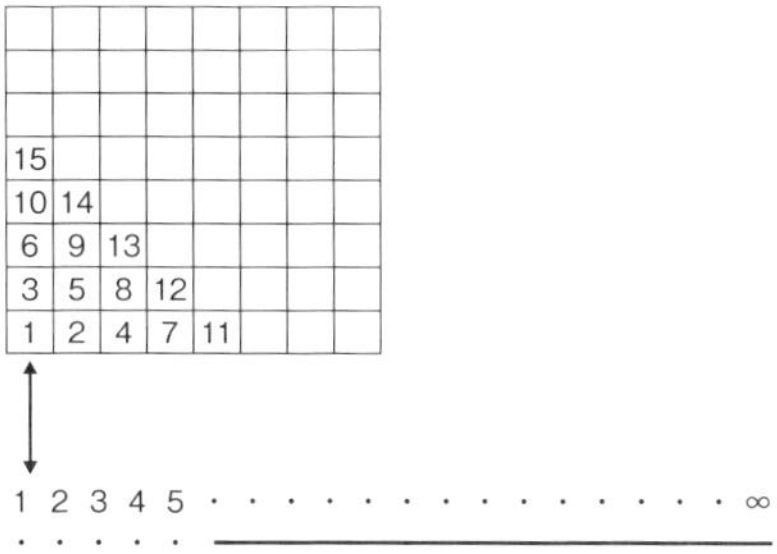

概念図-8《点・線・面の戦略》

万物はすべからく「1」に始まり「1」に終わる。国語辞典によると、「点」は「それ以上に分けては考えない小さいもの」。「線」は「数学で点の移動によって生ずる図形」。「面」は「線の移動によって生ずる図形」とある。これを人間の世界に当てはめると、「点」に相当するのは一人の人間、列を成せば「線」になる。そして、人間の営為によって人間群となって「面」となる。つまり、自らの一歩は、必ず大勢の人たちへとつながる。

【『「地方創生」から「地域経営」へ』著：寺谷篤志・平塚伸治、編著：鹿野和彦（2015. 03）に、「まちづくりに求められる思考のデザイン」の概念図88を編集している。】

3　集落に住み、「地域経営」に気づく

私は、帰郷してから50戸ばかりの集落に住み、地域の総事（村の事業）に参加した。おそらく何百年も続いてきた村の慣習によって、昨年やったことを今年も時期が来たからと作業をしていた。人々は、仕方なしにしろ、無気力にしろ、とにかく例年通り参加するのだ。そこに計画はない。つまり、村は一軒一人役の原則による慣習で運営されている。「男性」社会が揺《ゆ》るがぬ掟《おきて》となっていた。住民が主体を持って地域を経営することなど、夢の夢かと思った。間違いなくこのままだとじり貧になる。肌で感じた。

ところが、区民運動会のプログラムの指示書を目にする機会があった。競技種目ごとに綿密な計画が図解入りで役員に配られ、スタッフ（住民）は計画表に従って運動会を運営していた。これだ、地域に社会システムが成立している。諦めたら全てが終わりだ。ここからスタートだと思った。そして、村の歴史の中には傑出《けっしゅつ》したリーダーの功績が石碑に刻まれている。身近に事例がある。ひょっとしたら、住民が地域計画を立て実行することが可能かもしれないと思った。

地域では、農業経営はＪＡが指導をする。山林経営は森林組合が、商店経営は商工会が、企業経営は銀行を中心に経済循環している。地域福祉は社会福祉協議会、運動部門は体育協会、芸術文化部門は公民館である。公民館設置法では政治と営業は除かれている。財産区議員は山林等の管理である。

集落に住んで、「地域経営」の概念が無い。その視点を活かす「ポジション」が無いことに気づいた。誰が、この地域を全体的に見守っているのか、行政が見ているのか。町会議員が見ているのか。例えば、子どもを親が見守るような視点が地域に必要である。そのように考えてみると、責任を持って地域を見守る者は誰なのか、突き詰めると、それこそ住民ではないか、と考えた。

つまり、地域社会に新しい視点で、ヒト、モノ、こと、技術、文化、社会システムなど、内在するあらゆる資源の価値を引き出す概念があれば、その概念によって、地域内で資源・経済等が持続的に循環し、機能する。つまり、地域資源の価値を認める概念であり、その概念こそが「地域経営」である。これまで、集落も町も地域は運営だと考えられてきた。「運営」と「経営」では捉え方が違う。地域の価値はどちらの考え方で立ち上げられるのか。論点はそこにある。

私は、住民一人ひとりが地域を自ら治める意識を持ち、地域資源の一つひとつに唯一無二の価値を認め、地域の住民が地域の主宰者として地域の経営者となれば、地域は変えられるかもしれない。この視点を持てば、委縮した地域社会から脱出することができる。ところが現状では、他力本願、行政依存で地域の自治意識は未熟なままである。まさに、過疎化を真正面から捉えたとき、住民の一人ひとりが住民自治の意識と、地域経営の概念を少しだけ持てば、地域が変わる可能性がある。新しい概念の創作に挑戦する必要性を感じた。

まず、私にとって実践は脚下照顧、自己経営、家庭経営、ＣＣＰＴ経営であり、地域経営である。ＣＣＰＴの事業も杉下村塾も全て自分の責任によって実行することだ。直感を頼りに突き進んだ。伝教大師最澄《さいちょう》の言葉に、「一隅《いちぐう》を照らす、これ則《すなわ》ち国宝なり」がある。一遇に生きることを決意した。

４　スイスの山岳地で住民主体の地域計画を視察

そこで、１９８９年８月25日から27日の三日間、「地域経営」をテーマに第１回杉下村塾を、智頭町の最奥部の八河谷集落に建築した杉のログハウス群（杉の木村）で開講した。実践から「地域経営」を導き出したかった。試行実践である。

講師の、元国土庁大都市圏整備局兼計画整備計画官神田敦氏は、地域振興の根本課題は人材からのアプローチで、キーワードは若者・よそ者・バカ者と提案があった。笹川平和財団主任研究員の長尾眞文氏からは地域の国際化と地域活性化論を、岡田憲夫先生には、現地の八河谷集落の実態調査に基づき講義をしていただいた。塾の運営経費は参加費でまかなったが、講師の方々には無理をお願いして手弁当で駆けつけてもらった。兎に角、スタートした。

その直後、長尾眞文氏から声がかかった。９月20日から28日の間、スイスの山岳地の調査（笹川平和財団）に同行させてもらうことになった。標高１９３６メートルのシャンドランの麓《ふもと》で、小さなコミュニティの地域計画の聞き取り調査をした。そこでは住民自らが検討委員会を組織して、予算を獲得しコンサルタントのアドバイスを受け、行政や関係機関から知恵を引き出し、実行計画を立てていた。住民主体の地域づくりを目の当たりにした。スイスの山岳地に住民自治の種があった。

スイスの山岳地と日本の過疎地とはなにが違うのか。地理的条件を比較してもスイスの山岳地が有利とは思えない。実際に八河谷集落のログハウス建築事業（論文編論文－２）や、智頭町で生活して実感したことは、どうも、地域に対する思い入れがない。その原因は、地域が外の社会に開いていない。住民の行政等への依存体質が強い。また、長年の封建的な集落運営で住民の活力が削がれている。などの要因が考えられた。どうすれば地域を拓くことができるのか。スイスのシャンドランの峰の村で出会ったリーダーは、「過去に存亡の危機があった時、全財産を投げ打ってホテルを建てた。その教訓として、まず自分の村に誇りを持つことだ」と語った。

一方、身近では、隣の家が空き家になり、いつ村を出て行こうかと、腰が引けた状態を見てきた。このことは何を意味するのか、それは人は住む所ではない、生きる姿勢にあるのだ。スイスの山岳地で「誇り」と「リスク」を対《つい》で学んだ。

スイスからの復路の飛行機の中で、長尾主任研究員に「いずれ鳥取県の山間の地から新しい住民自治システムを提案します」と話した。「寺谷さんは、小さな事を大げさに言う」と言って笑われた。それから30年、

「地域経営」の概念は住民自治の切り札となった。直感は的を射ていた。

5　地域の実態を見極める［概念図－3（P.30）、4（P.31）］

スイスの山岳地調査から3ケ月後、１９９０年2月から翌年にかけて、住民は町に対してどのような意識を持っているのか、住民意識調査を世代別に行った。孫氏の兵法に「彼を知り己を知れば百戦殆うからず」とある。住民が地域に対してどのような意識を持っているのか、地域づくりの必須事項と考えて実施した。調査は20歳代～30歳代（対象数５００人）で回収率は28・０％、40歳代～50歳代（対象数５００人）で回収率は33・０％、60歳代～70歳代（対象数５００人）で回収率は56・２％であった。（資料編第2章資料１）

回収率から、世代別の特徴を見ることができた。高齢者は回収率も高く、若年層と壮年層は低く、約20％の差があった。つまり、ＣＣＰＴの事業を積極的に報道発表しており、新聞・テレビを通じた広報戦略により、高齢者は施策を良く知っていた。高齢者は時間持ちであり、情報通であった。情報先を押さえることができた。

智頭町が「今後も発展していく」と考えるのは、高齢者で3分の1、壮年層で約2割しかみられない。現状のまま推移するとの見方が大勢であり、発展を期待しない人が高齢者では1割、壮年層では2割であった。町の将来イメージを見ると、世代によって大きな差がある。壮年・高齢者は「自然を大切にする」が、45～48％と最も大きく、これに「人情味にあふれる町」と続くが、若年層では半数以上が「活気や勢いを持った町」を望み、「交通・買い物の便利な町」を41％が上げていた。全体に町の活性化は求めているが、若年層はより都市的な利便性や教育・文化の豊かさなど、都市イメージに近い変容を求めていた。そして、若年層は「町の今後」という質問に対しては、3分の1が伝統的なものにこだわらないとしながら、半数以上が「伝統的なものを無視できない」と、保守的な意識を持っていた。

ＣＣＰＴの認知の状況を見ると、一歩を起こして僅か5年であったが、集団の名称を知っているかとの問いに対して、「知っている」と回答した人は若年層で3分の2にのぼる63・3％あった。壮年層では約9割の89・8％、高齢者では約8割の79・4％と、いずれも高い認知度を示した。

そして、ＣＣＰＴと行政との連携は、若年層44・3％、壮年層48・2％、高齢者63・0％と、高い期待値を示した。しかし、この数字は、寄らば大樹の陰の依存体質の現れと判断した。また、若年層と壮年層にＣＣＰＴへ参加ができる分野があるかと質問したところ、学習や研修への参加ならできそうだという感触が示された。実際に若年層では3分の2近くが参加してみたいと、希望を見せている。この要素は課題として把握した。

住民意識調査は環境文化研究所の研究員と、設問づくりや係数の取りまとめ、分析について協働作業を行った。この時点に地域住民の意識を把握したことによって、その後の活動の戦略構築に役立った。

第3章　啐啄《そったく》「かやの理論」をどう生かすか

1「かやの理論」の講義を受けて

杉下村塾には新しい参加者が毎回あった。一日目の夜は各地の特産品を持ち寄って交流会を開いた。二日目の夜は鳥取和牛パーティをした。講師の先生方は手弁当である。自前で参加していただいたので、せめてもの気持ちを込めて地元の特産品でもてなすことにした。塾の終わりには、地元米や山菜などをプレゼントして、知的シャワーと、ある意味ホスピタリティの場づくりを行った。そこに「創発」の空気を醸《かも》すことができた。四面会議システム（資料編第３章資料１）を使った議論は熱を帯び、一瞬、智頭町のソフト機関が出現したようだった。

第4回杉下村塾で提案のあった流域のネットワークづくりは、鳥取県に投げかけ、１９９３年3月21日に杉の木村で「川を軸とした村づくりまちづくり」と題して、旧建設省河川環境対策室長の故関正和氏に講演をしていただいた。その講演をきっかけに森林と河川をテーマに活動を行い、鳥取県土木部の事業として智頭町内の八ケ所に親水公園が建設された。

続いて4月4日に第9回耕読会を開催した。杉万先生に「かやの理論」の講義を受けた。気づきから小集団が合流する形で群集流となる。「かや」の重複構造を利用して全体を変えることが可能だと話された。これは地域戦略に使えると思った。ＣＣＰＴと役場で連携して小集団を複合的に組織し、役場と町を一度に変えられるかもしれないと閃いた。それから一年かけて、ＣＣＰＴと役場の連携策を練った。杉万先生はその夏からＣＣＰＴを調査された。11月に開催した第5回杉下村塾（資料編第２章資料２）には、地域リーダーや研究者など多くの参加者があり、連携策について知恵をもらった。

そうして、翌年の１９９４年４月29日、ＣＣＰＴの総会を開いた。それまでの活動では、行政とは距離を置き、独自に地域づくりをやってきた。なぜ役場と連携する必要があるのか、その意図を話し合った。トップに対して強い反発があった。行政との関係を、対峙するか、連携するか、どちらを選ぶか議論をした。

やはり、町を活性化するには役場を活性化しなければいけない。小異を捨てて大同につくことだと、意見は一致した。身近なできるところから取り組むことを決めた。例えば、郵便局と役場とでプロジェクトチームをつくる。親水公園の整備とネットワークづくりや、智頭急行の開業に向けた施策、職員の接遇訓練など、力を合わせて連携していこうと話し合った。その思いは、まさに智頭維新を起こす覚悟だった。政治的なポジションの争奪ではなく、政策で連携する地域戦略を立てた。しかし、いずれも大事業である。総がかりで連携することを決めた。

2　融合、連携プロジェクト〔概念図―2（P. 18）、7（P. 32）、8（P. 33）〕

①「親水公園連絡協議会」を設立する。

１９９４年８月、まず最初に親水公園の愛護団体と、智頭町と鳥取県郡家土木出張所とで、「親水公園連絡協議会」を設立した。活動テーマは、小学生を対象に河川パトロール隊を編成して、河川の環境学習を活動

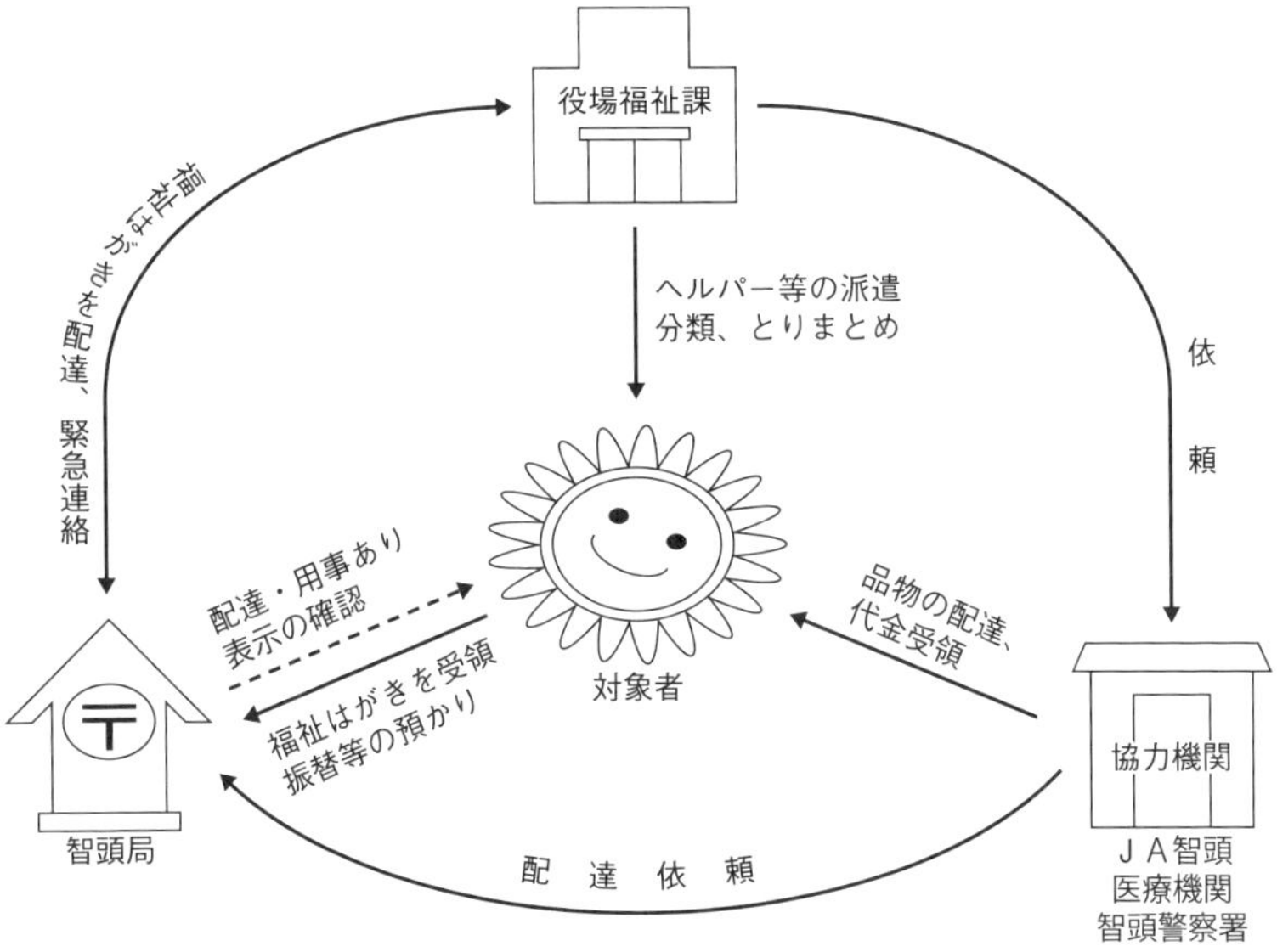

ひまわりシステム概念図

の柱にした。そして、協議会の設立をきっかけに流域全体の連携を旧建設省を通じて探った。１９９７年12月、千代川流域の産官学民がネットワークして、千代川流域圏会議が設立された。

②郵便局と役場のまちづくりプロジェクトがスタート。

町内三郵便局と役場とでまちづくり協議会を、年一回開催していた。会議が形骸化していたので、私と総務課長の小林憲一氏と相談して職員を相互に出し合い、まちづくりプロジェクトチームを編成した。郵便局にとっては、当時、郵政事業の変革を求める社会の要請に応えるため、地域貢献が強く言われていた。また、役場は新しい風が吹き込むきっかけを求めていた。役場と郵便局のまちづくりプロジェクトは、お互いに刺激しあう場をつくっていくというメリットがあった。

会議に制約条件をつけた。月１回、２時間、役場職員５名、郵便局４名（内務職員２名・外務職員２

名）で編成した。郵便局からは意図的に町外から通勤している者を選んだ。会議では、ブレーンストーミングで30数項目の企画が提案された。分類方法は、即実行できるものと、時間をかければ実行可能なものに分けて検討した。その中で出てきたのが、お年寄りの買い物代行サービスだった。これは、郵便局の職員が配達途中に「御用聞き」をするというもので、具体的には、お年寄りに旗をわたして、サービスを希望すれば旗を立ててもらい、それを見た外務職員が買い物を代行する。毎日回る意味にかけて「ひまわりシステム」と名付けた。

１９９５年４月に富沢地区でサービスを開始し、翌年、町全域で実施した。ひまわりシステムの実施により、郵便局では外務職員が「誇り」を持って仕事に当たるようになった。その熱気が役場にも伝わって刺激となった。当初のブレーンストーミングで上がった企画案の約８割を、２年間で達成した。ひまわりシステムはテレビ、新聞等で報道され大きな反響を呼び、話題は旧郵政省にも届き、ひまわりサービスとして全国で展開された。

3　瓢箪《ひょうたん》から駒、「杉《さん》トピア（杉源境）ちづ構想」

郵便局と役場の「ひまわりシステム」は、追い風となった。そして、１９９５年1月から取り組んだ「グランドデザイン『智軸づくり』プロジェクト」は、瓢箪から駒のごとく、智頭町にとって起死回生策が生まれた。

この事業が発想されたのは、１９９４年10月の第6回杉下村塾の時だった。塾ではさまざまな講義に加えて、グループに分かれてテーマ別に討議を行った。その中の「はくと（智頭急行特急）・はるか（京都と関空間特急）・関空（関西空港）」プロジェクトを議論していたチームから、智頭町の理念は何なのかと提起された。それを受けて杉下村塾後、役場とのとっかかりをどうつくるか、思案した。

こういう場合はダメモトで中心人物にアタックすることだ。思い立って智頭町役場の助役の故前橋伍一氏に相談した。兎に角、智頭町はこのままではいけない、なんとか町を立ち上げたい。そのためには地域理念が要る。胸襟《きょうきん》を開いて一緒に挑戦してほしいと話した。千歳一遇のチャンスだった。虎穴に入らずんば虎児を得ずである。案ずるより産むがやすし、連携が一気に進んだ。故前橋助役と意気投合した。

③智頭町の理念づくりのプロジェクトチームの編成を約束した。他の腹案も示した。

④「さわやかサービス職員研修」は、翌年の4月からスタートすることを決めた。

⑤5月には智頭急行の開業半年の記念事業として、「はくと・はるか・関空」シンポジウムを、大阪の南港で開催するため、三ケ町村でプロジェクトチームを編成することになった。

まさに①〜⑤の連携プロジェクトは、風林火山の侵掠《しんりゃく》すること火のごとしであった。私は故前橋助役との信義に智頭町の明日を賭けた。全身全霊で取り組むことを約束した。

智頭町の理念づくりのプロジェクトは、次の時代の地域プランナーの養成を兼ね、若手職員7人でプロジェクトチームが編成された。当然、チームリーダーは故前橋助役である。1995年1月14日、第1回目のグランドデザイン「智軸づくり」プロジェクト会議を開いた。鳥取市内ではめったにない豪雪の日だった。雪道に滑りながら鳥取駅近くの会場に向かった。アドバイザーはCCPTの人的ネットワークで、岡田先生と、経営コンサルタントの福田征四郎氏、地域コンサルタントの平山京子氏、コーディネーターは私が務めた。

参加した職員の顔が輝いていた。

最初の会議では、智頭町のグランドデザインとはなにか、議題になった。2回目では、職員からグランドデザインとは「町を個人としてみたときの生活設計ではないか」と、意見が出た。また、「杉」については白熱した議論があった。智頭町を考えるとき、杉は避けて通れない問題である。議論の当初は杉に頼らない、杉を意識しないとの意見もあったが、杉を抜きにして智頭町の未来は語れないと考えるようになった。そこで、杉は智頭町民の精神的支柱である。杉を「サン」と音読みし、「杉《さん》トピア」「杉源境《さんげんきょう》」と、表記することにした。

それから半年たった1995年7月に「智軸づくり」プロジェクトは、グランドデザイン「杉トピア（杉源境）ちづ構想」として報告書をまとめ、次の展開を待った。その報告書の中で、「地域プランナーとなる決意」を故前橋助役が書いている。《町民がいきいきと生活していく環境を整備していくためには、まず行政職員自身が明確な目標と希望をもち、生き生きとしていなければならない。》と、役場職員の主体が宣言された。おそらく、これまで役場のナンバー2が主体を宣言することはなかっただろう。改めて故前橋助役の決意を知った。

この構想で特筆すべきは、報告書の中に、「日本・ゼロ分のイチ村おこし運動」（以下、ゼロイチ運動）の概念が発案されていた。グランドデザイン「杉トピア（杉源境）ちづ構想」を基に、果たして住民が地域計画を立て実行するシステムがつくれるか、大きな課題であることを自覚した。この構想は第二弾の地域戦略である。

「杉トピア（杉源境）ちづ構想」の「理念と戦略」（資料編第3章資料2）に、《「住民参加」の考え方や手法を大きく転換させる試みである。それは、1、住民が計画立案の技術と実践能力を身につける。2、コロンブスの卵的な発想の転換が、村づくり・まちづくりに必要である。3、0を1へ変化させる過程はお手本のない創造のプロセスである。「日本・ゼロ分のイチの村づくり運動」は、他町村に手本を求めるのではなく、現在の智頭を原点（＝0）として、どのような姿が望ましいのか、その到達点（＝1）を自ら設定し、達成するためにみんなで知恵や力を出し合って、独自性を誇りとする「日本一」を目指すものです。》と、記述してある。この構想を生かすも殺すも企画力が問われた。

4　役場はどう受け止めていたのか～担当者の証言

ＣＣＰＴは、1988年に「智頭杉日本の家設計コンテスト」を実施したが、常に町の外を意識して取り組んでいることが分かった。大いに刺激を受けた。智頭町を方向づけていくためには、外の社会を意識する必要があることを示された。特に、コンテストの最優秀者から「このイベントは役場が企画したものだと思っていた」とあった。役場に代わって住民がまちづくりをやっているのだと思うとショックを受けた。

合わせて、一期交代のトップが続いていた。役場はトップ次第である。そして、二度にわたる町会議員の選挙違反による大量逮捕など、智頭町の名は地に落ちた。近隣町村から智頭町はどうなっているのかと言われ続けた。役場の職員も体質は同じだとの風評は、我慢ならぬものがあった。そのころ地域のある事業者から「役場は住民の活動を邪魔するな、横やりを入れるな」と、面と向かって言われた。正直忸怩《じくじ》たる思いがあった。何とも言えぬ歯がゆさを感じていた。まちづくりの方向性があれば、例えトップが変わろうと、と思っていた。

１９９４年10月28～30日に開かれた第６回杉下村塾にスタッフとして参加した。「はくと・はるか・関空」をテーマに議論が行われた。その中で、智頭の理念は何かと問われた。応えられなかった。そうして、グランドデザインの策定の話である。故前橋助役から、「ＣＣＰＴ、彼らの思いを五感で感じる」と発言があった。助役は腹を括ったと思った。そして、１９９４年12月、智頭急行開業記念事業の協賛を、中国郵政局に要請するため、助役、総務課長と寺谷氏が同道した。協賛の了承を得たと一報が入った。翌日、沿線三ケ町村の総務・企画担当者会が開かれた。この機会にと議題に開業の記念事業を取り上げ、広域的に取り組むことを確認した。

地域プランナー育成プロジェクトとして、グランドデザイン策定プロジェクトがスタートした。メンバーは助役の指名であったが、智頭町を何とかしたいと暗黙の了解があった。土・日曜日に会議が持たれた。日常の業務とはまったく関係ない。必要なことは智頭町を思う気持ちとやる気だった。そして、１９９５年１月14日、第１回の智軸づくりプロジェクト会議が開かれた。みんな清々しい顔をしていた。杉下村塾の先生徒で議論をした先生方が指導者だ。地域社会の本質を突いた議論を行った。智頭町を根本から見直し、役場職員の役割を問うた。町の将来を考えるために知恵を絞った。議論が進むにつれて、いよいよ智頭が動くと実感した。

このプロジェクトが成功したのは、プロジェクトリーダーを助役が務めたことが大きい。プロジェクトに正当性を与えた。つまり、故前橋助役は長年役場に勤め、智頭町に地域理念が必要だと考えていたのだと思う。

5　連携プロジェクトで、町の空気が変わった［概念図－5（P.31）、8（P.33）］

ＣＣＰＴと役場の連携によって、１９９５年４月、「ひまわりシステム」と、三ケ町村の役場の全職員を対象に「さわやかサービス職員訓練」がスタートした。５月には「はくと・はるか・関空」シンポジウムを大阪南港で開催した。７月には「杉トピア（杉源境）ちづ構想」がまとめられた。そして、１９９７年４月に集落版の「ゼロイチ運動」がスタート。１９９４年からわずか４年で一気に智頭町全体が、地域づくりの様相となった。

小さな一歩からまさに怒涛《どとう》のごとく。役場の職員から見ても、住民から見ても、誰から見ても、智頭町が変わったと言われるようになった。「かやの理論」を地域戦略に仕立てたことは的を射ていた。その証言の一つを紹介する。それから数年経って、２００９年に森のようちえんを開園した西村早栄子氏は、鳥取県庁に勤めて智頭町を見ていた。

《『創発的営み』P.108～109：私が移住した13年前、私は鳥取県の職員として八頭総合事務所（当時）という、智頭町を管轄する機関に所属していた。智頭町では新しい事業等がもたらされると、ほかの町村とは反応がまったく逆だった。智頭町以外のところはだいたいできない理由を探すが、智頭町に持っていくと「やりましょう、やりましょう！　すぐやりましょう。明日からでもやりましょう」となる。新しいものに対して積極的で、他町村と比べると全然違う》とあった。

連携プロジェクトは、役場の職員を活性化した。つまり、小集団の複合戦略の成果である。目に見えてという言葉があるが、施策が住民の目に見えるようになって、批判や中傷は聞かれなくなった。特に、「ゼロイチ運動」は、高い関心を呼び視察の受け入れはもとより、住民と役場の担当者は各地に出かけて講演を行い、まちづくりの主役となった。なおかつ、毎年3月の第一日曜日に集落振興協議会連合会の主催で「ゼロイチ運動活動発表会」を開催した。各集落ともパワーポイントで一年の活動を発表した。この発表会は職場内小集団活動の成果発表大会を取り入れた。誰の目から見ても地域の変化が実感できる。「かやの理論」にあった《一人ひとりがリーダーシップを持っている》を活かした。人は舞台に立てば輝く、人材養成システムとなった。

【『地方創生へのしるべ―鳥取県智頭町発「創発的営み」』編著：寺谷篤志・澤田廉路・平塚伸治、解題：小田切徳美（今井出版2019.10）（以下：『創発的営み』）に、地域づくりを紹介している。】

6　戦略目標は「誇りの創造」〔概念図―3（P.30）、4（P.31）〕

地域戦略目標を設定し、実践しながら戦略と戦術を探ってきたが、絶妙なタイミングで見つけた。まず最初に、私は1986年6月、鳥取県知事の委嘱を受け、鳥取県イメージアップ懇話会の委員として、「誇り創造」発信プロジェクトチームの一員として、一年間にわたり審議する機会があった。鳥取県在住のデザイナー、写真家、地域コンサルタント、出版社社長、報道関係者、会社経営者など、県民が「誇り」を持つにはどうすれば良いかを議論をした。そして、創発的な生き方として英語の進行形の「ing」をヒントに、人々の人生姿勢に意味を込め「ings《イングス》とっとり」を提言した。

次に、１９８８年に鳥取大学工学部の岡田憲夫研究室に、八河谷集落の実態調査をお願いした。１９８９年春、集落の公民館で結果報告会が開かれ、村の発展の「可能性はゼロ」と受け取った。住民は肩を落として帰宅した。なぜ自立心・自発心を提案できなかったのか。戦後の経済成長の尺度で見る限り可能性はない。しかし、私は可能性とは何かと根本から考え、地域に住み続けることは、経済とは違う価値観があるのではないか。地域の換え難い、唯一無二の価値とはなにか、可能性ゼロに対して疑問を持ち続けた。

その４ケ月後の１９８９年秋、スイスの山岳地調査の機会があった。その時、私は高山病にあえいでいた。コミュニティハウスの地下の貯蔵庫に案内され、樽から取り出された赤ワインを注ぎ、特効薬だと薦められた。一杯飲み干して生き返った。その時、シャンドランの村のリーダーは、「今は避暑地として栄えているが、過去に村が存亡の危機にあった時、全財産を投げ打ってホテルを建てた。その教訓として、まず自分の村に誇りを持つことだ。スイスは山岳地から始まった。自然との共生の中で生活してこそ価値がある。今朝も鹿を一頭獲ってきたが、これをホテルで提供する。子どもたちも海外から帰ってきて一緒に仕事をしている。この村が好きだと言っている」と胸を張って語った。

スイスの山岳地とは異なり、智頭町では明らかに地域に対する思いがない。それはどうしてなのか、素朴な疑問を持った。村のリーダーが、一か八かと賭けたのは何か、それは経済の価値観からではない。例え経済の可能性はゼロであっても、それこそ、その発意の根源は唯一無二の「誇り」ではないか。そこに生活があり、営みがあれば経済は再生する。地域復興の秘訣はすべて足元にあるのだ。

私は１９８６年から１９８９年、地域づくりを実践しながら、①鳥取県のイメージアップ懇話会での学習、②八河谷集落の実態調査で「可能性ゼロ」に立会い、③スイスの山岳地で住民主体の地域計画づくりを視察した。この①〜③によって地域づくりの起点を学んだ。三つの事例は、その場に身を置いたこと、このことが大事であった。そして導き出したのは、私自身が「誇りの創造」を行動目標に、創発的なライフスタイル（ings）で、リスクを覚悟して挑戦することであった。本書はそのドキュメンタリーでもある。

7　行政との融合、贈与が成功

活性化運動がＣＣＰＴから役場へ、そしてゼロイチ運動を通じて住民に浸透していく様子を、杉万先生は『よみがえるコミュニティ』に、紹介されている。

《Ｐ143–145：１９９４年以降、智頭町における活性化運動は、前橋、寺谷を中心とする顕在的な小集団による活動から、町行政と前橋、寺谷氏らが融合した活動へと移行しつつある。具体的には前橋、寺谷に加えて町役場に勤務するＣＣＰＴメンバーが中心となり、役場職員と郵便局職員からなる、能動的なまちづくりを意図したプロジェクトチームが発足した。前述のように「ひまわりシステム」は、このプロジェクトチームによって企画されたシステムである。また、「ゼロ分のイチ村おこし運動」も始められ、現在（２０００年度）14集落がこの運動に取り組んでいる。

この行政と前橋、寺谷らとの融合は、前項の理論枠組みに基づくならば、前橋、寺谷らが10年間にわたって培ってきた能動的企画の姿勢とノウハウが、行政に対して贈与されたプロセスと考える。実際、行政が前橋、寺谷らとの連携に最初から積極的であったわけではない。むしろ、町長を含めた町役場の職員は、前述の杉の木村建設現場の住民と同様、余計なことはしたくないと躊躇ないしは拒否の姿勢を示していた。しかし、今や、「ひまわりシステム」や「ゼロ分のイチ村おこし運動」は、町行政の一部として正当に位置づけられ、町役場が智頭町を紹介するために作成したパンフレットにも大きく掲載されている。前橋、寺谷らからの贈与は、着実に町行政によって略奪されつつある。これまでの贈与がイベントやイベントの産物、あるいは都会の研究者・外国人の贈与であったのに対して、前橋、寺谷らの10年間の生きざまそれ自体――前橋、寺谷らという身体の同一性そのもの――の贈与が、成功への道を歩みつつある。

その贈与の具体例を見てみよう。まず、まちづくりのための能動的な企画を意図し、町役場と郵便局が連携して作られたプロジェクトチームには、ＣＣＰＴが日頃、企画・計画立案に用いてきた討議方法が贈与されている。また、プロジェクトチームは、町役場職員と郵便局からなり、さらに郵便局職員は智頭町外から勤務している職員が選ばれている。このような業務横断的な対話や地域外との対話は、前橋・寺谷らにとっては、10年間、日々取り組んできたことであるが、縦割り行政の特徴を持つ役場にとっては、まったく新しい試みであった。》

第4章　浸透《しんとう》　住民自治（集落）ステージづくり

1　論文−1：過疎地域活性化のグループ・ダイナミックス
―鳥取県智頭町の活性化運動10年についての序文と結語に示唆

杉万先生がまとめられた論文編論文−1をどう読み解くか、『よみがえるコミュニティ』に次のように記述されている。《10年史（1984−94年）の第一稿を書き上げたのは、ヒアリング調査から帰って、約2カ月後であった。そのとき、私なりの期待を込めて、次の予想じみた文章で原稿をしめくくった。（結語）第一稿を書き上げるや否や、原稿を寺谷氏にファックスで送った。数十枚のファックスの途中に、はや、寺谷氏から電話が入った――「私たちの物語が、次々、ファックスから出てきています。」その声に、書いてよかったと思った。その後、原稿は、ヒアリングをした人たちと私の間を数回往復、ようやく最終稿ができあがった。》とある。

序文には

《「人々が、それに共鳴して行動を共にするのは、豊かな人間性と類まれな発想を持つ情熱の人に対してだけである。熱い心しか人を動かせない。企業とはまた違う、「地域づくり」という膨大な創造の分野は、芸術的でさえある。」これは、ある山間過疎地域の活性化運動に心血を注いだリーダーたちの、常にかたわらにいた女性の言葉である。彼女が「芸術的でさえある」と表現する地域活性化というドラマ、それは、ごく少数のリーダーの熱意としたたかな戦略性、それに一人、また一人と合流していく支持者たち、そして、リーダーや支持者を「図」とすれば、それに対する「地」とも言える一般住民が、地域という自然的、歴史的、政治的、経済的、文化的舞台の上で織りなすドラマである。本稿は、鳥取県八頭郡智頭町において約10年にわたって繰り広げられてきた地域活性化の「芸術性」の一端を、人間集合体が織りなすドラマに関する科学…グループ・ダイナミックス…の立場から抽出しようとする試みである。》

結語に

《地域活性化という（地域全体の）集合性の再構築過程には、あまりにも対照的な2種類の集合性の相剋が必要条件であるように思われる。一つには、少数の人間からなる集合体の先鋭的な集合性。もう一つは、多数の人間からなる集合体の、長い歴史に裏打ちされた集合性である。智頭町活性化の10年は、前者が後者の力に抗して、その存在を確立していった過程であった。しかし、同時に、前者は、非常に緩慢ではあるが、確実に、後者の変容をもたらしつつある。10年という時間は、日々先鋭化を突き詰める前者の集合性を記述するにはあまりにも長く、その影響を受けて変化する後者の集合性を記述するにはあまりにも短い時間なのかもしれない。

智頭町の地域活性化は、現在なお進行中である。それどころか、本稿執筆現在（１９９５年夏）、明らかに新しいフェーズに突入しつつあるように見える。それは、先に図示した集合性の構図の延長では、もはや描ききれない新しいフェーズのようにも思われる。すなわち、ＣＣＰＴ集合体と地域集合体の圧力・反発の構図は、そのウェートを下げつつある。また大学人・知識人にしても、「外の世界」の人間としてのウェートを減じ、（たとえ、身近な内部にいてもなお）広範な人々に対自化の場を提供し得る存在として再定義されつつある。

　これらの変化は、おそらく、ＣＣＰＴ集合体の集合性の変化と相即的に進行するだろう。あくまでも一つの可能性に過ぎないが、ＣＣＰＴ集合体が、一つの可視的「集団」としての様態から、より境界があいまいな、より緩やかな連結によって維持される様態へと変化するかもしれない。しかし、仮に、「集団」としての可視性を減じたとしても、あたかも変幻自在の軟体動物のように、地域コミュニティのひだの中にしみ込み、そして、岩をもうがって伸びる木の根のように、縦割り行政システムの壁を突き崩して、その中に浸食していくならば、そこには、新しい住民自治に向けての一つの具体的な方向性が提示されてくるであろう。もし、そうなれば、それは、一山間過疎地の現象と言うにとどまらず、現在の日本社会が直面している大きな課題の一つ、すなわち、新しい政治・行政システムの構築にとって、一つの先駆けをなすものとさえ言えるのではなかろうか。》

「結語」にＣＣＰＴの今後の方向性が示唆されていた。何度も何度も読んだ。ＣＣＰＴへの期待を感じた。私にとって論文の視点は、これまでとまったく異なる発想が求められた。それは新しい住民自治システムの実現である。私たちは特異な状況にあることを自覚した。

　どうするか、地域の最強集団にはなれる。ところが、なったところでお山の大将ではないか。その人たちは貧しい生き方だと見ていた。稚拙《ちせつ》で保身的なボス政治をしている。先祖がそれなりに努力して山林はあるが、本人は胡坐《あぐら》をかいて名誉職のように町会議員やトップをやっている。そんなことで「誇り」がつくれるかと、冷ややかに見ていた。

杉万論文で提案のあったCCPTの可視性を減じ、住民への浸透は第三弾の地域戦略になる。しかし、これを達成することは難しい。どうするか、私自身の進退の選択であった。おそらく、実現するには修羅場《しゅらば》を潜《くぐ》ることになるだろう。正念場を迎えた。是が非でも、智頭を起こさなければいけない。と、いう気持ちとは反対に、ポジションを取るために地域づくりをやったのかと、後ろ指をさされたくないとの思いに揺れた。その時、「この身を捨てて浮かぶ瀬あり」と頭に浮かんだ。仮に時の勢いがあるからと言って、昔ながらの旦那になってはいけない。私は将来ポジションに就かないことを決意した。

決論として、「杉トピア（杉源境）ちづ構想」と杉万論文をどう読み解くかだ。なんのためにCCPTを結成したのか。自らに問うた。新しい住民自治システムの創作の機会である。私にとっては二度と無いチャンス、使命ではないかと受け止めた。智頭町には何もないと言われているが、「誇り」が創造できるかもしれない。この機会をつかまなければ一生の不覚だと思った。

2　ゼロイチ運動の「企画書」に込めた思い

手元に、「杉トピア（杉源境）ちづ構想」を基に、「日本・ゼロ分のイチ村おこし運動」の概念がある。実現への一歩は、ゼロイチ運動を動かす仕組みづくりが要ることに気づいた。つまり、企画書に魂を入れることである。ほぼ半年かけて住民が地域計画をつくる方策を考えた。講義編講義‐1：「かやの理論」と、講義‐2：こころと意味・「かや」が、役立った。特に、いかにして集落に地域づくりの運動体をつくるのか、他

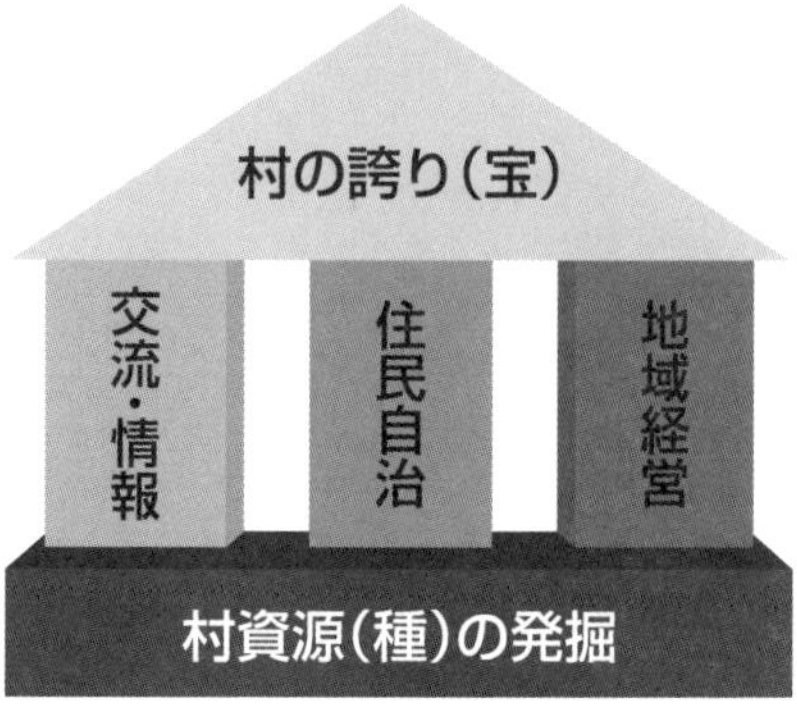

村の誇り（宝づくり）
智頭町ホームページから

の組織を包含する組織をどうマネジメントするか、悩んだ。全住民参加の村おこし運動とするにはどうすればよいのか、女性の参画を促すことができるのかなど、イエ型集団編成への挑戦であった。「かやの理論」を読み込んだ。時期を待った。

1996年2月、私は当時の町長に直言した。「プロジェクトが半年経っても動かん、私を認めてください」と、町を思う素直な気持ちで嘆願《たんがん》した。返事は、「局長、五人ほど住民を集めてくれ」とあった。

1996年4月、住民5名が委員の委嘱を受け「村おこしコーディネーター会議」が編成された。当然、ＣＣＰＴ代表の故前橋氏に入ってもらった。役場のスタッフは総務課長の小林憲一氏、課長補佐の大呂佳巳氏が担当した。

私は杉万論文の「序文」と「結語」、「杉トピア（杉源境）ちづ構想」を何度も読み、諳《そら》んじられるころ意味と関係性が解けた。実行案が具体的に浮かび、ゼロイチ運動の「企画書」に知恵を絞った。構想のマイ・ステージは「住民自治」、ユア・ステージは「交流情報」、フォレスト・ステージは「地域経営」と、意訳した。「ゼロイチ運動」のコンセプトを要約することができた。

集落を動かすため、緻密に戦略・戦術を組み立てた。「集落版ゼロイチ運動企画書（資料編第4章資料1）」と、「集落振興協議会規約（同資料2）」「運営要領（同資料3）」「組織図（同資料4）」の四点を策定した。戦術を作成する上で、杉の木村の建設で八河谷集落に入って事業を行ったことが役立った。ポイントを上げると、講義編講義-1と講義-2で、小集団の組成と規範形成をつかみ、論文編論文-1では住民自治システムと集落のCCPT化、論文-2からは「新しい総事」「杉の木村産業組合」がヒントになった。考えて、議論して、知恵を絞って、まとめ上げた。住民が一歩を起こす、行動指針を策定した。「杉トピア（杉源境）ちづ構想」が提案されてから一年近く経っていた。

企画のポイントは、住民が自ら住んでいる集落を、百年の計を持って村おこしを行うこと。CCPTの人的ネットワークをフルに活かして、住民目線で企画書を策定した。単なる「事業」にすると、これまで通り、補助事業の一つとしてなし崩しが起こる。集落の全住民が地域づくりに参加して、住民自らが地域計画を立て実行する「運動」にしたい。「事業」と「運動」の違いを戦略的に考えた。集落内に従来の運営組織とは別に、「集落振興協議会」を設置して二頭立てにすることを条件にした。そして、事業導入は「手上げ方式」を採用した。

企画書の１．趣旨を紹介すると、《0から1、つまり、無から有への一歩のプロセスこそ、建国の村おこしの精神であり、この地に共に住み、共に生き、人生を共に育んでいく価値を問う運動である。つまり、この運動は、智頭町内の各集落がそれぞれ持つ特色を一つだけ掘り起し、外の社会に問うことによって、村の誇り（宝）づくりを行う運動である。》5月24日から26日の三日三晩、不眠不休で論文編論文-1の結語と、「杉トピア（杉源境）ちづ構想」を反映したゼロイチ運動の檄文《げきぶん》を仕上げた。

合わせて、職員を指名して集落担当制を設け、「地域プランナーの手引き（資料編第4章資料5）」「計画作業ステップ」を作成して、ゼロイチ運動の趣旨と集落振興協議会の特徴や計画づくりのステップを示した。

6月13日に企画書等を持って、京都市内の京阪ホテルで岡田先生と杉万先生に見てもらった。岡田先生から「地域の夜明け前だ」とあった。その様子は、本章「5　杉万先生の観点『私と智頭─理論』」に、記述してある。

戦後、物質的豊かさや便利さを追求するようになった。私の父も「この村にいてもだめだ、都市へ出ることだ」と言った。子ども心に、この村にいてもだめだと思った。このセリフが多くの家庭でもささやかれていたのだ。「かやの理論」を学び、このささやきが地域から誇りを喪失《そうしつ》した根源ではないか、過疎化の大きな誘因と考えた。ゼロイチ運動で村の誇り（宝）づくりとしたのは、なんとしても地域に誇りを取り戻したかったからである。

懸案とした最大のリスクは、住民が地域計画を立て、10年間地域づくりを実行するシステムである。この社会システムが果たして起動するのか。行政は単年度予算であり、複数年にわたる一括交付金を住民に公約できるのかどうか。助成金はソフト事業費に限るとしているが適正に支出ができるのか。また、やる気のある集落にとってメリットのある施策になっているのか、果たしてどうだろうかなど、課題はあったが、ついにスイスで学んだ「誇り」と「リスク」を対にした社会システムを立ち上げた。

ゼロイチ運動を導入した中原集落の中澤皓次氏は次のように語っている。

《『創発的営み』P.69：ちょうどその時、集落版ゼロイチの認定が智頭町長名であり、「中原集落振興協議会を智頭町の認定法人とする」とされた。村を方向づけるにはこの認定は大きい、直感的にやれる、と確信を持った。ゼロイチ運動の特色は、ほかの補助事業と大きく違う。自分たちで向こう10年間の計画を立て、実践するところにある。中原集落では「横瀬の谷の親水公園」の整備を柱にして、これまで村づくりをしてきた知識やノウハウを基に計画を作った。この集落版ゼロイチは、中原集落のために策定されたのではないかと思ったほどだ。≫と、集落は計画の実現力を蓄積していた。ゼロイチ運動は住民の力を最大限に引き出す社会システムとなった。

３　ゼロイチ運動の導入に向けて

１９９６年７月、ゼロイチ運動を導入するかどうか、町議会前に最後の詰めを故前橋助役と行った。懸念されていたのは、予算の確保ができるかどうか、計画実行を経験した住民が要求団体となるのではないか、その他の集落の要求はどうするのかということだった。

予算については、集落版ゼロイチ運動に何集落が入るのかを予想した。私は20集落で計算した。10年間の事業費として、１集落３００万円で６０００万円を見込んだ。次の10年の地区版ゼロイチ運動は、１地区６００万円として、６地区で３６００万円となる。20年間でざっと約１億円の予算を想定した。つまり、一年当たり５００万円である。智頭町は年間１００億円の予算として、年に５００万円を経費削減すれば実施可能である。

そう考えた背景には、町の基金として積み立てられた竹下内閣のふるさと創生の１億円の存在である。他の町村ではハード事業に使われていたが、何としても地域の起死回生策をソフト事業でつくりたかった。虎《こ》視眈々《したんたん》と狙《ねら》っていた。

もう一つ、住民の予算要求に対して、導入しない集落からの要求には、ゼロイチ運動として実施する集落を優先することを伝え、ゼロイチ運動を導入するよう理解を求めることにした。また、ゼロイチ運動を実施している集落から更に予算要求があった場合には、自分たちが計画したことを実行することを前提に、地域をつくることは自分たちが身を切ることだと対話したらどうか。そこに自負心が生まれ、誇りが生まれると話した。

この運動を智頭町が政策として取り組めば、国内で住民自治システムの先鞭を切ることになる。ここまで来たとき岡田先生が言われた地域の夜明け前を実感した。単に個人の心情ではない。これまで経験したことのない感情だった。新しい社会への光を感じ、身震いした。故前橋助役は、ゼロイチ運動の企画書を1996年7月の議会に諮《はか》られ、議決となった。

振り返って見ると、地域を思う純粋な気持ちだった。私はゼロイチ運動をどうしても実現したいと強く思った。住民同士のやり取りや駆け引きで、住民自治の社会システムをつくることはできない。まさに一身を賭して成就することができた。（企画者の思いを語っている。資料編第4章資料6）

4　企画書・規約・運営要領・組織図の四点セット

議会で議決されても動きがない。おかしいぞと思って故前橋助役にどうなっているのかと問うた。住民が自治力を持つことは両刃の刀になることを懸念されていた。しかし、助役から「智頭町のことを、本当に考えないといけない」と発言があった。「町長と話を詰めるので明日まで待ってほしい」との回答だった。翌日の1996年7月22日朝9時丁度に電話があり、「町長と最終的にゼロイチ運動の実施を正式に決定した。智頭を頼む」と一言あった。自分ができることならと答えた。うすうす感づいていたが、一年後に勇退された。

また、役場は、「企画書」等の四点セットを、どう受け止めていたのだろうか。「企画書」は施策の方向性を示している。誰が読んでもゼロイチ運動が理解できるものにした。「規約」と「運営要領」は集落振興協議会の運営方法を伝えた。特に運営要領を示すことに議論があったが、それまでの集落運営は世話人（代表）1人対全住民という構図であった。世話人は常に孤立していた。そこをなんとかしなければならないと考え、ゼロイチ運動で役割分担を示すことによって、幅広くマンパワーを結集することを企図した。「組織図」は集落内における他の組織との関係を表した。この四点をセットにして問うてこそ、地域プランナーの役割だと思ったと担当者は語っていた。

そして、これまで一つの施策を、具体的に概念図に示して提案することはなかったが、企画書等をセットで示したことは、こんなやり方があるのかと初めての体験だったという。つまり、地域プランナーとして住民の側に立って企画する手法を生むきっかけとなった。２０１９年、『創発的営み』を編集するため、役場の担当者に山林バンクの説明を求めたところ、概念図（第7章6　P.115）が送られてきた、手法が定着していた。

１９９５年1月に、グランドデザイン「智軸づくり」プロジェクトチームを結成してから2年3ケ月が経っていた。この間は、新しい地域づくりの胎動の期間だった。１９９７年4月、7集落が手を挙げて「ゼロイチ運動」がスタートした。

それから8ケ月経った12月8日、ＣＣＰＴメンバーを中心に関係者が集まって「地域と科学の出会い館」で、ＣＣＰＴ代表の故前橋登志行氏と助役の故前橋伍一氏、メンバーで町会議員の国政隆昭氏の還暦祝いを行った。宴もたけなわになったころ、ＣＣＰＴ代表の前橋氏が立ち上がって、「ゼロイチ運動は、ＣＣＰＴの第2幕だ」と語った。みんな誇りに満ちた顔だった。

5　杉万先生の観点「私と智頭――理論」

杉万俊夫編著『よみがえるコミュニティ』（２０００年）から抜粋して紹介する。

《P.86：それまでCCPTがやってきた運動を、行政の力を借りながら、各集落に落とし込んでいく企画、すなわち、集落の「CCPT化」――私は企画書を見て、すぐ、そう感じた。基本的に、賛成だった。すごい企画だとさえ思った。地方分権、地方自治などと口では言うが、単に、霞が関の中央官庁から都道府県や市町村の行政組織に、権限や財源を委譲すればすむものではない。住民1人1人が、自らの地域の現状を見つめ、将来に向けての選択肢を考え、そこから自らの将来を選びとっていく姿勢、これなしには地方分権も地方自治も、絵に描いた餅になってしまう。そして、この姿勢こそ、CCPTが、それまでの運動で身をもって訴えてきたものに他ならなかった。

しかし、長年の中央主導の体制に慣れきった日本人にとって、この姿勢を身につけることは必ずしも容易ではない。明治以来の近代化、戦後の経済成長は、中央主導のもとで行われた。しかも、その中央主導の近代化と経済成長によって、貧困からの脱出が達成され、物質的に豊かな社会が実現した。また、近代化と経済成長の過程における懸命な試行錯誤、そして、成功経験によって、日本的ともいえる中央主導の社会システムは、きわめて完成度の高い社会システムに成熟している。それだけに、中央主導から地域主導へのギアチェンジは、かけ声だけでできるほど容易なことではない。

ここは、住民が、一歩一歩、自治を学習していくよりすべはない。そして、今、手元にある企画は、その学習のための社会システムを構築する企画であった。まさに画期的。しかし、――――。

しかし、それにしても、少々、「押しつけ」が過ぎるのでは。企画書によれば、集落活性化運動に着手する集落は、全戸からの賛同と年会費５，０００円を集めた上で、「集落振興協議会」を設立しなければならない。行政が音頭をとってやる以上、集落側にも何らかの組織を設立する、ここまでは理解できる。しかし、企画書には、上記の企画に引き続いて、集落住民が自主的に設立する集落振興協議会の規約、その条文の１つ１つまでが定めてあったのだ。

《Ｐ89：以上の規約と運営要領は、決して、規約をつくるときの単なるひな型、モデルではない。つまり、規約をつくるときの参考にしてください、というアドバイスではない。そうではなくて、集落活性化運動に着手するためには、以上の規約と運営要綱をそっくりそのまま、自らの集落の規約として宣言しなければならない。これが、前橋、寺谷、小林３氏の企画だった。

仮に、ある集落が活性化の必要性にめざめ、集落協議会のような組織をつくるとしても、その運営ルールは、その集落の自由にゆだねるべきではないか。しかし、企画書の趣旨は、この規約と運営要綱を受け入れなければ、集落協議会としては認めないということだ。そんな押しつけをされたら、いくら活性化の必要性を感じていた人も反発を覚えるのではないか。もし、私が居住する町内会に市役所からこんな企画が打診されても、きっと、そっぽを向かれるだろう。とくに、自主的に自らの地域のことを考え、行動を起こすような人ほど、強い反発を感じるだろう。

「企画の方向性には大賛成ですが、少々、押しつけが強すぎるのでは。」私は、率直に、感想を述べた。しかし、前橋氏ら３人は、「こうでもしなければ、集落というのは変わらないもんですよ」と、笑顔

さえ浮かべながら言った。「ぼくも、杉の木村の経験があるから――」と、岡田先生も3人をフォローした。》

《P.93-94：私の不安は杞憂だった。いや、杞憂だったどころか、「押しつけ」は必要だったのだ。はたして、あの規約や運営要綱の押しつけがなかったら、集落振興協議会という制度を、文字どおりの新しい制度として、集落に導入できただろうか。新しい制度の導入は、決して、白紙の上になされるものではない。すでに、長年にわたって存続してきた伝統的な制度――寄り合い、常会などの制度――がある。しかも、伝統的制度は、そんなに「やわな」制度ではない。親も、祖父母も、曾祖父母もしたがってきた。そして、今の自分も、少々不平をこぼしながらもしたがっている。

もしも、「ゼロ分のイチ村おこし運動」の理念が提示されただけだったら、その理念は、いつしか古い制度に巧妙にからめとられたのではないか――まさに、長いものに巻かれてしまうように。そして、「ゼロ分のイチ村おこし運動」は、新鮮でも、また、革新的でもないものとして、とっくに失速していたのではないか。「ゼロイチは、水戸黄門の印籠《いんろう》ですよ。ぼくと同じように、自分の集落はこのままじゃいかん、自分たちが動かないといかんと思っている、同じ世代の連中がいるんです。でも、その連中を思いどおりに動かしてくれるほど、集落の体質は甘くない。だから、立ち上がろうとする連中のために、印籠が要るんです」――この寺谷氏の言葉を理解できるようになった。また、各集落をまわりながら、「その連中」の熱気に触れることもできた。

寺谷氏の言葉が理解できるようになったころ、大澤真幸氏の社会学的身体論に出てくる「贈与と略奪《りゃくだつ》」の概念が頭をかすめた。「そうか、あの押しつけは、ＣＣＰＴ（とりわけ、前橋氏と寺谷氏）から役場へ、そして、集落住民への贈与（の試み）ではなかったのか。いや、さらにさかのぼれば、２人が１９８４年に立ち上がって以来、智頭で展開されてきたことは、ＣＣＰＴから一般住民、町役場への、人やイベントや建物の贈与ではなかったのだろうか。その贈与は、幸運にも、住民や役場によって略奪された（住民や役場が略奪してくれた）。この贈与と略奪の成立、しかも、連続的成立が、次第に智頭の規範を変化させつつあるのではなかろうか」。》

《P.145：次に、「ゼロ分のイチ村おこし運動」は、前橋、寺谷らが、自らの住む地――智頭町――を活性化するために、10年間行ってきた能動的活動が、智頭町にある約90の集落の１つ１つにおいて実践されることを意図した運動である。この運動では、前橋、寺谷らのグループが培ってきた活性化運動の姿勢とノウハウが、まずは行政に贈与され、さらに行政を通じて、各集落に贈与されている。

この「ゼロ分のイチ村おこし運動」には、これまでには見られなかったような住民の能動性が観察されはじめている。この運動の初年度、７つの集落が立ち上がった。最初、役場の説明会に出たときは、伝統的な有力者や資産家でもない自分たちが、勝手に集まり、集落の将来を云々したりしてよいものだろうかという不安を感じ、運動への参加に躊躇《ちゅうちょ》する人がほとんどであった。しかし、役場スタッフからの激励と援助もあって、７つの各集落では、20人前後の住民が、夜、あるいは、日曜祭日に公民館に集まり、わが集落の現状と10年後のビジョンについて語り合うようになった。女性や子どもたちも参加して、模造紙を囲み、10年後のわが集落のビジョンを絵に描くといった、従来の寄り合いでは想像もできなかった光景さえ見られるようになった。

この「ゼロ分のイチ村おこし運動」の大きな特徴は、この運動に取り組む集落住民にとって、もはや、

この運動と前橋や寺谷との間に直接的な連想は成立していないという点である。》

6　戦略的に「学びのかや」をつくる

智頭町には、新しい試みを拒み、地域外からの刺激に耳をふさぐ閉鎖性、有力者が首を縦に振らなければ何も決まらない保守性、寄らば大樹の陰の依存性が、厳然と残っていた。地域の「誇り」や夢を描くことなど、夢のまた夢だった。

それらの状況を一変させる起死回生策を探っていた。そして、講義編講義-1：「かやの理論」に出会い、小集団のプロジェクトを組織した。その連携プロジェクトから「杉トピア（杉源境）ちづ構想」を策定し、構想から「日本ゼロ分のイチ村づくり運動」が発案された。いよいよ、地域の保守性、閉鎖性、有力者（行政）への依存体質が断ち切れる。論文編論文-1の結語を示唆に、住民が自ら考え計画し実行する住民自治システムを創作した。「日本・ゼロ分のイチ村おこし運動」（通称）ゼロイチ運動である。

1970年過疎地域対策緊急措置法から2000年過疎地域自立促進特別措置法まで、過疎対策が取られてきたが、上位下達の法律で果たして地域の活性化が可能か、それらの法律に挑戦する思いで、智頭町のオリジナル企画を立ち上げた。

1　積極的に「学ぶ場」づくり

どうして山を乗り越えることができたのか、集落に住み、現場でイベントを立ち上げ、身を持って感じる。

その場に身を置いたことによって課題が見えた。そこで地域を拓くキーワードを、「住民自治」「地域経営」「交流情報」の三本の柱に絞った。行動すると同時に「学ぶ場」をつくった。社会科学を学習することによって、戦略・戦術を整理することができた。実践力、内発力、外の力を活かすダイナミックな展開となった。

①１９８８年、政治的志向を放棄し、地域づくりに社会システム思考を取り入れ、一味違う地域づくりに挑戦した。ＣＣＰＴを組織、智頭町活性化基金を設立、智頭杉日本の家設計コンテストを実施した。

②１９８９年、杉の木村ログハウス群建築後、杉下村塾を開講した。それまで木材加工や杉をテーマにした活動から、学習と企画の活動に切り替えた。途端に、メンバーの一部は去った。新たな人たちに参加を呼びかけ、青少年の海外研修支援や住民意識調査、集団による企画技法の四面会議システムの開発等と、年１回開催の「杉下村塾」、年４回開催の「読書会」、「提言書の編集」を、10年間の期間限定で行った。

③１９９３年、「かやの理論」の講義から役場との融合をヒントに、連携プロジェクトに向けて作戦を練った。１９９５年、郵便局と役場で連携したひまわりシステムが反響を呼んだ。

④１９９５年、連携プロジェクトの一つ、「杉トピア（杉源境）ちづ構想」からゼロイチ運動が発案され、「理念と戦略」から、マイステージ・ユアステージ・フォレストステージが提案された。

⑤１９９６年、ゼロイチ運動を具体的にどう進めるか、地域戦略をどのように組み立てるか、まるでパズルを解くようだった。講義編講義‐２：こころと意味・「かや」から「小集団活動」を、論文編論文‐１：過疎地域活性化のグループ・ダイナミックス―鳥取県智頭町の活性化運動10年についてで、「集落のＣＣＰＴ化」を、論文‐２：山村過疎地における活性化活動が住民に与えた影響についてでは、「新しい総事」

がヒントになった。全能力が試され、正念場を迎えた。

集落が計画を立て実行するため、企画書・規約・運営要領・組織図の四点を策定した。この企画によって智頭町の方向が見えた。

⑥1997年、まず、集落版ゼロイチ運動がスタートして、住民自治システムが起動した。

⑦2007年、地区版ゼロイチ運動の企画書の策定に英知を結集した。合併論争を経て、「ゼロイチ運動」が暗黙自明の前提となって、地区振興協議会の設立へと展開した。いよいよ、念願の領域自治システムがスタートした。

［特記］1989年、②学習・企画集団への転換から⑦2007年の活動は、「ゼロイチ運動」を創作したことによって、住民自治が深化したプロセスである。2008年、町長選挙で再選された寺谷前町長が「百人委員会」を設置した。住民自治の政策システムとして、地区振興協議会と車の両輪となって起動した。つまり、住民主体の自治規範が、CCPTから役場へ（③④）、役場から集落へ（⑤⑥）、集落から家庭へ（⑦）、住民から行政（役場）（百人委員会）へと、贈与と略奪の連鎖の図式が、論文編（論文-3、4、5、6）で解析された。

2　企画する、記録する

①企画する。

グランドデザイン「杉トピア（杉源境）ちづ構想」は、故前橋助役と職員7人で企画した。ゼロイチ運動の企画書の策定は、住民5人と総務課長小林憲一氏と課長補佐大呂佳巳氏とで行った。特に地域プランナーの手引き等を作成して、集落担当のプロジェクトメンバーに考え方や技法を伝え、担当職員は各集落で集落振興協議会の設立と、集落住民と一体となって地域計画を立ち上げた。

地区振興協議会の企画書は、企画課長大呂佳巳氏が担当者として企画した。合わせて住民と地区担当課長の協働によって、地区振興協議会の組織の立ち上げと事業計画を策定した。つまり、職員が住民自治システム創作の中枢を担い、地域プランナーとして実行力をつけた。そのことが「百人委員会」の実施に向けて、役割を発揮することになった。論文編論文−6．百人委員会の誕生の1−2から1−6．、公開予算ヒアリングのまとめや、「会議のルール」「会議の進め方」「設置要項」にみることができる。

②記録する。

今、この瞬間に証拠がある。どの資料を価値として保存するか、捨てるのか、常に試された。将来残しておくべき記録をＣＣＰＴ活動実践提言書に編集して１９８９年から10年間にわたって、一冊当たり、Ａ４版２００ページ、字数20万字になる。この記録は将来きっと役立つと、一巻ずつタイトルをつけて編集した。

１９８９年版：智軸を起点に３６０度地域の開明に向けて

１９９０年版：新社会活動を求めて

１９９１年版：新ライフスタイル〝憩住〟への提言

１９９２年版：新・リーダー考「エディター」の提案

１９９３年版：ゴールは近づきゴールは遠のく　＝新しい助走に向けて＝

１９９４年版：新しい波　農山村発　＝偉大なる疎・密〝たすきがけ〟パートナーシップ＝

１９９５年版：社会システム創造の時代　＝小さく生んで大きく育む＝

１９９６年版：ゆうふくシステム智頭町発21世紀へ　＝共有（コモンイズム）に向けて＝
１９９７年版：22世紀へのメッセージ　＝時間・空間・人間のスパイラル＝
１９９８年版：居合わせた者 いきさつの語り部となれ　＝心・規範・社会システム＝
全10巻になる。タイトルを見れば活動のプロセスが推測できる。ただし、これら提言書に杉下村塾の講義等内容は編集していない（感想文はある）。参加しなければ分からない杉下村塾とした。丁々発止の議論から産み出される知恵は、その場に居なければ得られない。熱い議論を通してこそ理解が深まる。そのため、結論だけを編集したくなかった。

３　贈与・略奪の連鎖、没人称化

社会システムは、「贈与と略奪」の連鎖が連続すれば行き先は見えない。つまり、当初は具体的な「誰か」によって創発・創造された社会システムが、第三者への贈与と略奪が繰り返されていくことで、その価値や意味が定着した段階では、当初の「誰か」の存在や機能は問題視されず、さらにその社会システムに根づいた価値や意味が、今後どのように連鎖して発展していくのか、行き先は見えない。

振り返って見ると、人とも、理論とも、奇跡のような出会いであった。それは、誰かがやるだろう。何時かはやれるだろうと他力本願の姿勢では、決して出会えない。創発的で独立自尊の姿勢によって、万に一つの偶然の出会いが必然へとつながった。

実は社会システムの没人称化は自然の成り行きである。社会システムが成就した証拠である。合併論争がひと段落した２００５年ごろＣＣＰＴ代表の故前橋氏から、「住民からＣＣＰＴは無くなったのかと聞かれたが……」とあった。この発言で没人称化が理論どおりに起こったことを知った。

社会システムは緊密な人間関係で生まれる。物事を実現することは、人と人との葛藤・格闘でもある。それこそ、妥協を許さない姿勢を持っているから夢が実現する。地域づくりを思い立ってから緊張感が続いた。善意的に捉えていたのは、きっと役立つと信じていたからで、利他主義で取り組んだ。やはり、ポジションを求めなかったことがよかった。この身を捨てたのではなく、拾《ひろ》ったのかもしれない。

秘訣は何か、それは常に「学ぶ場」を持とうとしたことだ。そして、ほとんどの場合、「贈与と略奪」の行き先は分からないが、『創発的営み』と本書を編集したことによって、連鎖の行方が明らかになった。

７　ゼロイチ運動の総括　論文―３：住民自治を育む過疎地域活性化運動の10年――鳥取県智頭町「日本・ゼロ分のイチ村おこし運動」――から（２０１０）

１《要約

本研究は、ある過疎地域で…（中略）…同運動に参加する集落の全住民を対象に、発足初期の２０００年と９～10年目に当たる２００６年にアンケート調査を実施した（同運動は、10年を期限とする運動である）。その結果、①同運動は初期の段階で集落に浸透し、終始６割の住民が同運動に参加したこと、②同運動の理念を最も実現した集落では、伝統的な寄り合い組織と新しい集落振興協議会を、車の両輪のように使い分けていたこと、③伝統的な寄り合い組織が、同運動の民主的性格を帯びるに至った集落も存在すること、④２～３割の人が、同運動によって新しい自己実現の場を得、また、少子高齢化が進

む集落にあっても明るい将来展望を持つようになったこと、⑤同運動によって、女性の発言力が増したことが見出された。》

2《b. 日本・ゼロ分のイチ村おこし運動

「日本・ゼロ分のイチ村おこし運動」（以下、ゼロイチ運動）は、住民自治を育む運動である。具体的には、同町の最小コミュニティ単位である集落ごとに、住民が10年後の集落ビジョンを描き、住民が汗と智恵と金を出し合ってビジョンを実現しようとする運動だ。行政（町役場）は、あくまでも脇役として運動をサポートするのみ。１９９７年以降、智頭町内にある89集落のうち15集落がゼロイチ運動に参加した。

ゼロイチ運動には、

①地域経営…地域を経営の眼で見直し、地域の宝をつくる

②交流…集落外、町外、海外と積極的に交流する

③住民自治…行政や有力者への依存から脱し、住民が自ら計画を立て、実行する

という三本の柱がある。そこには、保守性・閉鎖性・有力者支配という旧来からの地域体質を打破しようという意図が込められている。すなわち、①地域経営によって保守性を打破する、②交流によって閉鎖性を打破する、③住民自治によって有力者支配を打破する、という意図が込められている。

ゼロイチ運動の最大の特徴は、住民主導による徹底したボトムアップの運動であるという点にある。まず、ゼロイチ運動には、１９８４年にさかのぼる10年以上の前史がある。すなわち、１９８４年以来、

２人のリーダーを中心に、旧態依然の地域体質に対する苛烈《かれつ》とも言える挑戦が展開され、杉の高付加価値化、国内外との交流など、目を見張る実績が積み重ねられた。ゼロイチ運動の企画は、それまでの２人を中心とした活動を、集落ベースの運動として拡大・浸透させるために、２人によって作成され、行政に突き付けられた。それに対して、「物言わぬ住民」を好む行政も、「物言わぬ住民と行政の間で利害をとりもつ」ことを存在価値とする町会議員も、ゼロイチ運動の企画を何とか握りつぶそうと最後まで抵抗した。ゼロイチ運動は、「物言わぬ住民」を「物言う住民」に転換する運動だからだ。

１９９７年、ゼロイチ運動がスタートして以来、同運動に参加する各集落では住民主導の姿勢が貫かれた。確かに、町役場には、ゼロイチ運動をサポートする部署が設けられ、１－２名の職員が配置されたがそのサポートが軽微の域を出ることはなかった。

以下、ゼロイチ運動として行われた活動の具体例を、上記の①－③の柱ごとにいくつか紹介しておこう。

①地域経営

地域を経営の視点で見直すと、地域には結構な資源を見出すことができる。ある集落では、かつて集落で栽培されていたギボシという山菜の栽培を復活させた。「20～40歳代の女性を中心に」ということにはなったものの、いかんせん、ギボシ栽培などやったことがない。そこに登場したのが、70歳以上の女性たち。昔とった杵柄《きねづか》が発揮されるとともに、それまであまり接点がなかった高齢女性と若年女性の間に交流が始まり、高齢女性もゼロイチ運動に参加しだした。この集落以外でも、竹炭、餅、地酒など、それぞれの集落の資源を活かした特産品づくりが行われた。

集落で古くから行われてきた伝統行事も、集落の貴重な資源になる。ある集落では、集落の寺にある地蔵（何か考え込んでいる風情の地蔵）の祭り「考え地蔵祭り」を地域経営の起爆剤に選んだ。集落内部の祭りを集落外にも開放し、積極的に集落外・町外からの参加を呼びかけた。今では、よその集落も出店を出すなど、当初は考えられなかった人数が祭りを訪れるようになった。祭りの最後には、盛大な打ち上げ花火も行われるようになった。

能動的に地域を経営していくという姿勢は、昔からのしきたりをも改革の俎《そ》上《じょう》に載せた。ある集落では、ゼロイチ運動を通じて、葬儀の見直しが行われた。（中略）その葬儀のやり方に対して、ゼロイチ運動が問題提起を行った。葬儀のやり方について、真剣な議論がなされ、何をどう守っていくか、どこをどう簡素化するかが決定された。用意する小道具も、一つ一つについて図解入りで、簡素化の詳細が定められた。また、参列者に振舞う料理についても、喪主が気兼ねをしなくてよいように、品目と量の目安が定められた。こうして、数ある伝統の中でも、まさにアンタッチャブルと信じられてきた葬儀さえ、ゼロイチ運動によって再創造された。再創造されることで、葬儀屋に依存することなく、「集落住民の手によって葬る」という伝統が守られたのだ。

②交流

（前略）集落を越えた交流は、集落間の協同にもつながった。ある地区（旧村の一つ）では、4つの集落がゼロイチ運動に参加していた。ゼロイチ運動を開始して数年が経過した頃から、これら4集落が互いに連携し、ネットワーク組織を形成した。互いに集落のイベントを手伝い合う、毎月一度、隣接する岡山県との県境にある峠のドライブインで各集落の特産品を持ち寄って朝市を開催するなど、ネットワークの強みを遺憾なく発揮した。また、それによって、高齢者が多い集落は、他の集落の中堅層のサポートを得ることができる、各集落独自の持ち味を組み合わせてイベントを開催できるといったメリットが生まれ、単一の集落では見られなかった相乗効果が発揮された。

自らの集落を考える上で、他の地域の取り組みは参考になる。ほとんどの集落では、おもしろい取り組みを行っている地域を訪問し、自らの糧とする視察旅行が行われた。また、都市部の住民との交流、近郊都市の大学生との交流、あるいは、外国人との交流も行われた。

③住民自治

（前略）まず、ゼロイチ運動以前から集落活性化を模索していた団塊世代グループは、同運動を追い風にしつつ、リーダーとして成長していった。ここ数年、それらのリーダーから町会議員も誕生した。彼らは、それまでの議員とは異なり、まさに、ゼロイチ運動が育んだ議員、住民自治のすばらしさと難しさを熟知した議員である。

当初のリーダーグループの範囲を超えて、徐々に新しいリーダーも育まれつつある。高度経済成長の過程で、集落は、生計を立てる場としての重みを失ったが、それにもかかわらず総事に代表されるノルマだけは存続している。そのような集落にあっては、集落内のつき合いは必要最低限にとどめ、町外（たとえば、鳥取市）でのつきあいや活動を生き甲斐にしている人も少なからず存在していた。しかし、ゼロイチ運動によって、そのような人たちの中から集落の活動にも参加する人、さらには、リーダー的な役割を担う人が登場した。今までの義務的な一軒一人役とは異なり、個人の立場でやる気のある人間が活躍できるゼロイチ運動が、彼らの関心を引きつけたのだ。

一方、従来からの男性優位の集落運営に対して、ゼロイチ運動によって女性たちも集落の活動に参加し始めた。その中からは、女性グループで行う活動のリーダーが生まれ、彼女たちの中からは、男性とともにゼロイチ運動のリーダー的役割を担う人も登場した。

ゼロイチ運動では、「既存の伝統的集落組織を捨てて、ゼロイチ運動の組織（集落振興協議会）に移行する」という発想ではなく、「あえて新旧両方のわらじを同時に履いてもらう」という戦略がとられている。すなわち、新システムの集落振興協議会は、決して伝統的システムを排斥することなく、伝統的な組織（公民館、婦人会、青年団、老人クラブなど）をも包摂する形をとっている。住民が、新旧両方のわらじを経験した上で、自らがはきたいわらじを選んでもらう（場合によっては、新旧両わらじの経験から第三のわらじを作ってもらおう）という意図が込められていた。

2つの集落では、ゼロイチ運動が開始されてほどなく、婦人会が消滅した。婦人会は、全国組織として、都道府県単位、市町村単位に設けられ、集落婦人会はその末端に位置している。その運営は、基本的に、上位機関からのトップダウンによって行われ、イベントごとに動員がかけられる。上からの動員には辟易《へきえき》させられつつも、やはり女性が活動できる数少ない場として、婦人会活動は継続されてきた……少なくとも、脱退を考える人など皆無であった。そこにゼロイチ運動。女性も、男性と平等に、しかも個人の資格でやりたいことを仲間と考え、実行に移せる。そこには、上位機関から動員されて、たまたま時間をともにする活動では得られないおもしろさがある。もちろん、意見が対立する場合もあるが、それでも、一方的な動員による活動とは比べようのない魅力がある。なぜ、婦人会などに加入し続けねばならないのか……そんな疑問が生じても無理からぬことであった。ゼロイチ運動で育まれた積極性は、長いものに巻かるのではなく、「いやなものはいや」という意思表明をも可能にした。

伝統的組織の最たるものは、古くから集落の最高意思決定機関として機能してきた寄り合いである。世帯主のみが参加でき、有力者の意向に添って根回しがなされる寄り合いでの決定事項は、まさに集落の憲法であり、それに背くことは、即、村八分を意味していた。寄り合いで決定したことを総事で実行する……これが、伝統的な集落運営の鉄則であった。

ある集落では、ゼロイチ運動によって、寄り合いに劇的な変化が生じた。その集落では、ゼロイチ運動への取り組みが評価され、県の補助事業をうけることができた。その補助事業によって、ボロボロだった公民館を新築し、ソーラーシステム完備の公民館を建設することができた。この新しい公民館を維持管理していくために、地方自治法第２６０条（地縁団体による集会施設等の不動産保有に関する権利と義務を規定した法律）に基づく自治会が結成された。そして、ゼロイチ運動10年目を迎えた２００６年、同集落は、集落振興協議会と寄り合いを合体させ、自治会に一本化することを決定した。ゼロイチ運動の成果である公民館を維持管理するために設立された自治会が、集落を代表する組織になったことは、ゼロイチ運動が寄り合いを換骨奪胎《かんこつだったい》し、自治会として発展したことを物語っている。》

３《３．考察
（前略）伝統的な集落運営方式である寄り合い組織と、ゼロイチ運動のための組織である集落振興協議会の関係も興味深い。積極派が多い集落では、両組織を車の両輪のように使い分けていた。また、集落によっては、伝統的な寄り合い組織が「ゼロイチ運動的」な性格を帯びるようになった。

このような10年間に、２～3割の人は、ゼロイチ運動によって新しい自己実現の場を手にした。それとともに、明るい将来展望も芽生えつつある。女性たちも徐々に発言力を増しつつある。別に少子・高齢化に歯止めがかかったわけではない。今後も少子・高齢化、人口減が続いていくことは、誰の目にも明らかだ。もし、人口減をもって過疎化と呼ぶならば、過疎化は今後も進む。

そもそも、２００４年をピークに日本全体の人口が減少に転じ、今世紀末には人口がほぼ半減するという予測もある。もはや、人口の増加を繁栄のメルクマーク、人口減少を衰退のメルクマークとする時代は過ぎたのである。では、何をもって「地域力」のメルクマークとすべきなのか。ゼロイチ運動が住民の自己実現や将来展望に与えたインパクトは、それを考える貴重なヒントとなろう。

10年間という期間設定は重要だったし、10年間という区切りは適切でもあったようだ。この期間設定がなかったら、あれほどのエネルギーを動員することなど不可能だっただろう。われわれ筆者は、ゼロイチ運動という舞台が設営されたことによって多くの役者が登場するのを目の当たりにしてきた。よく人材不足を嘆く声を聞くが、「よい舞台さえ用意すれば、結構、予想もしなかった役者が出現する」というのが、われわれの実感である。

しかし、10数戸からせいぜい数10戸、人口で言えば、50人からせいぜい３００人という小さな集落から、無尽蔵に役者が登場することは不可能である。本稿で紹介したアンケート調査の結果は、10年間で、もちろん全部とは言えないまでも、リーダーとなりうる役者は、かなり出尽くしたことを示唆している。

では、ゼロイチ運動によって育まれた住民の能動性をベースに、今後、どのような展開が考えられるだろうか。実は、３年前（２００７年）から、智頭町では新しい動きが始まっている。それは、戦前の昭和の大合併から終戦直後にかけて、現在の智頭町を構成するに至った6つの旧村を、住民自治のユニットとして再生させようという動きである。旧村は、現在でも、地区という名称で機能している。小学校、公民館なども地区単位に設置されているし、運動会や祭りなど、地区単位の行事も行われている。この旧村を、徹底的に草の根ボトムアップで住民によって再生しようというわけだ。本稿の冒頭で、ゼロイチ運動には前史があり、それは、２人のリーダーが立ち上がって活性化運動を開始した約10年であることを述べた。ゼロイチ運動は、その前史の実績を背景に、２人のリーダーの運動が行政を突き動かす形で開始された。ゼロイチ運動の前史を活性化運動の第1幕、ゼロイチ運動の10年を第2幕と呼ぶならば、今、智頭の運動は、第3幕を迎えつつあるように思われる。≫

第5章　波及　領域自治（地区）ステージづくり

1　地区振興協議会設立のステップ［概念図-4（P.31）、5（P.31）、6（P.32）、7（P.32）、8（P.33）］

外はうっすらと雪が積もり、吹雪いていた。２００８年1月11日から13日、山郷地区では地区振興協議会の設立に向け、京都大学防災研究所の岡田先生にお願いして、研究室のゼミ合宿が２泊３日で開かれた。中原集落の住民を中心にして、新田集落の浄瑠璃館《じょうるりかん》を会場に、学生諸君は地区内の６集落の住民からヒアリングを行い、その調査結果を題材に、住民、学生、研究者、及びＣＣＰＴと、地区の課題について四面会議システム［概念図-6］を使って議論を行った。その中で２００７年の住民基本台帳を基に、過去10年間の人口減少率から10年後の推計人口が、グラフで示された。地区の10年後の人口予測を突き付けられ、このままだと切羽詰まった状況になることが、明らかになった。

岡田先生から「今、地区で住民が一堂に会する機会は年に何回あるか」と質問があった。住民は「小学校の運動会しかない」と答えた。地区内の交流機会はほとんどない。近い将来、小学校の統合（２０１２年）が話題になっていた。このままだと地域はジリ貧になる。なんとかしなければいけない、会場の空気が変わった。ゼミを機会に人々に火が付いた。

その４ケ月前、２００７年秋に山郷・山形地区に地区振興協議会を設立しようと説明会を開いた。山郷地区では山林地主と、集落版ゼロイチ運動の導入集落と、財産区法に基づく財産区議員の間でせめぎあいが起こった。地域の伝統的体質を持った者にいくら説明しても、できない理由が並べられた。私は「これだけ言っても分からんか」と机を叩いた。はじめてのことだった。この時期、町の雰囲気は合併論争が尾を引き混沌としていた、智頭町の正念場だと思った。そのせめぎ合いは、中原集落の財産区議員がリーダーシップを取って方向づけた。

また、山形地区では公民館役員と財産区議員の間で大論争が起こった。論文編論文-４：「風景を共有できる空間」の住民自治―鳥取県智頭町山形地区の事例―に《旧村単位の住民自治に限らず、新しい運動は、ごく少数の人たちによって創出される。大多数の人々は無関心。中には、「出る杭」を打とうとする人もいる。この構図は、本論文で紹介する事例にも、みごとに当てはまる。》と記述されている。し烈な覇権争いがあったが、財産区議員が押し切った。

２００７年の暮れの町議会が近いころ、私は鳥取県庁から出向していた智頭町役場の総務課長にお会いした。智頭町の印象を聞くと、「智頭町はゼロイチ運動しかない。施策はすべてゼロイチで括ればよい」と、発言があった。後日、町議会で地区版ゼロイチ運動の企画書が議決された。地区版では「企画書（資料編第５章資料１）」と「規約（同資料２）」の二点を示した。２００８年４月に山形・山郷地区振興協議会が設立されスタートした。

他の地区も財産区議員が積極的に動き、２０１１年に那岐地区、２０１２年に富沢・土師地区が立ち上がった。町内６地区の内５地区で地区振興協議会が設立された。

2　特別対応で地区振興協議会のモデルづくり

山郷・山形地区での地区振興協議会の設立時には、岡田先生、杉万先生に意図的に地域に入ってもらった。住民は地域の状況に対して無関心といえる。だから過疎化に陥っている。いかに〝気づき〟が提案できるかが、課題であった。その最大の理由は、当時、合併論争（資料編第5章資料3）で住民の間に溝ができていた。そこで住民の心に希望の火を灯し、住民を一つにするという課題があった。1996年のゼロイチ運動の企画段階とは設立理由が大きく異なった。

地区版ゼロイチ運動の企画時にイメージしたのは、私たちが小学生のころに体験した町内の6小学校が年に一度、一同に会する運動会で「六部会」というのがあった。その時のわくわくドキドキ感を再現しようと話し合った。言わば、古事記に「八百万《やおよろず》の神々が、天《あま》の岩戸の前で飲めや歌えの大騒ぎをして天照《アマテラス》が、岩戸の外に出てくると明るくなった」という神話を、企画者の間で話し合った。住民が輝く場づくりを考えた。

そこで、両先生に地域に入っていただき、社会科学で導いていただくことにした。山郷地区は岡田先生、山形地区は杉万先生の協力により、特別な環境で地区振興協議会を立ち上げた。岡田ゼミでは住民のヒアリングと、将来の人口予測を基に、四面会議システム（第2章2の4、資料編第3章資料1）を使って、地域の打開策が検討された。住民は地域の瀬戸際を自覚した。また、山形地区では杉万先生が立ち上げ前から並走され、「福祉と共育」をテーマに論文編論文-4：「風景を共有できる空間」の住民自治―鳥取県智頭町山形地区の事例―で、検証された。

特筆すべきは、杉万先生が論文‐4の脚注でふれられているが、ＣＣＰＴや智頭町役場から、両先生へ謝金は支払っていない。研究者の立場で地域づくりを検証された。改めて、長年にわたり智頭町をテーマに研究していただいたことに、深く感謝の意を表したい。

地域に新しい規範を入れると必ず緊張が起こる。より抵抗感がある社会システムは定着率も高い。このことは１９８９年秋、八河谷集落に杉の木村産業組合（論文編論文‐2）を提案した際にも、村は二分され、そこで「新しい総事」の概念が生まれた。また、過疎地の規範は寄らば大樹の陰である。つまり、ゼロイチ運動を集落で新しい規範として認知していく場合にも、導入集落で緊張が起こった。推進派は少数、対全住民という構図である。いかに推進派に大義が提案できるか、そこが地域マネジメントの秘訣である。

いずれにしても、凌ぎの場であった。葛藤の中に身を晒《さら》した。そして、時間をかけて住民が立ち上がるのを待った。動揺はしたが諦めなかった。１９８９年スイスの山岳地調査（参照P.35第2章「4　スイスの山岳地で住民主体の地域計画を視察」）で、住民主体の地域計画づくりを、視察していたことが支えとなった。

3　燎原《りょうげん》の火のごとく

地区版ゼロイチ運動の企画書と規約の作成には、さらに英知が求められた。「ゼロイチ運動」企画書（２００７年作成）の⑵「運動の意義（次代の要請）」（資料編第5章資料1）に、杉万先生から加筆をいただいた。

《その他の運動とは、「昔帰り」である。戦後まもなくまで、あるいは、戦前の姿への昔帰りである。しかし、時計（歴史）は逆戻りはしない。したがって現在の昔帰りは一つの偉大な創造、つまり、「創造的昔帰り」としてしか成り立たない。地区振興協議会は一見旧村への昔帰りに見えながら、実は『偉大な創造』である。旧村では想像もできなかったような徹底したボトムアップ（住民による自治）の地区づくりである。この壮大な、かつ、他に類例のない「創造的昔帰り」は、この10年にわたって智頭町が住民とともに展開してきたゼロイチ運動があったればこそ可能となった。この点が全国各地で始まろうとしている地区の振興のための施策とは一線を画するものである。》と、提案された。この文章がＦＡＸで届き、目を通したとき、悲壮感をもって必死の覚悟で企画した集落版ゼロイチ運動が、活きたと思った。目頭が熱くなった。即座に企画課長大呂佳巳氏に連絡した。

なぜ、地区の振興に力を入れたのか、旧村には、ほぼ半世紀前まで行政システムがあり、金融機関や学校など、公共機関が機能していた。行政システムがあることは、即ち議会も設置されていた。つまり、領域での自治が厳然とあった。しかし、昭和の町村合併によってそれらは潮を引くように撤退した。合併で行政システムが統合されると復権は難しい。何としても、地区の住民自治を復興したい。新たに地域力を獲得するためのコンセプトが必要である。それが、企画書にある『偉大な創造』である。旧村では想像もできなかった徹底したボトムアップの地区づくりが必要だと、示唆されていた。

一旦、合併により行政システムが合理化されると、復権は不可能である。昭和の町村合併はその地域の政治力を弱め主体を喪失させた。このままでは、歴史的にも生活の関係性が強かった地区の衰退は、時代のせいにするところまで来ていた。なんとか、風景が共有できる地域の関係性を確保するためには、個別化していく地域に対して、「連帯の防塁」を築くことが必要だと考えた。

つまり、地域の将来は取り組みいかんにかかっていると、規約の第１条（資料編第５章資料２）で住民の決起を訴えた。《本協議会は、これからの地域社会の将来を見据え、地域内外の人財ネットワークを最大限に発揮し、持続可能な社会を実現するため、「ゼロに帰するか、イチを守るか」地域の生き残りを賭けて、英知を結集し、地域の特質を活かした行動計画を策定し、地区づくりのための運動を展開することを目的に設立する。》と、冒頭に厳しい文面で鼓舞した。この「ゼロに帰するか、イチを守るか」の表現は、岡田先生から知恵をいただいた。杉万・岡田両先生から珠玉のコメントをもらった。この知恵をいくらの価値とするか、住民に実現が託された。

地域にメッセージをどうあっても届けたい。企画をするとき、ペンを持つとき、一字一字、篆刻《てんこく》するように文章を書いた。言葉は魂である。そこから全てが始まった。地域に住民自治システムが要る。そのシステムを起動させるには地域哲学と、企画力が必要なことを身を持って体験した。

４　地区振興協議会はプラットホーム

１９９６年、集落版ゼロイチ運動を企画するとき、地区ごとに活性化することで、高齢化や少子化は乗り越えられるかも知れない。地区が衰退すれば町も衰退する。地区振興協議会をプラットホームに、いずれ領域自治を図っていこうと考えた。

各地で地域運営組織は、地域の救世主のように言われている。ところがその組織が、行政に都合良く使われる組織になっていないか、また、利益要求団体になっていないか。戦後、市町村を単位に利益要求団体として補助金を獲得してきたが、かえって住民自治は深まらずむしろ依存の体質が強まった。地域社会を持続するためには、住民の要求をボトムアップする機能と、地域を主体的に経営する組織が必要である。これまで、生活の場である地域を経営する視点がなかったところに問題がある。

まず、住民に問うたことは、その地に共に生きようとする思いがあるかどうかだ。意欲なく、気力なく、思いが無い地域はあるがままになる。地域はこれまで行政まかせで運営されてきた。これを切り返すには、その気のある者が主体となって、地域の振興に取り組まなければならない。地域は、個人でダメなら集落で考える。集落でダメなら地区で、総合力で起死回生策を練って対応することだ。もう、待ったなしの状況である。

昭和の合併後、その地区は悪く言えば自然体で、日々を送ってきたのではないか。その結果が今日の姿だ。この地に住んでいく、生活していくのだという強い決意があったのか。無自覚であきらめていたのではないか。それでは地域は衰退の一途を辿るしかない。地域は自分たちが生きていく人生舞台である。したたかにしなやかに、こだわる価値がある。地域社会に基幹が要る。それが地区振興協議会である。

5　地区版ゼロイチ運動の企画は、暗黙自明の前提

実は、地区版ゼロイチ運動の企画の前に、2003年から2004年の間に町村合併に伴う合併協議会で、事業のすり合わせが鳥取市側とあった。二度の住民投票とも住民は僅差《きんさ》で合併を選択した（資料編第5章資料3）。合併協議会の場で職員一人ひとりが、智頭町はどうなのかと辛辣《しんらつ》に問われた。その協議会で、職員は何をもって智頭町を問うたかというと、もし、合併して新しい市になっても、智頭の地域からゼロイチ運動

は譲《ゆず》れない。住民が計画を立て実行する住民自治システムは、智頭町のオリジナル施策で地域活性化の切り札だと、主張したと言う。

まさに、合併協議会でのすり合わせの場で、職員は智頭町の地域理念イコールゼロイチ運動だと、はっきりと認識して議論を行っていた。合併協議会が凌《しの》ぎ合いの場となり、地域理念を問う機会となった。そこは住民から見えない合併協議会のことではあるが、地区振興協議会の設立の背景から、また、交渉相手の鳥取市との関係からも地区振興協議会を設立することがメンツの問題となっていた。つまり、地区版ゼロイチ運動を制度化していくことが、至上命題となっていたのだ。

ゼロイチ運動をスタートして10年が経ち、役場内に地区版ゼロイチ運動を、検討しなければいけないという雰囲気が生まれていた。暗黙自明の前提となった規範の要因を上げてみると。

①ゼロイチ運動の企画書に、地区版を明記していた。
②合併協議会で地域の理念が問われた。
③単独の選択によって、より智頭らしさが求められた。
④住民が地域づくりを計画し、実行していく考え方が根付いていた。
⑤住民自治が定着していた。

地区振興協議会の設立は、講義編講義-2：こころと意味・「かや」の四点セットが当てはまる。「環境」「集合的行動パターン」「コミュニケーション」「暗黙自明の前提」が、ワンセットで「かや」である。その中の「暗黙自明の前提」から、心の世界の「意味」が出てくる場所だと説いてある。つまり、①～⑤の背景を推測すると、意味として地区振興協議会が浮き出てくる。地区版ゼロイチ運動に向けて、暗黙自明の前提の規範ができ、意味として地区振興協議会の設立を創出した。２００７年秋、機が熟し、住民、役場、議会、ＣＣＰＴ、及び研究者が、設立に向けて一気に呼応した。この動きに新しい波動を感じた。

6　田舎のパン屋さんタルマーリーと地区振興協議会

地区振興協議会が調整機能を発揮し、地域の受け皿となっている。移住者の渡邉格《いたる》氏が、『創発的営み』のヒアリングで領域自治の価値を語っている。

《P.136−138：町有である旧小学校、旧保育園の跡地の管理については、役場が地区振興協議会に委ねているので、旧保育園を借りて店を運営している。私たちは、すぐ隣に事務局のある地区振興協議会に相談できる。ほかの地域では誰に相談したらよいのか、どう解決したらいいのかわからないことがあった。そのあたりが組織立って対応していただけるようになっていて、私たちにもその関係性がわかっているので非常にありがたい。小さな地域でも住民にはさまざまな意見はあると思うけれど、それを地区振興協議会や役場の方に、いつでも相談できる体制があることがとても心強い。だから、私たちの事業も那岐地区のために、地域のためになることをやりたいし、まずは相談しなくてはいけないと思っている。

旧保育園をお借りする際には、最初に地域の方々へプレゼンテーションをする機会をいただき、クラフトビールをつくりたい、製粉機を置きたい、こういう事業をやりたいということを伝えた。その後も地域の方々がタルマーリーで飲み会を開いてくださったりして交流ができている。テレビやラジオ、新聞などメディアにも取り上げてもらい、新しい地ビール事業も立ち上げることができ、みなさんもそれなりに実績は認めてくれていると思う。現在、タルマーリーの入口前の駐車スペースの傍らに、野菜の直売所の棚がある。これは「いざなぎ（那岐）地区振興協議会」の人たちが中心となって、タルマーリーに来るお客さんに、地元の農産物を販売しようと立ち上げてくださった。

もちろん、すべてがうまくいったわけでもない。トラブルが生じたこともあった。例えば、旧小学校の駐車場にタルマーリーのお客様が車を停めることに対して苦情が出たことがある。最初に役場が使っていいと言ってくれたから大丈夫かと思っていたのだが、地域の方からそこには置かないようにと言われて戸惑った。そこで役場企画課に相談したら、企画課と地区振興協議会が相談してくださって、結果的には使ってよいとのことで落ち着いた。だから、いろいろな意見があっても、調整して治めてくれる体制があることは本当に助かる。》

移住者の渡邉夫婦に、「いざなぎ（那岐）地区振興協議会」は、地域の調整役をかって出た。これこそ地域に求められる力である。

７　論文−４：「風景を共有できる空間」の住民自治 ―鳥取県智頭町山形地区の事例―の１．から（２０１３年）

《（前略）地域主権については、国と地方自治体（市町村、都道府県、あるいは、府県の広域連合）の関係以外に、もう一つ重要な論点がある。それは、市町村よりももっと小さな地域で、いかにして住民自治の姿勢を育むかという論点だ。たとえば、「あの路地を入ったところのお地蔵さま」と言えば、皆がその風景をイメージできるくらいの小さな空間、つまり、「風景を共有できる空間」での住民自治を、いかにして育むかという論点である。この小さな住民自治なしでは、いかに市町村以上の主権を拡大しても、地に足が着いた地域主権は実現できない。それは、砂上ならぬ空中の楼閣になるだけだ。

風景を共有できる空間は、多くの農山村では、戦前ないし昭和の大合併（1953～61年）以前の旧村が、それに当たる。また、都市部では、おおむね小学校校区が、それに当たる。農山村の多くでは、今なお、旧村が一つのまとまりを維持している。近年、過疎化で統合されつつある小学校も、ついこの前までは旧村単位に置かれていた。また、旧村単位の運動会や祭りが続いている地域も多い。

旧村には、合併までは、村長も村議会もあった。村役場もあった。しかし、その制度は、明治以来の中央主導のもと、トップダウンでつくられた。その村長、村議会、村役場に当たるものを、今度は、徹底的に住民主導のボトムアップでつくれないものか……これが、本論文で紹介する運動である。もちろん、正式な行政組織は町役場である。役場と旧村単位の組織は、いわば対等な関係（イコール・パートナーシップ）に立ち、意見を擦り合わせていく……そんな行政と住民の関係を構築しようというわけだ。

旧村単位の住民自治に限らず、新しい運動は、ごく少数の人たちによって創出される。大多数の人々は無関心。中には、「出る杭」を打とうとする人もいる。この構図は、本論文で紹介する事例にも、みごとに当てはまる。

本論文の事例は、以上のような構図の中で何とか起ち上がり、4年の時間を経て、今ようやく地域の中での存在感を獲得しつつある。本論文は、この苦難の4年間の記録と現状を、当事者の声をもとに、そして、その運動に外部者として参加しつつ筆者が経験したことをもとにまとめたものである。当事者の中には、この運動に批判的な人も含まれる……その批判にも耳を傾けるべきである。

全国を見渡せば、都市でも農村でも、自らの地域を何とかしたいと願う人は少ない。できれば、自ら立ち上がりたいと思う人も少なくない。しかし、わが身を呈して、惰性の流れに棹さすのは必ずしも容易ではない。何と言っても、自らが居を構える地域である。家族も友人もいる。「出る杭」になるには、それなりの勇気と決断が必要だ。本論文は、そのような人たちに対する智頭町山形地区からのメッセージである。》

8　論文—5：旧村を住民自治の舞台に—鳥取県智頭町：地区振興協議会の事例—の5．考察から（2013年）

（※旧村とは、現在の智頭町を構成する6地区〈智頭・山郷・山形・富沢・土師・那岐〉を指す）


《「自分の住む地域を何とかしたい」……そう願う人は多い。しかし、それに向かって自分が立ち上がるかとなると、決して容易なことではない。自分だけが住んでいるのではない。家族も住んでいる。友人、知人も住んでいる。それが、地域だ。その中で、意を決して立ち上がり、これまでの惰性に棹さすのは容易ではない。しかし、本論文で紹介した3つの地区振興協議会の事例、また、山田・樂木・杉万（2013）が報告した山形地区の事例、さらには、地区ゼロイチ運動に先立つ集落ゼロイチ運動の事例は、「自分の地域を何とかする」ことが可能であることを教えてくれる。

同時に、それらの事例は、「住民が自らの地域を何とかする」ための仕組み（システム）が、いかに重要であるかも教えてくれる。仕組み（システム）は、「まず、だれかが仕組みをつくって、それを多くの人々に適用する」といったやり方では、なかなかうまくいかない。仕組みの構築プロセスそのものに、それが将来的に適用される人々が参加していなければ、仕組みは機能しない。この点は、「風景を共有できる空間」のような顔の見える空間で、仕組みを構築する場合には、特に重要となる。

本論文で報告した振興協議会の「立ち上げの経緯」には、「住民が自らの地域を何とかする」ための仕組みを構築するプロセスが述べられている。そのプロセスは、実に多様である。山郷地区や那岐地区のように、地区ゼロイチ運動に先行する集落ゼロイチ運動の組織が活かされる形で、新しい仕組みが構築された地区もあれば、富沢地区のように、集落ゼロイチ運動を行った集落があったにもかかわらず、それとは一線を画す形で、新しい仕組みが構築された地区もある。また、集落ゼロイチ運動の組織が活かされる形で新しい仕組みが構築された場合も、単なる集落ゼロイチ運動の延長線上に構築されたのではない。そこには、10年間の集落ゼロイチ運動で得られた「教訓」が、陰に陽に活かされている。

さらにさかのぼれば、地区ゼロイチ運動に先行する集落ゼロイチ運動も、それに先立つ約10年の前史がある。それは、１９８４年に「たった二人」から始まった運動である（岡田ほか、２０００）。振り返れば、それ以来、四半世紀の時間が経った。いや、「積み重なった」というべきかもしれない。その時間の積み重ねの中で、「風景を共有できる空間」を何とかしたいと願う人間が、何とか動けるような仕組みが形成されてきた。

「悲壮感さえ漂う、必死の運動」から「楽しげで軽やかな運動」への移行……この表現は、集落ゼロイチ運動の前期から後期への変化を見事に捉えている。この移行は、単なる運動への慣れを意味するのではない。必死の運動の積み重ねこそが、軽やかさを産み出すのだ。それだけに、軽やかさのもつ意味は大きい。この移行は、集落ゼロイチ運動の変化のみならず、集落ゼロイチ運動から地区ゼロイチ運動への変化にも当てはまるのだろうか。今後の推移を、活動を共にしながら見守っていきたい。》

第６章　伝搬　政策提案システム「百人委員会」

１　ゼロイチ運動から伝搬

２００８年、寺谷町長再選後、百人委員会を設置して住民の舞台づくりが行われた。百人委員会は住民をその気にさせるシステムとして起動した。ゼロイチ運動とシナジー効果を生み、住民自治を深める政策となった。第一番目に発案された「森のようちえん」の開園は、国内外で大きな反響を呼んだ。論文編論文-6：政策の立案・実行過程における住民参加の新しい試みの「2.「百人委員会」のその後」に、《「百人委員会」は、単に住民が行政に要望を出すだけという段階を超えて、新しい住民参加、すなわち、企画段階さらには実行段階にまで住民が参加するという意味で、新しい住民参加に挑戦した先駆的な試みである》と、解析されている。

『創発的営み』の出版に当たり、森のようちえんを開園した西村早栄子氏にヒアリングを行った。

《P.105：「いつか山里の暮らしをしてみたい、移住するなら智頭町にしたい」２００４年に山林と民家を手に入れ、自然環境の中で子どもを育てて確信を深める。２００９年、思い切って「森のようちえん」を開園した。保護者が求めているのは所得や仕事や住居ではない、子どもがのびのびと育つ環境だ。行政と連携した森のようちえんとして注目され、森林での保育を世界に発信している》とあった。ＣＣＰＴの活動やゼロイチ運動は、住民主体の地域づくりと受け止められていた。

《P.109：それはやはり町長の影響も大きいが、長年にわたって住民がやってきた民意というか、住民自治での地域づくり、いわばゼロイチ運動とかの実績があるからだと思う。十年前に始まった「百人委員会」では、住民が意見を出して住民自身が汗をかいて、それを行政が支援するという住民自治のスタイルがある。民間に対する信頼というか、住民が主役で行政を乗せていくというような雰囲気を感じる。行政に対しておんぶに抱っこを求めない住民をつくってきた、自立の地域の風土を感じる》

《P.117：私たちがなぜ智頭町を選んだのかといったら、やっぱり「ゼロイチ運動」で住民が自立して、まちづくりに挑戦する精神が浸透していて、町に活気があるところだ。ほかの町村と比べてもやっぱり智頭町ははっきり違っていた。この町は人口が減少して過疎化しても、もっともっと本当の意味で豊かになるのではないか。私たちも参加してお手伝いができるのではないかという雰囲気を感じた。この町のムードは、私たちが移住を決断する大きな誘因となった》と、智頭町を選んだ理由が語られている。同時に、地域づくりにかかわることが意識されていた。

西村氏の言葉を、今は亡き助役だった故前橋伍一氏とＣＣＰＴ代表の故前橋登志行氏が聞かれたら、お喜びのことだろう。お二人の英断と功績に敬意を表したい。発奮して約25年、地域づくりは一日にしてならず。ほかにも移住者や若者が挑戦的な取り組みを行っている。つまり、創発的な規範の舞台で移住者や若者が活躍している。四半世紀にわたる住民自治の運動と、移住者が持つ能動的なライフスタイルが、同調したと言えよう。

百人委員会は過疎化、高齢化など地方自治の閉塞感に対して、住民の声を町政に反映する装置である。おそらく、百人委員会を体験した住民等は、日常生活で〝おや〟と思ったり、〝これは〟と、気づいたりしたことを、政策に反映していくことになる。ここに政策立案・実行にかかわる住民「参加」の意味がある。その姿勢をもう一歩進めると、地区振興協議会の仕組みづくりや経営に役立ち、集落の運営に反映することができる。ゼロイチ運動と百人委員会の住民参加方式は、車の両輪として機能している。

2　住民主体の理念が生きる

智頭町役場のホームページ「百人委員会の背景・経緯」（資料編第6章資料１）を見ると、創発的規範の伝搬を見て取ることができる。その規範はグランドデザイン「杉トピア（杉源境）ちづ構想」から始まった。掲載されている百人委員会の内容を紹介する。

《これまで智頭町の草の根・住民自治として集落ゼロイチ運動から地区ゼロイチ運動へとシフトし、地区振興協議会の活動が軌道に乗り活発になってきた。その一方でこの活動が順調に進むにつれて、従来の地縁型による住民自治組織では解決できない課題が浮き彫りになってきた。教育・健康問題や観光・産業振興といった課題は地縁型住民自治組織での解決は難しいことから、従来の地縁型としての政策ではなく、住民自ら町の課題・問題を解決していくテーマ型としての住民自治組織が必要である。智頭町の自立度を高めて、活力ある地域づくりを進めていくためには、町政へ住民の声を反映していくことが必要であることから組織されたのが百人委員会である》

百人委員会の流れの構図は、住民が手を挙げて委員会に参加し、各委員会は一年かけて施策を検討する。その企画案を町長や町の幹部等に提案して審査採点され、高順位のものが実施されるという仕組みである。まずは生活者である住民の発案がもとになっていることを特記したい。

ゼロイチ運動が、百人委員会の政策提案に伝搬していると言えるのは、例えば、地区振興協議会の企画書（資料編第5章資料1）にうたわれている。《地区振興協議会は一見旧村への昔帰りに見えながら、実は『偉大な創造』である。旧村では想像もできなかったような徹底したボトムアップ（住民による自治）の地区づくりである。この壮大な、かつ、他に類例のない「創造的昔帰り」は、この10年にわたって智頭町が住民とともに展開してきたゼロイチ運動があったればこそ可能となった。》は、百人委員会の設置趣旨にそのまま当てはまる。つまり、文中の「徹底したボトムアップによる地域づくり」に、改めて「よい理論」ほど「実践的」なものはない。証となった。

１９９７年にゼロイチ運動をスタートして、地域の自立を錦の御旗に取り組んできた。二十余年経っても、地域の状況はより一層自立が求められている。過疎化によって地方議会の閉塞感が問われている。このような中にあって百人委員会は、住民の政策提案の場として有効である。角度を変えれば、地方自治の政策提案システムとして一石を投じた。

3　智頭町森のようちえん成立経緯と町議会

百人委員会の教育部会の様子を、智頭町森のようちえんの代表者である西村早栄子氏が、『創発的営み』のヒアリングで語っている。

《P.132－133：「百人委員会」の第一期目は、教育文化部会が一番人気で六〇人くらいいた。予算をつけるのは行政で、いろんな意見が出るが、やっぱりその委員会で持ち出したものしか採用されない。この年（二〇一〇年）の企画案の中に、「森のようちえん」が選ばれた。これを部会の委員の方が、予算折衝に持っていこうと上げてくれた。その理由は、「あなたたちはすでに組織して実行しているから、実現性があるではないか」ということだった。部会の委員会のみなさんが理解してくれたのは、一歩を起こしていたからだ。

ところが、最初は議会の抵抗があった。議会は立ち上げ当初「百人委員会」を議会軽視ではないかと警戒していた。いつも自分たちがやっていることを、百人委員会にやられるのでは、というわけだ。当時、議会はすごく百人委員会に対して、ピリピリしていた。そういう状況の中で、メディアに取材された時も、三月に議会を開く前に「森のようちえん」の事業が承認されたような印象をメディアが報道したことで、議会はまだ認めていないと議長室に呼ばれ、「どういうことだ」とたしなめられたようなことがあった。ある議員さんには公営だと思われるから「智頭町」という名前を付けるな、とさえ言われた。私はこの取り組みをとおして「智頭町」という名前を全国に知らしめたいと思っていたので、正直とて

もびっくりした。しかし、今はとても理解して応援してくれている。これが智頭町だと思っている。》

とある。西村氏の実行力を感じる。

緊張感のある議会との関係を表現している。そして、議員から「智頭町」という名前を付けるなというセリフは、遠い昔聞いた覚えがある。あえて「智頭町活性化プロジェクト集団」と名乗った時と、同じ反応だ。結果よければ全て良し、名は体を表す。その思いのある人すべてが、「智頭町」を使える。

4　トップの思い、単独を選んで正解だった

前智頭町長寺谷誠一郎氏が、『創発的営み』のヒアリングで、知恵を借りる「百人委員会」「単独を選んで正解だった」と発言がある。抜粋して紹介する。

《P.83-84：住民のみなさんに知恵を借りたいということで二〇〇八年に「智頭町百人委員会」を設置した。各委員会は林業・農業・教育・福祉なんでもいい。自分たちの町だから教育に関心のある人、福祉や林業に関心のある人など、侃々諤々《かんかんがくがく》、議論してもらった。こういうことをしよう。ああいうのをやってみよう。そうやって一年間議論して一二月に各委員会の発表会を行ったところ、考えてもみなかったような企画案が出てきた。それに予算をつけようとしたところ、ルール違反だと議会から指摘があった。なぜルール違反かというと、行政には町長をはじめ執行部がいるが、町会議員は執行部が暴走しないようにチェックしないといけない。ということで予算は全部、智頭町議会にかけて予算案を認めてもらって、それで執行するというルールがある。そのルールをクリアーする必要があった。今では結局、議会

にも理解をいただき、みんなが考えたことを実行していこうということになっているが、当初は壁があった》

《P.102－103：そして、智頭町の仕上げのデザインは、ここで暮らしてよかったという充実した生活感をつくりだすことだ。小さな町だからこそ、地域と一体となったサポートができる。そのためには大人から大学生、高校生、中学生、小学生からアイデアをドンドン出してもらう。その中で各地区が「自分たちに任せろ、今度は福祉をテーマに自分たちの地区はこんな福祉をするぞ」と、五つも六つもスタイルを変えた福祉が実現する。そうすることによって、住んでいる人たちの豊かなまちになる。

自分たちで考え、自分たち単独で生きた町はこういうふうになることができるのだ。そのメッセージを残して私は勇退する。

最後に、智頭町は林業景観で日本の第1号となる重要文化的景観地に、文部科学省（文化庁）から二〇一八年三月に選定された。これは、文化財としては日本遺産よりも法的にはっきりした裏付けがある。それを、さらに世界遺産にもっていきたい。林業という産業そのものを生きた遺産としてみる。日本の国土の七割が山林だ。山の木を切ってお金にするのもよし。教育のフィールドにするのもよし。ストレスを癒す医学的価値を生むのもよし。今までは木を切って金にするしか考えていなかったが、いろんな角度から山林を捉え、智頭町を人間として最も大切な生命力を育む場にしていきたい。

そして、二〇一九年七月一日内閣府の「ＳＤＧｓ未来都市」に認定された。「日本・ゼロ分のイチ村おこし運動」や「百人委員会」など、住民が主体的にまちづくりに関わる仕組みづくりが認められた。智頭町が今後五〇年、一〇〇年と生き残っていく上で、今のまちづくりの方針が間違ってないということだ。選定を機会に企業との連携を深め取り組みを進めたい。》と、語っている。
２００８年の再選時に寺谷前町長は、「これからは、あなたたち住民が主役となり、住民と行政が一体となって町の未来を切り開くしかない」と、訴えている。この言葉に真理がある。住民自治の規範が暗黙の自明の前提となり、意味として「住民が主役」の言葉を生んだ。平成の合併後、近隣の町村における地域の衰退は、目に余るものがある。つまり、地域に思いが無ければ全てが廃れる。

5　論文―6：政策の立案・実行過程における住民参加の新しい試み―鳥取県智頭町「百人委員会」―の2.「百人委員会」のその後から（２０１８年）

《「百人委員会」は、誕生後もおおむね順調に進捗し、毎年度、同委員会が提出した企画の中から予算措置されるものが少なくない。平成21年度（初年度）から28年度の8年間にわたる企画の採択・不採択をまとめると、付録5のとおりである。

本論文は、「百人委員会」の誕生を中心とした事実経過をまとめる域を出ていない。「百人委員会」は、単に住民が行政に要望を出すだけという段階を超えて、新しい住民参加、すなわち、企画段階さらには実行段階にまで住民が参加するという意味で、新しい住民参加に挑戦した先駆的な試みである。それだけに、その成果と制約条件については、慎重な検証が必要であろう。その本格的な検証は別稿の課題としたい。

しかし、それにしても、少なくとも次のような指摘は可能と思われる。第１に、「百人委員会」は、本稿執筆時点（平成29年度）も、なお継続しているように、智頭町行政の確たる一角を占めるに至っている。一見、提案数が減少しているかに見えるのは、発足当初に存在した多くの問題が、それなりに解決されつつあることの表れとも言えよう。

第2に、初年度には設置された「行財政改革部会」が、２年度以降、姿を消したことにも注意する必要がある。（中略）百人委員会は、あくまでも政策立案・実行への住民「参加」であり、選挙を基盤とする「政治」とは異なる。行財政改革、とりわけ、議員や町職員の給与のような利害関係をはらみ、激しい対立をもたらすテーマは、「政治」の場で決することである。ここに、百人委員会の制約条件の一つが見て取れる。百人委員会が、あくまでも住民参加の一方式である限り、激しい対立や、一部の人々の大きな利益や損失をもたらすテーマには不向きである。では、「政治」と「住民参加」が、いかに建設的な補完関係を築いていけばよいのか……それが今後の大きな課題となるだろう。》

6　分け入って、分け入って解く

長年にわたって取り組んできた地域づくりを、どう編集するか悩んでいた。２０１６年7月、知人からヒントをもらった。松岡正剛氏（編集工学研究所所長）の「QON DAY 2016」の講演集を紹介する。

《（前略）「エマージング」です。つまり、「創発」ですね。物質現象は水が氷になったり水蒸気になったりするように、液体が個体になる、液体が気体になるなど、状態のフェーズを変えます。これを「相転移」といいますが、この時に起こっているのがエマージングプロセスです。この現象は非常に創造的なことです。コミュニティのネットワークの中でも、臨界値を超えて、相転移を起こし、まったく新しいものが生まれるというプロセスが想定されるでしょう。》とあった。

これだ。私たちは相転移を体感したのだ。胸が熱くなった。１９８４年に一歩を起こし、すべて創造的に挑戦した。つまり、一人の発意やつぶやきをきっかけに、その知恵を集合知として実行してきた。私もＣＣＰＴもゼロイチ運動でも、日々の生活の中から身近な小さなテーマを見つけ（発見し）、無から有へ、ゼロからイチへと創発的なライフスタイルで地域づくりを行ってきた。当初は住民から不信に思われていた地域づくりも三十余年経った今、多くの人々が主役となっている。

それらが対自化できたので、不躾にも、明治大学農学部教授の小田切徳美先生に、理論と実践のコラボをお願いした。同年11月、京都駅の喫茶店でお会いして、創発的に続く言葉として「営み」が、的を射ているとアドバイスをもらった。そして、満３年かけて『創発的営み』を編集した。

小田切先生による解題を紹介する。

《P.180～:『新たな「記念碑的書籍」である本書の公刊を心から喜びたい。』『地方創生法制定の一八年も前に提起されたゼロイチ運動の先駆性は明らかであろう。それ以前の農村開発は、工場誘致にしても、リゾート開発にしても、典型的な外来型開発だった。』『そうではなく、地域自らが一歩踏み出すことを重視しており、その「一歩」に無限大（＝一／〇）の価値があると捉えている。いっけん、奇妙な「ゼロ分のイチ」というネーミングには、ブレのない思想性を感じることができる』『その本質を「人口減少下での人材増」と言っても良いであろう。』『本書の「ヒアリングを終えて」で澤田氏が、「なぜ智頭町にこれらの人々が集まったのか。それは、おそらく熱い所には熱い人々が、執念のある所には執念のある人々が、人財は人財の結合によって磁場を形成するのではなかろうか。これが自然の理のように思えた」とするのは、この「にぎやかな過疎」のメカニズムを表現したものであろう』『こうして見ると、本書は、智頭町という地域の「小さな記録」ではあるが、それを通じて日本社会の未来のあり方さえも展望する「大きな書」であることがわかる。》と、総括していただいた。

私は、智頭町の封建的体質の根底にある山林を持つ者と、持たざる者の貧富の差に義憤を感じた。また、１９９０年代のリゾート開発など国土開発に疑問を持った。当時、地域の活性化は他力本願な企業誘致が政策の柱であった。また、地方分権はかけ声ばかりで、住民は置き去りになっていた。だからと言って、やおら声高に叫んでもなにも変わらない。事実をつくることだと考えた。

ＣＣＰＴの実践から導き出した、住民主体の無（０）から有（１）の一歩にこそ価値があると、「ゼロイチ」の言葉に意味を込め住民自治システムを作った。分け入って分け入ってつかんだ地域づくりの核心は、地域の問題を掘り下げ岩盤を突き破る「内発の力」と、外の社会とネットワークして起こる「啐啄」と、二つの力が要ることを実証した。これこそ、智頭に三叉を架ける解答である。

小田切先生は、ＡＦＣフォーラム「特集：農山村振興の未来を探る」（２０１９年12月号　日本政策金融金庫）の論評「人口減・人材増の『にぎやかな過疎』」で、智頭町の地域づくりを体系的に紹介している。

《こうした平成最初の約10年間のバブル経済下の混乱とその後遺症の中から、農山村に登場したのが「地域づくり」運動である。とりわけその体系化を意識したのが、九七年から始まる鳥取県智頭町の「ゼロ分のイチ村おこし運動」であった。地域の内発力により、①主体形成、②コミュニティ再生、③経済（構造）再生、を一体に実現しようとした運動である（寺谷篤志・澤田康路・平塚伸治編・小田切徳美解題

『地方創生のしるべ』、今井書店、二〇一九年)。

行政による集落への手上げ方式の一括交付金の複数年支払いなどの当時としては異例の支援もあり、全国から注目された。そのため、このような方法の地域づくりは農山村で広がり、①から③を一体的に進めようとする取り組みは、西日本を中心に各地でみられるようになった。

これらの地域づくりの特徴をまとめれば「内発性」「多様性」「革新性」の三点が指摘できる。》とあった。ゼロイチ運動の全体像が解析されている。小さな大戦略によって、多くの人々が勇気と自信と希望を持った。執念を持って求め続けたことによって解けた。

7 田園回帰とスケールメリット〔概念図–7(P.32)〕

CCPTの地域づくりはゲリラ戦であった。アブノーマルであることは百も承知していた。私たちは等身大で歩むことができた。そこで言えることは、鳥取県の山間の地にあっても多くの人々と国を越えて出会い、「かやの理論」を門前の小僧として読み体現した。私たちの生き方は、今、社会的に関心のある田園回帰への応援メッセージでもある。無能の限界の自覚を持てば、地域で根限りの跳躍ができる。

実際に封建的で閉鎖的な生活環境は、私の生活スタイルとは合わなかった。しかし、それらは逆に発奮材料となって、相転移《そうてんい》を体験し、誇りを創出した。リスクをカンフル剤に、工夫し、努力し、挑戦したことによって最高に活かされたと思っている。地方にこそスケールメリット(小さいことは良いこと)がある。

1. 行政や住民と距離が近く、等身大で地域づくりができる。

２．身近で情報発信を行えば、ダイレクトに世界に通じる。
３．人口１００万人の都市に住むか、１万人の町村に住むか、人生実現の豊かさが違う。果たして他の地域に住んで、このような取り組みができたのか、それは難しい。私の同級生は沢山いた。中学、高校を卒業し、また大学へと進学して都市へと出て行った。彼らは帰ってこなかった。私は広島市か、智頭町かと問われて智頭町を選択した。運よく職を得て、智頭町の地域づくりに挑戦した。考えてみれば幸運であった。過疎地の人口1万人弱の町である。世界から見ればミクロな世界である。人々との関係は緊密である。都市とは価値観が全く異なり、人間関係は近い。

ところが、人間関係が近い田舎だからこそ豊かになった。常に損得ではなく、ギブ&ギブをモットーに、例えば、ＣＣＰＴの集団にあっても、メンバーをどうしたらフォローできるのか一生懸命考えた。狭い地域では、すべての人が人財である。どうすれば目の前の人を活かせるかが課題である。そうしたところ人が集まり、知恵が集まり、資金が集まり、夢を実現することができた。小さな智頭町を選んだからこそ実現できたのである。そこで多くのことを学んだ。常に「創発的営み」の精神（エマージッグ・スピリッツ）を持ったことによって、千歳一遇のチャンスをつかんだ。

①夢を実現するのだと、強い思いを持った。人を指差すな、残った指は天と三本は己を差す、常に1対3の関係だ。人の批判や後向きのことしか言えない者には、誰もついてこない。

②正解より成解（造語、努力した結果、成るべくして成るの意）を求める。世の中は矛盾だらけ、それらを解消するために行動を起こす覚悟が要る。武士道といふは……と、葉隠れの思想に身を置くのも一つだ。

③地域づくりは、「人は城、人は石垣、人は堀……。」と必ず多くの人の力が要る。日頃から人徳貯金を心がけるから、夢が実現できる。

この三つを心に問うた。実践から学んだ戒めである。

第7章　発信　智頭オープン・ステージ

1　地域を拓く、内発力と啐啄

智頭オープン・ステージづくりは、まず、自発力、内発力である。住民がどう生きるかである。その発信が町外の人々の共感を呼び、啐啄が起こる。移住者が心地よいと感じる町の空気をつくることは、住んでいる住民にとっても明るく、開かれた雰囲気の町であるということだ。つまり、居心地の良い地域づくりである。

ゼロイチ運動の企画者として、地域づくりは一貫して三本の柱「住民自治、地域経営、交流情報」にこだわってきた。理由は、地域にある規範として、行政依存がある。全てにわたって寄らば大樹の陰を感じた。それは、明治以降、国が手厚く国民生活をフォローしてきたことと関係するが、行政サービスは何事に対しても負んぶに抱っこの状態である。行政だけでなく、山持ちに対する智頭町独特の規範もあった。そこで、自らの一歩を起こすため住民自治を提案した。

自分の一歩で物事が成就するかといえば、ノーである。地域は閉じた社会であり、自閉した状況にある。

住んでいるオラが村の社会規範が根底にあり、物事全てを判断する基準になっている。そのため、相手を認めない。話を聞かない。独善的な規範がまかり通っている。その規範を〝よし〟としているところに問題がある。この規範を払拭するには、外の人々との交流に賭けるしかないと考えた。研究者、海外留学生、国内外との交流機会を意図的に設けた。積極的に交流意識を持ったことによって、知恵を得て地域づくりを行った。それによって啐啄が起こった。

地域経営は、第2章「3　集落に住み、『地域経営』に気づく」で紹介したが、地域を経営する概念がない。そのためせっかくの資源も人材も活かされてない。全てにわたって「無関心」であり、地域資源の価値を見出していない。

つまり、これら負の規範を切り返すため、住民自治、地域経営、交流情報の柱を設けた。自らの一歩で、外の世界を意識して交流し、相手の個性を認める。そんな個人と地域社会が実現したら、きっと豊かな地域社会になると渇望した。ではどうしてそうならないのか、それは気づきがないからだ。そこで気づくための社会システムがゼロイチ運動である。気づきが起これば、町の魅力は、住んでいる人たちの魅力である。豊かさは新しい「かや」に包まれることである。

今、智頭町で何が起こっているのか、移住者や若者や役場のホームページにヒントがある。移住者たちが智頭の空気と同調している。ようやくゼロイチ運動で培った内発力が外部の資源を引き寄せ、啐啄（二つの力が合わさった得がたい好機）を作り出した。それらが、智頭の新たな規範となっている。

2　エマージング（創発）が起きている

1　智頭町森のようちえん（ホームページ　森のようちえんって？から）代表　西村早栄子氏

≪（前略）私たちは、デンマークやドイツで行われているスタイル（毎日の預かり型保育）をめざし、2009年4月に智頭町に住む子育て中の母親・父親たちが立ち上げました。2011年4月より「特定非営利活動法人　智頭町森のようちえんまるたんぼう」として活動し、事業の広がりを受けて2020年3月に「特定非営利活動法人　智頭の森こそだち舎（以下、こそだち舎）」として名称をリニューアルし生まれ変わりました。

そのスタイルは、元園児の母親達が運営の中心を担い、園に共感してくださる保育士さんや元保護者さんなどの力を借りて保育を行うというスタイルです。預ける親と保育者の距離が近く、こどもの成長の喜びをみなで分かち合う子育ての場となっています。こそだち舎では、2009年に最初に設立された「完全預かり型」の『智頭町森のようちえんまるたんぼう』の他に、2013年にまるたんぼうの姉妹園として設立された「共同保育型」の『空のしたひろばすぎぼっくり』の2園を運営しています。

まるたんぼうはお仕事をされているご家庭でも預けやすいように、鳥取市内―智頭町の送迎サービス、延長保育（託児サービス）なども行っています。一方、すぎぼっくりは保護者さんもスタッフとして当番制で保育に関わり、スタッフ保護者が一体となってこども達を見守るコミュニティーです。まるたんぼうは3～5歳児を対象とした『本気の森で本気であそぶ』森のようちえんであり、すぎぼっくりは2

〜５歳児を対象とした『子育てをみんなで楽しむ！』森のようちえんです。

まるたんぼうでは智頭町の14箇所の森をフィールドとし、午前は森で、午後（２時以降）は町内に借りている古民家（通称まるたんぼうハウス）でお昼寝をしたり、おやつを食べたりして自由に過ごします（※延長託児利用のお子さんのみ）。週に一回、町内のカフェからランチをケータリングする『給食の日』や、子ども達が自らお昼ご飯を作るクッキングにも取り組んでいます。山村という日本の原風景に恵まれたこの地で、昔から日本人が培ってきた文化や風習も大切に取り入れています。》

まるたんぼうのブログ「遊日和・学日和・WAKU WAKU日和」から

《今井出版より２０１９年10月13日に発刊されます、『創発的営み　地方創生へのしるべ─鳥取県智頭町発』で当ＮＰＯ智頭町森のようちえんまるたんぼうの取り組みが紹介されています！私たちＮＰＯ智頭町森のようちえんまるたんぼうの活動は、智頭町が住民の声を町政に反映しようと発足した百人委員会での提案から始まりました。そこから智頭の町政とタッグを組み、今日まで活動を続け13年目になりました。

過疎が進む日本の伝統的な山村環境を最大限に活かした子育ては多くの共感を生み、現在54家庭・２０９名の智頭町等への移住に繋がっています。なぜ、智頭町に人が集まるのか？地方創生へのヒントを智頭町から発信した１冊になっています。（文：スタッフまりまり）》

2　智頭町木の宿場《やど》プロジェクト（智頭町ホームページから）「木の宿場《やど》って？」（２０１５年３月４日）

《「木の宿場プロジェクト」は「軽トラとチェンソーで晩酌を！」合い言葉に、小規模兼業林家や林業に従事したことのない方でも気軽に参加できるシステムです。軽トラでも持ち出せる50センチ～2メートルぐらいの林地に放置された残材や、間伐材を、1トン当たり6，000円の通貨価値「杉小判」で買い取ります。

　このプロジェクトを通して、今まで林地に放置されてきた間伐材を持ち出し、山林整備が進むこと、また1トン当たり6，000円の地域通貨を発行し流通させることで地域経済が元気を取り戻すことが期待できます。

　智頭町は面積の90％以上が森林で、江戸時代から続く有数の林業地であり、かつ因幡地方最大の宿場町でした。しかし、近年の林業事情の変化や、過疎高齢化の進行に伴い、林業従事人口の減少や商店の減少が進み、経済規模が縮小しています。山主も商店も参加して智頭町の山と商店を元気にしましょう。たくさんの出荷者、商店のご参加をお待ちしております。》

《〝智頭町木の宿場《やど》プロジェクト〟の実施経過／智頭町木の宿場実行委員会（平成21～22年度）

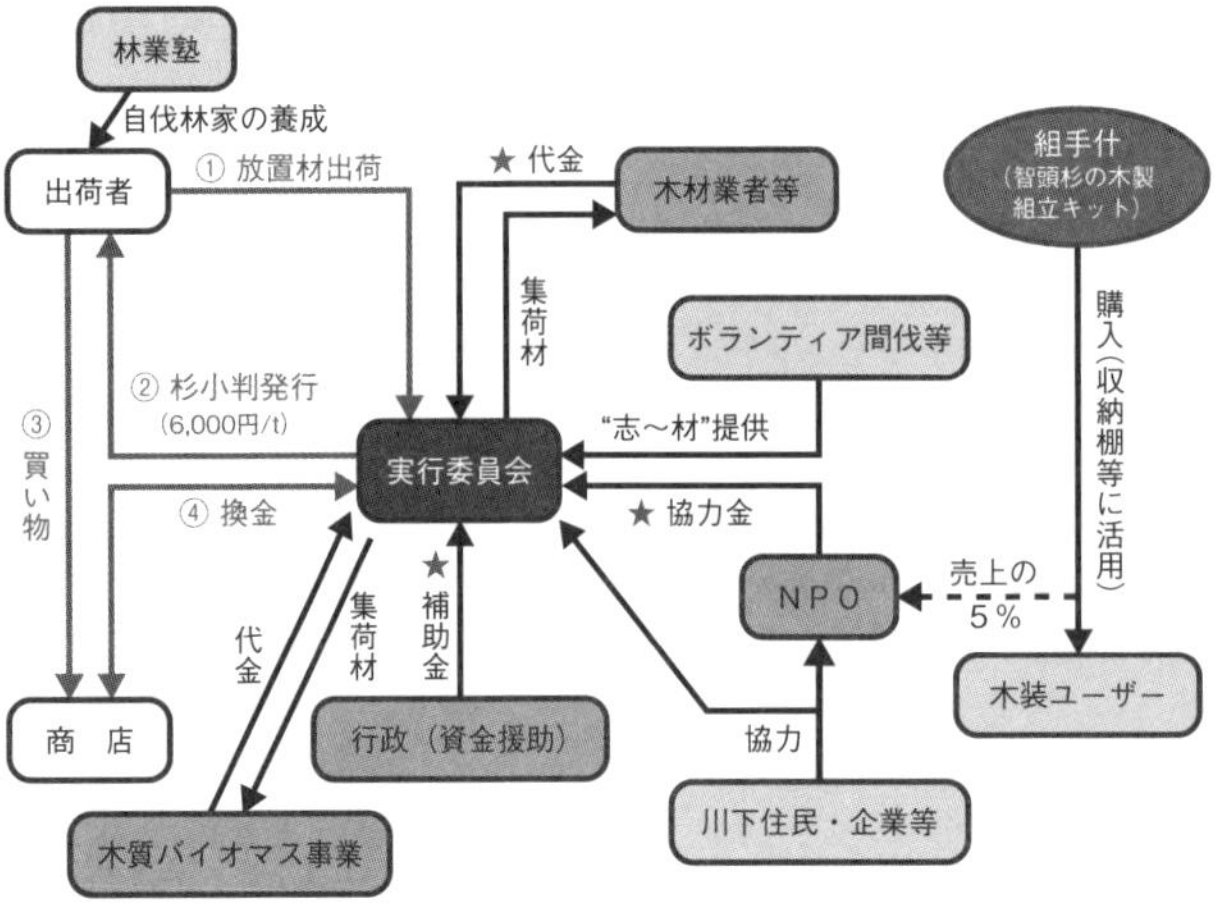

木の宿場のしくみ

【智頭町木の宿場プロジェクトの特徴】

①百人委員会農林業部会での土台があり、そこに〝よそ者〟のノウハウとパワーがミックスされて実を結んだもの。（先行事例のノウハウ伝達、実施指導、資金協力、人材協力など）②志高く、かつ楽しみながら、約2ヶ月間という極めて短期間で実施にこぎつけた。③〝志〟と〝信頼関係〟を前提に、智頭ならではの特徴として進化中。↓性善説に基づくシステム　④実行委員会には、森林組合、第三セクター（㈱サングリーン智頭）、NPO、大学などの公的機関が参画し、機動的に動く体制が整っている。⑤行政（役場）も実行委員会に参画し、補助金による支援にとどまることなく、〝志を一つにする仲間〟として積極的に関与。》

3　「田舎のパン屋さん」タルマーリー（ホームページから）

《2008年、渡邉格&麻里子が夫婦共同経営で、千葉県いすみ市で開業。自家製酵母と国産小麦だけで発酵させるパンづくりを始める。そして、酒種をつくるための麹菌も自家採取し始めたことで、素材の栽培方法が発酵に表れる、つまり自然栽培（無肥料無農薬）の素材が一番良く発酵することに気づく。

2011年の東日本大震災と福島第一原発事故の後、より良い水を求め岡山県に移転し、天然麹菌の自家採取に成功。そして、「パンを作れば作るほど、地域社会と環境が良くなっていく」事業を目標に、ロール製粉機を導入し、地元産の小麦を自家製粉してパンや焼き菓子の材料に使い始める。

さらに、パンで積み上げた発酵技術を活かし、野生の菌だけで発酵させるクラフトビール製造を実現するため、2015年鳥取県智頭町へ移転。元保育園を改装し、パン、ビール、カフェの3本柱で事業

概念図

を展開。

「地域の天然菌×天然水×自然栽培原料」

「今ここで、タルマーリーにしかつくれないパンとビール」

野生の菌による発酵を起点とした地域内循環の実現、里山の恵みを最大限に活かした農産加工と、豊かな食を楽しむ最高の場づくりを目指す。》

4　智頭町を舞台にWebメディア「脈脈—ちづのひと、ちづのくらし—」（ホームページ等から）

編集長　藤田和俊氏

《フォトグラファー兼ライター。新聞記者時代に智頭町の担当となり、町外在住ながら子供を同町の「森のようちえん」に入園させるなど、町の魅力にどっぷりとはまる。「脈脈」の編集長。主に「people」の取材・撮影を担う。

２０１９年12月から鳥取県智頭町を舞台にした

Ｗｅｂメディア「脈脈」を仲間と始めます。町のさまざまな人の生き方、あり方をフィルムで撮影し、取材してまとめていきます。人を通して町の魅力を伝えていけたらと思ってます。

この町には何かある――。導かれるようにこの町と出会い、そう感じました。鳥取県東南部の岡山県境にある智頭町。93％が森林に囲まれたこの町は昔から林業が盛んで、かつては宿場町「智頭宿」としても栄えていました。山々に囲まれ、昔の趣を残す街並みが広がっています。人口約７千人の小さな町には、さまざまな人が暮らしています。

基幹産業である林業や文化を受け継ぐ人。町の魅力に惹かれ、新たな挑戦を始める人。それらが混じり合い、渦巻いた力が生まれ、脈々と続く、その毎日が、彼らが、魅力に溢れています。何気ないことも、変わったことも。一人ひとりの生き方を受け入れてくれる町で、その多様な「人生図鑑」に、僕自身も背中を押してもらいました。「脈脈」は、智頭町にある人生や暮らしを伝えます。このメディアを通して、この町の魅力に触れてもらえたら。それが誰かの心を豊かにするのなら。そう願っています。》

5　智頭町で「まちやど」構想スタート（2020年8月7日　日本経済新聞電子版から）

《鳥取県智頭町で、まち全体で訪問客をもてなす「まちやど」構想が動き始める。女性経営者４人が推進団体を設立、中心拠点となる宿泊施設を年内に開業し、町巡りの情報などを発信する。多様な事業者と連携して体験メニューを増やし、長期滞在の受け皿づくりも進める。空き家を活用した宿泊施設の整備も推進、地域のファンを増やすことで移住者獲得も狙う。まち全体を宿に見立てることから「まちやど」構想と呼ぶ。（中略）

智頭町で構想を進めるのは4月に設立した智頭やどり木協議会。築135年の古民家を改修したカフェ兼宿泊施設「楽之《たのし》」を2018年12月に開業した竹内麻紀さんが代表を務める。楽之を設計した1級建築士の小林利佳さん、親族の古民家を改修した宿泊施設「明日の家」を19年9月に開業した村尾朋子さんも加わる。天然の菌でつくるパンを提供する「タルマーリー」を夫婦で経営する渡辺麻里子さんもメンバーの1人。渡辺さんは楽之の近所の空き家を取得。小林さんの設計でカフェ兼宿泊施設として改修する。協議会の事業の第一歩となる中心拠点として12月の開業を目指す。

楽之や明日の家も組み合わせ、複数の宿泊先で長期滞在を楽しむプランも練る。新型コロナウイルスの感染が拡大していることから、3施設とも原則1日1グループ限定にする。今後の感染状況に応じて提供方法を再検討する。町内の民泊など連携先も増やす方針だ。

中心拠点は観光案内などコンシェルジュ機能を担う。利用客の好みに応じた町歩きの楽しみ方や地域食材を提供する飲食店の情報などを提案。町歩きマップも提供する。（後略）》

6　智頭ノ森ノ学ビ舎と山林バンク（智頭町ホームページから）会長　大谷訓大氏

《平成27年9月4日、自伐型林家集団「智頭ノ森ノ学《まな》ビ舎《や》」の発足式が智頭町埴師の町有林で行われました。「智頭ノ森ノ学ビ舎」のメンバーは、林業に携わる地元住民や林業に興味をもって移住してきた若者を中心として構成されており、会は事業者に山の管理を任せ採算性のみを重視した現在の林業経営ではなく、自分たちの山は自らが管理し森林整備や林業経営をしていくことを目的としています。

（中略）今後、伐採や搬出など林業経営に必要な知識・技術を修得するため、「ＮＰＯ法人持続可能な

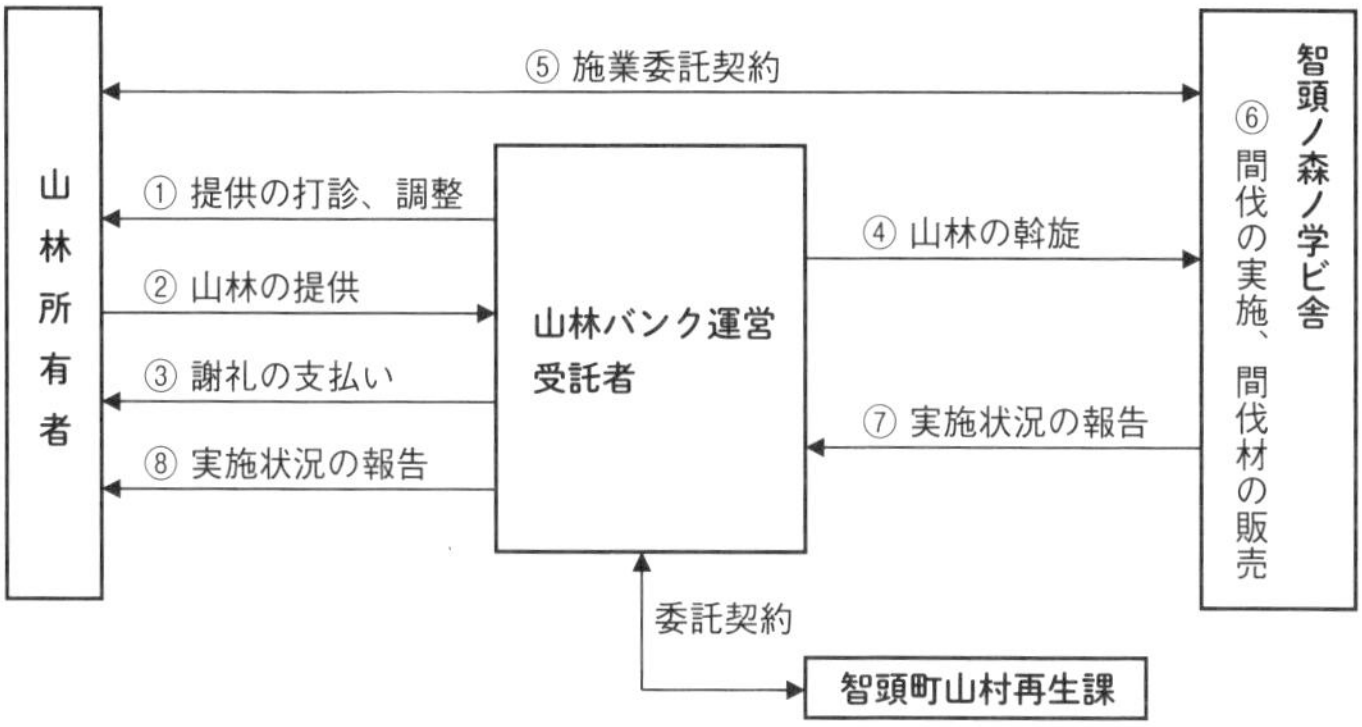

智頭町山林バンク概念図

環境共生林業を実現する自伐型林業推進協会」の代表理事中嶋健造氏らと連携して自伐型林業研修を定期的に行っていきます。

　大谷訓大会長は、「持続可能な林業経営モデルをつくり、林業希望者を受け入れていきたい。」と意気込みを語り、また地域おこし協力隊の畠中秀平さんは「林業に興味があり、智頭町にやってきた。森林経営のノウハウを学び、会のメンバーとして頑張っていきたい。」と話していました。》

【智頭町山林バンク】

《『創発的営み』P.170：山林バンクとは、2016年にスタートした、「自伐型林業をやりたいけどフィールドがない」という自伐希望者と、「山を有効活用してほしい」という山の所有者を結びつけ、その橋渡し役を智頭町が担う制度。山を提供してくれた山林所有者には、0・1haあたり一万円の謝礼が支払われる。自分で管理できない財産（山）を預け、いくらかの金利（謝礼）をもらうところから「山林バンク」と名付けられている。》

『創発的営み』を編集するため、自伐型林業に取り組んでいる大谷訓大氏を取材して、東京で働いている息子に原稿を送った。すると「読みました、大谷さん凄いね」と返ってきた。さらに大谷氏からは、「さっそくＦＢ（フェイスブック）で息子さんから有り難いメッセージが来ました。タルマーリーで一杯やろうとなりました」とあった。そして、私あてには「智頭には本当に熱い思いを持った人が多く、それが地元のパワーなのだなと、智頭の一員として誇りに思います。聞き取りでも言いましたが、高校の時のカナダ留学への挫折が、その後の人生に影響を与えました。改めて楽しみながら愚直に智頭林業と、生涯をかけて向き合っていこうと思いました」と、メールをもらった。

知人の農山村問題研究家の坂本誠氏に大谷氏のヒヤリング原稿を送った。感想は、「大谷さんのインタビュー録は、彼が人生の各場面で何に直面し、苦悩し、どう決断したのか、そしてそれによりどうステップアップしたのかが克明に記録されていて、読み応えがありました。彼のこの人生こそ、主体形成のための運動であり、学習であるように思いました。そして、学習とは決して与えられるのではなく、自身の置かれた状況において何を考え、どう行動するかだとあらためて教えられます（それは私自身にとっての戒めともなります）」と、共感があった。

7　智頭町人材派遣組合の設立、協定書締結式　令和2年9月17日（智頭町ホームページから）

《地域おこし企業人交流プログラムによる研修派遣に関する協定締結式を開催しました。智頭町は、総務省が進める「地域おこし企業人交流プログラム※①」に基づき、パーソル総合研究所と令和２年９月17日に連携協定を締結しました。

※①…地域おこし企業人交流プログラムとは、地方自治体が3大都市圏の民間企業などから社員を一定期間受け入れ、地域の魅力向上につながる業務に従事してもらうという制度です。

全国的に人材不足が課題です。智頭町においても同様であり、地域内の事業者が地域内外の若者等の受け皿となる仕組みづくりが必要となっています。そこで、現在町は「一定の給与水準を確保し、安定した雇用環境」を目指すために、特定地域づくり事業協同組合※②の設立に向けて動いています。あわせて、地域おこし企業人制度を活用し、パーソル総合研究所と連携協定を結ぶことで、一定期間智頭町に住みながら、特定地域づくり事業協同組合の設立準備及び運営体制の整備を行います。

※②…特定地域づくり事業協同組合制度とは、人口急減地域において、中小企業等協同組合法に基づく事業協同組合が特定地域づくり事業を行う場合について、都道府県知事が一定の要件を満たすものとして認定したときは、労働者派遣事業（無期雇用職員に限る。）を許可でなく、届出で実施することを可能とするとともに、組合運営費について国等の財政支援を受けることができる制度です。》

3　地区振興協議会は、創発的拠点となれ

地区版ゼロイチ運動は、２００８年にスタートしてから12年が経った。各地区振興協議会とも旧小学校の校舎と、新たな施設を整備し、事業を展開している。地区住民の拠り所となっている。２０２０年春、山郷・山形・那岐地区振興協議会は、智頭町役場から指定管理者として旧小学校校舎の管理を受託した。

山郷地区振興協議会は、高齢者給食サービス、防災・研修施設としてバストイレ付きのゲストハウス1室を完備、２０１６年には人材派遣会社とコールセンターの2社が入居し、テナントの事業収入がある。旧校舎は研修施設として整備された。２０１９年、一般社団法人「山郷地区振興協議会」を設立して、名実ともに地域の拠点となった。

山形地区では、林業会社が入居し、森のミニデイサービス等の福祉事業等を実施している。入居したテナントにユニークな動きがみられる。「智頭の山人塾」を開講し、塾長の山本福壽先生（元鳥取大学乾燥地研究センター特任教授、農学博士。２０１６年移住）が、林業の学びや里山の暮らし、安全講習や薪割り、樹木の育て方等の座学と、野外実習が行われている。ほかにも、女性起業家による森林セラピーと都市の経営者を結ぶ事業や、女性の感性で木工クラフトと東京の企業を繋ぐ事業など、雇用も生まれ、旧校舎が「共育空間」として活用されている。

那岐地区では、ＩＴ会社が入居している。現在、子どもたちの稲刈り体験学習が行われ、宿泊施設が必要となり、旧校舎の整備に向けて取り組み中である。

土師地区では、森林セラピー弁当・農産物の加工販売事業を実施。地名に因んで陶芸教室を開いたり、また、日本で初めて「マラソン」とついた大会（１９０９年）で優勝した綾木長之助翁（１８８３～１９６９年）の優勝旗など遺品を展示している。

富沢地区では、キクラゲ栽培事業のための施設整備を行い、収益事業を展開している。２０１８年、一般社団法人「とみさわ」（菌床部会）を設立した。現在、旧校舎を解体したので、地区住民の新たなコミュニティセンターを建築中である。

地区振興協議会では、住民が主体となって「地域経営」が実践されている。地域で、行政として取り組むには馴染まなかったり、民間企業では携われない、セミパブリック（準公共的）な事業に取り組むことによって、身近な人材発掘や小さな経済循環が起こっている。

旧小学校の校舎の管理を受託した地区振興協議会では、特に地域に経営の概念が要ることを実感しただろう。また、富沢地区では新たにキクラゲ栽培事業を立ち上げ、事業を軌道に乗せるため経営を学んだことだろう。それらの事業経営の中で、何よりも人材の必要性を感じたのではないか。地域資源の付加価値化を図る最高の資源は人材である。いかにそれぞれが個性を発揮できる場があるかどうかだ。特に、女性や若者、移住者が活かされる環境がつくれるか。その舞台の場づくりが、地区振興協議会の役割である。

地区振興協議会は、地域経営の基幹（旗艦）となって地域の価値創造に向けて挑戦してほしい。過疎化・高齢化・少子化が進行しようとも、徹底したボトムアップの地区づくりによって、住民自治の防塁を築く。そこに必ず起死回生策がある。

次の段階は、意図的に個人の能力や発想を組み合わせることで、予想もしない創発的な規範を地域に創り出すことである。鮮度の高い事業を新たに打ち出すことによって、必ず循環が起こる。つまり、地区振興協議会は、地域経営を実践する人材養成（体験学習）の機関として、創発的な精神（エマージング・スピリッツ）を養う場として、活用してはどうだろうか。そこにはきっと豊かな「かや」が生まれる。地区振興協議会には、地域の創発拠点としての役割を期待したい。

第8章 「かやの理論」は、地域づくりのコンパス

1 「かやの理論」の革新性、相転移現象を体験

1 リーダーシップは、エディターシップへ

避難誘導の一方法である吸着誘導法には目から鱗が落ちた。リーダーシップは、自分が意図する「かや」を作れるかどうかである。〃ささやく〃ことによって一人が気づく、すると即座にもう一人、二人と気づく、その力が即時的な小集団の「核」となって動きだす。この小集団が合流する形で一つの大きな群集流となる。結果、「かや」の重複構造を利用して全体を変えることができる。個人は「かや」の影響を受け、半分だけは影響され、「かや」は変化する。「かや」の中の個人は全て程度の差こそあれ、リーダーシップを発揮する。「かやの理論」（講義編講義-1）の要約である。

つまり、まずテーマを見つける。テーマ設定が気づきである。次に、二人以上で小集団を組織する。小集団が合流して発展的に群衆流を作る。この基本パターンを繰り返す。「かやの理論」は集団経営（組織マネジメント）の核心である。地域づくりで「かやの理論」を実践実証した。

コミュニティでリーダーシップを体験し、水平型の「エディターシップ［概念図-2］」を考案した。それによってギブ&ギブの利他思想を学んだ。

２　ＣＣＰＴから、複合的戦略へ

心は自分が持っていると思っていた。心の世界は、主体である「見えている自分」と対象としての「何か」、主体である「人々の一員として見ている自分」と対象としての「意味」の四つの要素が、セットである。この「意味」は、「かや」という集団における「暗黙自明の前提」から導かれる。（講義編講義-２）

では、〃ささやき〃あえる小集団を、複合的に組織するにはどうすればよいのか。まず、１９９４年からＣＣＰＴと役場で連携プロジェクトを組織した。その中のグランドデザイン「杉トピア（杉源境）ちづ構想」から、「ゼロイチ運動」の概念が飛び出した。

３　連携から浸透、領域自治へ

論文編論文-１：過疎地域活性化のグループ・ダイナミックス―鳥取県智頭町の活性化運動10年についての「5・結語」で、《仮に、「集団」としての可視性を減じたとしても、地域コミュニティのひだの中にしみ込み、新しい住民自治に向けての一つの具体的な方向性が提示されてくるであろう。》と、示唆された。

１９９６年、いよいよ住民への「浸透」をテーマに「ゼロイチ運動」の企画書（資料編第４章資料１）を三日間、不眠不休で作成した。１９９７年ゼロイチ運動がスタートした。

社会システムと規範は一体である。ゼロイチ運動を創作したから、住民自治の規範がステップ・バイ・ステップし、地域の価値を創った。地域づくりに海図は無い。グループ・ダイナミックスによる解析は、智頭町づくりの羅針盤となった。

２００７年「地区版ゼロイチ運動」の企画書（資料編第５章資料１）を、住民・役場・議会・研究者の叡知を結集して策定した。「領域自治」の復興をめざした。

4　生活の場で地域づくり、CCPT後へ

私は住んでいる集落のみなさんと、集落版ゼロイチ運動のモデルづくりに取り組んだ。太陽の館（公民館）の新築予算の獲得と管理規約の策定、集落内防災工事2ケ所、地震対策として東屋を5棟建築、地方自治法260条の地縁団体として自治会の設立と規約の策定、国道53号線の防災工事とドウダンツツジ公園の造成など、生活の場で地域づくりを行った。

2004年に合併問題で混乱した議会の責任を取って寺谷前町長は辞職した（資料編第5章資料3）。町長が代わったからと言って地域づくりは止められない。

2005年からCCPT主催の「平成の遣唐使プロジェクト」で、中国社会科学院の羅紅光《らこうこう》先生と相互交流を行い。それをきっかけに2007年には、北京外国語大学の宋金文先生を窓口に学生を支援して、北京市近郊の農家に果樹植栽プロジェクト（10年間）がスタートした。2016年6月に北京市昌平区麻峪《マーユーファン》房村の陶家の果樹園を訪問した。2017年に『「地方創生」から「地域経営」へ』が中国語翻訳され、『創発的営み』も2021年に翻訳出版される。社会科学を活用した地域づくりモデルを、中国へ発信した。

5　検証「ゼロイチ運動」10年

論文編論文-3：住民自治を育む過疎地活性化運動の10年―鳥取県智頭町「日本・ゼロ分のイチ村おこし運動―の「3．考察」に「地域力」の示唆がある。

《（前略）今後も少子・高齢化、人口減が続いていくことは、誰の眼にも明らかだ。もし、人口減をもって過疎化と呼ぶならば、過疎化は今後も進む。（中略）もはや、人口の増加を繁栄のメルクマーク、人口減少を衰退のメルクマークとする時代は過ぎたのである。では、何をもって「地域力」のメルクマークとすべきなのか。ゼロイチ運動が住民の自己実現や将来展望に与えたインパクトは、それを考える貴重なヒントとなろう。》

全国の市町村による人口減対策に一石を投じている。

2　覚醒・葛藤・攪拌の循環、創発的律動【概念図—5（P.31）】

智頭町の地域づくりで創発的律動をみることができる。「覚醒化」した集団（又は個人）と、旧来の考え方をもつ伝統的集団（又は個人）とが、互いに譲らず対立した状態が「葛藤化」である。この状態が激しくなると、「攪拌化」（混沌状態）の様相となる。事業でみれば、杉の木村のＣＣＰＴと八河谷集落の住民、集落版ゼロイチ運動の導入時では役場と住民、地区版ゼロイチ運動の導入時では地区の住民と住民——といった住民が直接的にかかわる事業の場合に、「攪拌化」に至り、再び「覚醒化」して創発的律動が起こる。

伝統的集団である住民に、「地域経営」の概念による事業参画を要請することは、間違いなく「葛藤化」を生む。我が身にふりかかり捨て置けないとなれば「攪拌化」に発展する。けれども、「攪拌化」に至ったからこそ次のステージに行くことが可能となる。「覚醒」「葛藤」「攪拌」のプロセスは緊張を強いるが、地域活性化の最大のカンフル剤となる。

地域づくりを4ステージに分け、「覚醒」「葛藤」「攪拌」で構成される「活性化プロセス」を、どのようにたどったのかを示す。（資料編第7章資料1）

第1ステージは（1984~93年）、CCPTが設立され、「覚醒化」「葛藤化」した時期である。CCPTの活動前期といえる。資料編第7章資料1：②④⑥の外に向けたイベントによって「覚醒化」した。しかし、異色集団、出る杭と見られ、住民との「葛藤化」を抱えた時期だ。ただし、この中で⑤杉の木村ログハウス群建築事業は、八河谷集落の住民も「覚醒化」した。CCPTは杉下村塾の開講により、住民自治・集落経営・政策立案等の知識を獲得し、「かやの理論」と出会って一気に創発的律動が起こった。

第2ステージは（1994~96年）、CCPTの活動後期にあたる。CCPTと役場が連携したことにより、地域づくり事業⑨~⑬で「覚醒化」した。ここでは、CCPTと役場の目指すところが一致したことで、「葛藤化」「攪拌化」（混沌状態）にまでは至らず、事業成果をおさめることができた。⑬はくと・はるか・関空シンポジウム事業では、隣接町村をも「覚醒化」させた。⑭1996年、集落版ゼロイチ運動の企画では、役場と住民で「葛藤化」が生じたが、実現に向けて役場が「覚醒化」し一歩踏み出した。

第3ステージは（1997~2008年）、CCPTは表立って活動をしないで進めた。1997年には集落版ゼロイチ運動がスタートした。導入にあたっては役場・議会が、その後、集落同士が協力するという「覚醒化」もみられた。10年の活動期間を経て2008年から地区版ゼロイチ運動に移行した。地区版では、住民が「覚醒化」「葛藤化」「攪拌化」を経験し、新たなフェーズ（第二の「覚醒化」）の創発的律動が起こった。

第1ステージから第3ステージにかけて、個人→CCPT→役場→事業参画した集落・地区の住民→ほぼ全住民というように、事業に関わる人々の範囲が広がった。また、智頭町の特徴として、第1ステージから、町外に向けて発信した事業は町民全体に影響し、全体は個人に影響した。第3ステージでは、ほぼ智頭町の住民すべてが、創発的律動を体験したといえる。

そして、地域づくりは智頭オープン・ステージへと進んだ。２００８年、ゼロイチ運動の地区振興協議会と、政策提案システムの百人委員会が、住民自治の両輪として起動し、シナジー効果を生んだ。外部にオープンであることが、智頭町の規範をさらに変え、移住者や若者が活躍し人材が輝く地域づくりが実現した。２０１９年には内閣府の「ＳＧＤｓの未来都市」の認定を受けた。

次のステージは、住民の地域づくりを通して、旧来の規範にとらわれることなく子どもたちに夢を語り、誇りをもって生活していくステージである。

3　誇りはあるものでなく、生んで育てるもの

当初、「かやの理論」の講義を聞き、理屈っぽい理論だと思った。人間には内面の世界があって、その内面の世界で考えたり、感じたりする。これが一般的な常識だ。ところが、個人の心で考えたり、感じたりしていることは「かや」(集団）にあるというのが「かやの理論」である。心が自身の外にあるとは、にわかに信じ難かった。しかし、考えてみると。心が「生まれる」ところは人と人との間で、その心が「宿る」ところが意識ではないか。つまり、心があるところが「かや」と言ってもよい。そのように考えると、何気ない一言や環境に意味がある。

私にとって「かや」は、杉万先生の講義の場であった。「かやの理論」の講義の〝ささやき〟が意味となり、それを共有した人々が「小集団」をつくって、集合流をつくるという気づきから、はっきりと地域づくりの方向性が見えた。「かやの理論」の講義の場にいたから、啐啄が起こった。

そして、一歩踏み込み、次にいかにして新しい住民自治システムがつくれるか。実践が理論を検証できるか、真剣勝負だと思った。杉万先生からコメントはもらわなかった。理論に拘束されてはいけない、実践者の意地もあった。だれかがやってくれるのではなく、自分は何ができるのか、常に問うた。そして、多くの人たちに声をかけて取り組んだ。なにが自分を支えていたのか、それはおそらく知的好奇心と未知への挑戦だった。不思議なもので途中、息切れはなかった。１９８４年から36年間、なるほどと納得しながら新たな学びを得て、本書を編集している。

地域活性化のヒントは、質×量＝エネルギーの公式にある。「量」にとらわれては多数派の現状に流される。肝心なのは「質」である。「かや」の中身はどうなのか、なにがささやかれているのか。そのテーマを深めていった先に究極の答えがある。そして自らが人材となるべく、実践と、学習の「学び」の「かや」に身を置くことが極意である。「かやの理論」は、紙ベースで提言書として有料配布を行った。杉万先生は集落に入って調査をし、論文を執筆された。その論文等を目にした住民が、門前の小僧となって住民自治の芽が育った。私たちは稀《まれ》なる体験をした。その体験が地域の「誇り」を生んだ。

論文編論文‐3：住民自治を育む過疎地域活性化運動の10年―鳥取県智頭町「日本・ゼロ分のイチ村おこし運動―」、論文‐4：「風景を共有できる空間」の住民自治―鳥取県智頭町山形地区の事例―、論文‐5：旧村を住民自治の舞台に―鳥取県智頭町：地区振興協議会の事例―、百人委員会の論文‐6：政策の立案・実行過程における住民参加の新しい試み―鳥取県智頭町「百人委員会」―は、まさに「誇りの創造」プロセスのドキュメントである。「かやの理論」との出会いによって、住民自治システムを実現した。そして、「誇り」は、あるものではなく、創意工夫し、生んで育てるものだということを学んだ。

4　事業を「一つ減らし、一つ創る」仕組みづくり

これは一つの提案だ。論文編論文―5：旧村を住民自治の舞台に―鳥取県智頭町：地区振興協議会の事例―の「5．考察」に、このように記述してある。

《（前略）同時に、それらの事例は、「住民が自らの地域を何とかする」ための仕組み（システム）が、いかに重要であるかを教えてくれる。（中略）仕組みの構築プロセスそのものに、それが将来的に適用される人々が参加していかなければ、仕組みは機能しない。この点は、「風景を共有する空間」のような顔の見える空間で、仕組みを構築する場合には、特に重要となる。本論文で報告した振興協議会の「立ち上げ経緯」には、「住民が自らの地域を何とかする」ための仕組みを構築するプロセスが述べられている。そのプロセスは、実に多様である》

また、地区振興協議会の企画書（資料編第5章資料1）の2．運動の意義に、《旧村では想像もできなかったような徹底したボトムアップ（住民による自治）の地区づくりである》と、記述されている。これら二つの論点にヒントがある。

それは、１９９７年のゼロイチ運動がスタートした際には、「企画書」と「規約」と「運営要領」「組織図」の四点を示した。２００８年の地区版ゼロイチ運動では、「企画書」と「規約」の二点とした。地区振興協議会の組織づくりで、「企画書」に徹底した住民による自治のボトムアップに焦点を当てた。その結果、住民自らが「運営要領」と「組織概念図」を作り上げたことで、新しい「仕組み」づくりができ、閉塞感やマンネリ化を打破するきっかけとなった。

つまり、この提案の違いをヒントに、例えば、地区の全住民と関係人口（外の応援団）の人たちにも投げかけて、事業を一つ減らして、一つ創ることを、年一回、「事業の一減・一創投票」を実施してはどうだろうか。事業を昨年通り実施するのではなく、事業の見直しである。合わせて、新規事業を公募することによって、住民のニーズを汲み取る仕組みを起動させることにもなる。必然的に執行部は新しいテーマに向けて、仕組みや、人事を考える。組織を刷新して取り組むことによって、人材育成の機会とする。一つの事業を見直し、創ることによって、その経験が人材づくりに通じる。意図的に組織の規範を変えて、新陳代謝を促すシステムである。

それでは人材とはなにか、即、何かを成し遂げられる人というのではない。私は、35歳で広島市から智頭町に帰郷したが、ずっと励まし続けてもらった職場の大先輩がある。貴君のことだから取り組みを記録したらとアドバイスをもらった。その一言をきっかけに活動実践提言書を編集し、合わせて資料のファイルを行った。私の特質を見抜いていてくれていた。

また、ＣＣＰＴ代表の故前橋氏に、なぜ私と組まれたのですかとたずねたら、「智頭町に寺谷篤志の考え方が要る」と言われた。つまり、期待する人材像は、他者の価値を認めることができる人材である。お互いの個性を認め合うこと、そのことが地域にとってもっとも大切なことだと考える。

５　夢を見る、無限の価値を生む

私は１９８９年９月20日から28日の間、スイスの山岳地の調査を終えて、帰国の飛行機の中で、「いずれ鳥取県の山間の地から、新しい住民自治システムを提案します」と、言った。その際に実現できる見込みがあったわけではない。住民が主体となり地域計画を策定している現地を視察して、感動が言葉となった。それから、どう具体的に踏み出すか３年半悩んだ。そして、１９９３年４月４日に開催した耕読会で、杉万先生から「かやの理論」の講義を聞き、探していた地域戦略だと気づいた。それから１年間かけてＣＣＰＴと役場の連携策を練った。翌年の４月29日にＣＣＰＴの総会を開いてメンバーに戦略を提案した。一つの山を迎えた。

１９９５年１月から６月の間、連携プロジェクトの一つ、グランドデザイン「杉トピア（杉源境）ちづ構想」の審議の中で、「ゼロイチ運動」の発想が生まれた。１９９６年４月から６月の間、企画書・規約・運営要領・組織図の四点を策定した。そして、「ゼロイチ運動」の企画を議会に諮る直前、故前橋助役に「新しい住民自治システムの先鞭を切ろう」と強く要請した。企画を積み上げて確信を持った。単なる思いつきも、取り組む姿勢によって実現の可能性が生まれる。１９８９年に夢を口にしてから7年が経っていた。

夢見ることは最初は単なる思いつきである。そこから、どうすれば夢が実現できるのか、絶えず考えた。手繰り寄せるようにとにかく目の前の課題を実行してきた。イメージでは一つひとつブロックを積み上げていくようだった。その際、活動理念と行動テーマは社会性が高いほど、関わる人々と共通の「かや」を形成した。

夢を実現することを、私の行動目標にした。まず自らの一歩をどう踏み出すのか、周りの人たちにどう声をかけるのか、外の社会の人たちにも同じように声をかけて行く、その連続の中で一つひとつ達成してきた。夢は諦めたら全てが終わる。なんで、どうしてと執着心と探求心を持って取り組むことが、実現する近道であった。

人の一生は誰のせいでもない。自分の人生、自分の責任である。しかし、人生は、家族や友人や、先輩・後輩や、恩師など、いろんな人々の思いの中で、「萃点」(「南方熊楠・萃点の思想―未来のパラダイム転換に向けて」鶴見和子、藤原書店)を核に、曼陀羅の世界を形成している。

つまり、機会は平等にある。そのように考えた時、私たちは、一度の講義に、1本の論文にチャンスをつかんだ。そのプロセスは、一滴の雫が岩の裂け目を伝い川の流れとなって、一つの渦が生まれては消え、消えては生まれ、偶然が必然となって気づきが起こる。「萃」は「集まる」の意である。萃点を核に小集団を形成し、それらが合流する形で群集流となって、「誇り」へとつながった。私たちは相転移(フェーズを変える)を体験した。

私は、杉万先生にお礼を言ったことはない。地域づくりの実績をつくることこそ、先生への解答だと思っていた。再度、論文編論文-1の「結語」に目を通していただきたい。この文章には、執筆者のCCPTへの期待と、これからの日本社会に対する研究者の思いが込められていると思った。この結語を何度も読み込んだ。そこに書かれている新しい住民自治を実現することは、自分自身の使命であり、運命だと感じた。夢を見たことによって総力を結集し、住民自治システムを創作した。ふるさと創生１億円が、無限の価値を生んだ。

６　壮大な絵巻物を紡ぐ

ＣＣＰＴの活動やゼロイチ運動が、人々にどのような影響を与えていたのか。ずっと、気になっていた。『創発的営み』を編集するためにヒアリングを行った。そこで絵解きのように意味が浮かんできた。ようやく出版して、杉万先生に謹呈した。即座に感想をいただいた。

「一気に通読しました。なにしろ、よく知った方々ばかりの執筆（聞き書き）ですから、これほどおもしろい本はありません。１９９２年11月、みぞれまじりの中を初めて智頭を訪れてから今までのことが、走馬灯のように頭を駆け抜けましたというか、もっと正確には、走馬灯の中で私が知ることのなかったことも含めて、大作の映画を見るような感じでした。岩波ブックレット（『地域からの挑戦』２０００年10月発行）と今回の本を比べると、インターローカルへの拡大（贈与—略奪の連鎖の拡大）が明らかですね。岩波ブックレットでは、ＣＣＰＴ時代から集落ゼロイチの最初の２〜３年までを書きました。それはそれで壮絶ともいえるスタートだったわけですが、今回の本では、それが軽やかに拡大していった成果が如実に表現されています。⑴岩波ブックレット、⑵集落ゼロイチの総括をした高尾・杉万論文、⑶地区ゼロイチの発端を書いた樂木・山田・杉万論文、⑷地区ゼロイチの経緯を追った伊村・樂木・杉万論文、⑸今回（創発的営み）の本、というように並べると、壮大な絵巻物になりますね。⑵-⑷は集団力学研究所のホームページにあります。大学の講義には、格好の予習・復習の課題になるかもしれません。」と、あった。

そこで、先生に絵巻物の出版をお願いした。杉万先生から「ご提案の企画に賛同します。現在の私には、執筆作業（編集作業）は、時間的にも、また健康上の理由からも不可能です。ただし、一つひとつの論文は、相当な時間をかけて練り上げたものばかりです。ご期待に沿えませんことをお詫び申し上げます。（抜粋）」と、返事をいただいた。

さて、どうするか、私にとっても編集作業は命との競争である。思案した。「かやの理論」と出会って集団論を学び、新しい住民自治システムを創作した。そのプロセスをなんとしてもまとめたい。特に初期の講義と論文に意味を感じている。「実践」と「論文」の編集は、使命だと思った。

論文は、杉万先生によってグループ・ダイナミックス（集団力学）の観点から、地域づくりのプロセスが解析されている。収録した講義・論文は、学術を、時間を、地域を超え、次代に向けたメッセージとなるであろう。足元に最高の価値があった。

本書は、鳥取県智頭町の「誇り創造」の絵巻物である。

7　本書へのコメント、出会いは神の計画！

本書の未定稿を、１９９５年に「杉トピア（杉源境）ちづ構想」の報告書で、主筆を務めた地域コンサルタントの平山京子氏に送ったところ、返信のコメントをもらった。

「住民自治の歩みを、読むだけで体感できました。コロナ禍中に、一気に書き上げられた本書は、寺谷さんの著書の中でも、とりわけ率直でわかりやすい。地域づくりの挫折と超克が、あますところなく開陳されており、その場に居合わせているような臨場感があります。「かやの理論」に触発され、理論が実際に役に立つものかどうか実践し、自分の解釈が正しいのか実証する。できる限りの戦略と戦術をもって、地域づくりに挑戦してこられた詳細が、手に取るようにわかって面白いです。

行動を起こせばバッシングに遭い、うまくいっても自分に対する評価が上がるわけでもない。「地域を変えていくための仕組みづくり」の成功は、個人の手柄ではないからです。底なしの情熱と使命感を持ち、困難に立ち向かおうとする寺谷さんのような人がいなければ、おそらく、「かやの理論」が、智頭町に活かされることはなかったでしょう。そして、住民、および、私を含めた町外の多くの人を魅きつけ、巻き込んでいくことになりました。「悲壮感さえ漂う、必死の運動」を行っていた、初動期の寺谷さんを近くで見ていました。「楽しげで軽やかな運動」が理想かもしれませんが、改革の先陣をきっていくことは、なかなかそんな風にはいかないものだと思います。講義・論文の徹底した読み込み・企画・実践によって成果を出されたことに、頭が下がります。埃を被って役に立たない報告書が多い中で、25年前に作成したものが、寺谷さんに何度も読んでいただいていたことがわかり、そして実現化された経緯をきちんと知ることができ、大変うれしかったです。その後、智頭町は、進化を続ける住民自治のシステムを、しっかりと根付かせることができました。そして、「楽しげで軽やか」に、これまでを総括された寺谷さんの、後世に伝えるべき良書を拝見させていただきました。「杉トピア（杉源境）ちづ構想」に参画した後も、こうして学びなおす機会を与えていただいたことに、心から感謝しております。」とあった。

もう一方、恩師の元智頭中学校長の葉狩守先生にお届けした。先生と出会って約60年になる。智頭をずっと見てこられた。1991年に智頭民話の英訳本を編集したが、その際に表紙と挿絵を水墨画で書いてもらった。これまで「かやの理論」について話したことはない。本書は『創発的営み』の言わば、種明かし本である。どのように受け止められたのか、紹介する。

「生きている生き様を全身で語っておられるんですね。鳥取という日本一小さな県で羽を広げて活動した。小さな町のことを気にとめられて何かが生まれると一歩を踏み出された。壁が邪魔するたびに障害を乗り越えてこられた。誰かがしてくれるまで、煮えたら食おうや、川魚をとって焼いてくれるのを待つ、そうではなくて友と共に川に入って魚をとる。みんなでやろうと仲間づくりをされた。そんな小さな営みから大学の先生まで引き寄せて、小さな町の発展の糸を紡いだ。あとつぎがぜひ必要であるが、たくさんの芽、引出しを創っていただいた。

新しい知恵を響かせる。住民が政《まつりごと》を考える。ゼロイチ運動など、基盤をたくさんつくられましたね。答えを求めない教育のあり方、自ら考え発見することを根幹にした教育方針がすごい。新しい絵画は他者から教えられるのではなく、盗み取る覚悟が必要です。いくつかのヒントはあったでしょうが、「かやの理論」は集団が活きいきと自活する術が見えます。

歴史が今ここに生じている。貴君はそれをじっと見据えている。明日の智頭の歴史はどうなるか、この本が語ってくれます。

村は変わっていく。そして、都市は便利になり、村のことが忘れられるようになった。村も都市も発展するにはどうあるべきか。歴史も時に見直されて、新しい発見がみられると嬉しいな。令和の人たちの英智、行動力をもって地方の活性化を願う。この書が次世代の人を激励してくれるに違いない。前を求めて挑戦し続ける貴君の発展を、心からお祈りいたします。」と、コメントをいただいた。

書評　北京外国語大学　教授　宋金文

私と智頭発ゼロイチ運動とのかかわり

本書は80年代後半から今日に至るまでの町づくり、地域づくりの領域において、とくに過疎地域の地域創生の先進事例として日本のみならず、中国でもいち早く注目されるゼロイチ運動の生みの親、いわばこの30何年にも及ぶ農村地域振興のドキュメンタリーの主役の一人が、この運動の流れを理論と実践とのかかわりの視点で回顧したものである。

本書の前に、著者による当該運動を整理、紹介した作品はすでに二冊出版されている。『「地方創生」から「地域経営」へ　まちづくりに求められる思考のデザイン』（著：寺谷篤志、平塚伸治、編著：鹿野和彦　2015年　仕事と暮らしの研究所）と、『地方創生へのしるべ―鳥取県智頭町発　創発的営み』（編著：寺谷篤志、澤田廉路、平塚伸治、解題：小田切徳美　2019年　今井出版）である。本書はその第三番目の作品である。最初の二冊とも私が中国語に翻訳した経緯もあり、この第三冊目の出版に当たって著者から書評を書いてくれないかと連絡があった。この運動に関して私よりもっと詳しく、もっと書評を書くのにふさわしい人がいることは知っているが、外国人である私にお願いしたのは、私が前に二冊を翻訳した以外に、たぶん中国からこの運動をどう見ているのかを知りたかったのではないかと察している。

実は、私がこの運動に接したのは、２００５年に寺谷氏が7、8名のＣＣＰＴ成員を率いて「平成の遣唐使プロジェクト」で北京にきて、中国人の文化人類学者、現在中日社会学学会の会長である羅紅光先生の紹介で、日中農村社会づくりに関するシンポに参加した時からだ。当時私は日本の農村社会の高齢者の養老問題をテーマに博士論文を書いて日本から戻ってきたころだった。シンポジウムでＣＣＰＴのメンバーたちの発表は集落、および地区ごとのゼロイチ運動の紹介だった。様々な住民が住んでいる集落でなぜ地域ぐるみで、組織的に村おこし活動が展開できるのか、非常に興味を持ち、その経緯について聞いたが、時間が短かったため、全体像はわからなかった。

それをきっかけに、寺谷氏とつながりができて、２００７年には、ついにゼロイチ運動のメンバーの寄贈による果樹の杜基金がスタートした。10年間も続いた。

ゼロイチ運動と直接関係がないが、エピソードを一つ紹介する。私が日本農村高齢者福祉の研究をしていたときに、すでに郵便局の職員が、お年寄りの買い物を代行する「ひまわりシステム」の存在を知っていた。しかし、このシステムをだれが、どこで考案したのかは知らなかった。２００６年に千葉大学で特別研究員をしていた時、著者である寺谷氏のいる智頭町へ地域福祉の調査をしに行った。このシステムは私たちが考案したものだと教えてもらい、びっくりした。そのとき、出会い館に泊めていただいたが、その一室にゼロイチ運動の膨大な活動資料が冊となって並んでいて、夜遅くまで見たことを今も覚えている。また、そのときに那岐郵便局、東屋5棟、親水公園、石谷家住宅、いろりの家、公民館、早瀬集落、山郷、智頭福祉センター、福崎にある柳田の生家を見学したことで、あとで翻訳するときにその場所が出てきて、親近感を感じた。

この運動の到達点に思い当たること

この運動に感心を持ったが、ついに第三冊の本が出版する運びとなった今、この運動を振り返ってみれば、あたかも波瀾万丈の地域づくりのロングドラマをみているような感じがしている。その舞台は智頭町という日本の小さな森の町である。その町はほかの町と同様に日本の近代化の中で、ついに疲弊し、悲鳴をあげていた。過疎化、高齢化、後継ぎがない、農業が後退しているなど、農村生活や農業問題が山ほどある。しかし、それは農村の本来のあるべき姿だとは本書の著者も私も信じない。むしろ将来、第二冊目に収録された「森のようちえん」の西村さんと同じように、近い将来、農村復権の時代が必ずやってくると信じていた。

しかし、理念や信念はそうであっても、現実はそういう方向へ動いていないですべてが空想である。ところが、このゼロイチ運動が理念だけでなく、日本の農村の現場から未来を目指し、確実に根差した村づくり、地域づくりの運動そのものだ。まさに理念、信念を真実化する地方からの農村復権運動だっただけに、その流れに目を凝らし、またこの運動の到達点に至るまでの裏舞台で、何があったのかを突き止めることが非常に大事だと感じた。ひょっとしたら、その裏舞台で展開しているドラマの解明を通して、近代化の中の農村の復活の道と希望を発見できるかもしれないとさえ感じている。それが私と智頭の地域づくりをつなぐものであり、また、その流れを翻訳し、これから近代化へと進む世界中の農村に考えてほしいところだ。

今のところ、この運動が少なくとも以下のような点で非常に意味深いものがあり、この運動の特徴と意味づけをしたものと言えるかもしれない。

1　理念的、実践的リーダーシップの存在

これはこの運動の始まりから途中の展開、ないし最近の脱組織化の模索に至るところで見られる特徴である。簡単にいえば、変革を引き起こすリーダーがいなければ、集落は旧来依然の状態がそのまま長く存続し、いつまでもその打破を待つしかない状態が長く続くだろう。

ただ、ゼロイチ運動のリーダーの場合、普通の意味での政治的リーダーでもなければ、企業家のようなリーダーでもなく、普通の住民から出てきたもので、住民を巻き込んで領域で何かを住民と一緒にやるリーダーで、その素質は戦略的だけではなく、現状を知り尽くし、実践的で、人をひきつける魅力、話術を含む人間でなければならない。そういう人間が町のどこにもいるとは限らない。最初の事起こしがどうしても限られた地域、特別な活動を展開する限界があった。

2　社会集団の形成と社会システムの創造

ゼロイチ運動が集落から始まり、徐々に地域へ、町全体へと抱え込むようになった経緯が本書の中でも書かれている。本書の構成そのものもそうなっている。本当は、そういう展開がなければ、ゼロイチ運動が社会システムの創生ということもできなかった。つまり一つの地域で村おこしが成功したのと、ほかの地域でも成功できるのと、意味が大きく違う。ほかの地域への波及、相転移は、運動そのものがより理論的、規範

性を持たなければならないことを要求する。ほかの地域でも応用されるものは、システムの進化と創造をも意味する。この点に関しては、ゼロイチ運動がどのように換骨奪胎の試練を受け、うまく乗り切ったのか、次の第三番目の特徴とも関連して、その辺のいきさつと大変さが本書をみれば、良くわかる。

3　外部研究者の直接参与

リーダーがいて、運動を広げたのは住民だったことは事実だが、外部研究者を積極的に受け入れ、その知恵や頭脳を上手に吸収し運動に応用したのが一つの特徴だ。本書の中でも岡田先生や杉万先生との出会い、直接参加、支援などを詳細に紹介している。本書のタイトルにもなっている「かやの理論」そのものが社会心理学、グループ・ダイナミックスの理論であり、それをいかに実践に応用し、ゼロイチ運動を理論の面で支えたのかを、いわばドラマの中心内容として位置づけられた。「かやの理論」は社会集団の理論として運動の前にもすでに存在していた。かやの理論以外にも似たような研究成果もある。しかし、それが運動の下支えとなったのは、リーダーの感性であり、あるいは、リーダーと研究者のコンビの成果である。その意味で、岡田先生や杉万先生のこの運動への参加は、運動の行方にとって非常に重要な意味を持っている。一方、研究者の考えが運動に活用できたのも研究者にとっても最高の喜びだったはずだ。私も両先生と一度だけお目にかかったことがあるが、本書の論文編を見て、研究者がこの運動にどれだけの情熱と期待を込めたのかをうかがい知ることができる。これはこの運動を特徴づける三番目の特徴である。

4　行政との融合、相互浸透

今までの先行研究をみれば、戦後の日本の行政は基本的に国や県からの指示を受けて動いている被動体行政システムだったとされる。それが経済の高度成長によって支えられ、うまく物質的豊かさを手にしたこともあって、さほど問題がなく動いてきた。しかし、80年代以後状況が変わり、地域の問題が地域で解決する地方分権が訴えられたが、住民からみて町の行政はそれほど変わらなかった。住民と行政の関係をどう処理するか、地方分権や町村合併のなかで、混乱を極めた。ゼロイチ運動もそのうねりにあい、揺れたが、住民自治の理念と今までの実践がものを言い、ギリギリのところで自治権を担保した。研究者の出会いと同じように、この点に関しても智頭のゼロイチ運動は運がよかったと言いたいが、それは運ではなく、住民自治の勝利といえる。つまり、智頭の住民が運動の意味に目覚めたのだ。結論をみれば、行政との融合関係、そして「贈与、略奪」の関係の形成がゼロイチ運動の発展に水路をつけ、自らのシステムづくりと創発的活動に有力なパートナーを得ただけでなく、行政を動かし、ともに地域づくりに励むことにも成功したのである。

5　地域づくりは人づくり

最後に、著者との交流のなかでもよく出てくる話に、地域づくりは人づくり、だれが何に適合しているのかではなく、だれでもうまく活用すれば資源になる。リーダー的な人も、研究者も、普通の住民も、婦人も高齢者も、全部そうだ。これは地域経営の資源論だった。地域づくりの一番ネックにある部分である。しかし、ゼロイチ運動では、「かやの理論」にも例示されるように、人と人の関係が集団となって、そのなかで活動しながら、人間は育てられる。心の構成の話もそうだ。この点がゼロイチ運動を持続させる原動力となり、もともとのリーダーがいなくても、運動が持続できるのである。

実際の取り組みについての評価

本書の中でも実践活動を詳しく紹介している。その内容については、
【第１ステージ（１９８４年～１９９３年）】ＣＣＰＴ活動前期、ＣＣＰＴの「覚醒」「葛藤」期
【第２ステージ（１９９４年～１９９６年）】ＣＣＰＴ活動後期、役場の「覚醒」「葛藤」期
【第３ステージ（１９９７年～２００８年）】ＣＣＰＴ活動不可視化期、役場、住民と住民の「覚醒」「葛藤」「攪拌」期に分けて、それぞれの時期にどういう成果があり、その成果を獲得するのに、理論と実践において、何が起こったのかを、その背景、現状、困難、転機を回顧している。いろいろ紆余曲折を経て、創発運動が30年以上も続いた。地域づくりをめぐる悲壮感が滲む壮大な物語だ。第一世代のリーダーがもうすでに退職し、運動が第三のステージに入った。それは本書の第7章にあるように、ゼロイチ運動は「発信 智頭オープン・ステージ」の時期に差しかかった。

最後に関係論文から読めるメッセージはこうだ。つまり、これからもさまざまな取り組みがあろうが、その時に、理念と実践のバランスをうまく掴んでやることが大事だ。そうでなければ、住民が付いてこないし、

来ても長続きはしない。ゼロイチ運動がこれからどう展開していくのか。価値観が多様化する時代に、集団の形成がますます難しくなる。いつの間にかグローバルの風が吹き込む。新型ウイルスがその一例だ。世界情勢の中で人間の心がどういう風に変わるのか、集団形成はどうするか、システムに流動化が生じた場合に、どう対応するか、いままでと同じように、いや、今以上に難しい問題がたくさんある。しかし、私はそんなに悲観していない。人が地域で生活している以上、ほかの人とつながり、ネットワークを形成するのは常である。それは集団の形成である。その集団がみんなの合意に基づいて形成できれば、それでよい。それはほかでもなく住民自治の理念と実践にある。

本書はその意味で、これからの地域づくりに大きな刺激を与え続けるだろう。またその意味と真価がますます問われることになる。

２０２０・10・２
宋金文

おわりに　ウィズコロナと創発的営み

新型コロナウイルスは世界を震撼させている。これまでの常識が通用しない社会になった。さて、ウィズコロナの新時代をどう生きるか、地球上の全ての人々に新しいコロナ禍の「かや（規範）」が覆った。

〝新型コロナウイルスが武漢市で発生〟の一報を1月に聞いた時、私は覚悟するしかないと思った。右腎臓を摘出している。罹患したら一巻の終わりだ。しかし、覚悟するからには、思い残すことがないようにしなければいけない。昨秋出版した『創発的営み』を杉万俊夫先生に謹呈したところ、「インターローカルへの拡大（贈与―略奪の連鎖の拡大）が明らかです。」「壮大な絵巻物になります。」とあった。やっぱり、智頭町での地域づくりの実践録と関係論文を編集したい。大仕事が残っていた。

本書は、杉万論文を元に、地域づくりの資料や体験した記憶を呼び起こしながら、1984年から2020年まで取り組んだ地域づくりを検証した。蟻の一穴から既成の規範が決壊し、人々の意識に自治の思想が宿ったプロセスである。つまり、住民自治と地域経営の概念が、智頭町の規範となって、社会革新を起こした。その証を編集した。

一念は岩をも穿《うが》つ。智頭に生まれ、智頭に育ったから、智頭の「誇り」づくりに執着した。私にとって唯一無二の地である。2010年に悪性腎臓がんを発症し手術。コロナ禍の中、40年病んだC型肝炎治療でウイルスが消滅した。我が生命に奇跡が起こった。すべては出会いで生かされた。たった一度の人生、命を燃やし尽くしたい。彫刻家の平櫛田中の「いまやらねばいつできる　わしがやらねば　たれがやる」、この言葉が眠っていた火事場の馬鹿力に火をつけ、爆発的な集中力を引き出した。９ケ月かけて一気に編集した。

コロナ禍は社会の大きな転換点であり、私たち一人ひとりに創発的な営みについて謎かけをしている。ウィズコロナで、新しい価値観が問われている。つまり、グローバリズム（地球主義）からローカリズム（地域主義）への大転換である。２０２０年6月20日・朝日新聞の「天声人語」に《コロナ禍で見えたのは、人と物を日々、遠くから大量に運んで成り立つ社会のもろさではないか。地に足のついた生活を取り戻すとき、「もったいない」はかけがえのない指針となるだろう》とあった。ここ数年、国はインバウンド政策を進めてきた。街には海外の観光客があふれていた。そんな様相が一変した。今はまさに、非日常の自粛生活であるところがコロナ禍は自粛生活が日常だと言う。

そこで、多くの人たちは気づいた。都市部より地方へ、過密より過疎地へ、これまで価値がないと思われていた地域に、実は人々の安全・安心がある。これから地球規模で人類の大移動が起こるだろう。その際に、本書で確認したことが活きる。つまり、どの地にあっても思いがあれば創発（エマージング）的な生活により、小さな経済循環が生まれる。先人はそのことを体現してきた。地域は誇りありきではない、また、経済ありきでもない。私の先祖も貧しいから山の中で暮らしてきたのではない、逆に豊かな地だから何世代にもわたって営みを続けてきた。それは、便利とか、不便だとか、お金や時間の尺度ではない。家族、風景、環境など、他では得られない唯一無二の桃源郷の価値を、その地に見出していたからだ。つまり、農山村には人々が生活していく確かな安全・安心がある。おそらく、これから人々は真に豊かな地を目指す。

翻って、私の遺伝子の中に山人の血が流れている。なぜ、名誉や地位にとらわれず、使命感を持って地域づくりに取り組んだのか。その思いを探ってみると、鳥取の山間の地に育ったからである。つまり、ゼロイチ運動は住民自治を理念とする。その発意は、山村の自律自営の規範に行き着く。江戸時代に鳥取藩は、植林事業に熱心で山奉行を置いて管理し、森林保護と奨励を行った。当時の特産番付で東部地域の最高位の大関に智頭杉がある。祖母から、曾祖父たちが沖ノ山《おきのやま》スギの天然木を、深山から板材に約《つづ》めて担《にな》い出した赤柾《あかまさ》は、重宝されたと聞いた。その芦津集落の古文書を研究していた興雲寺住職故吉田冥莫氏が、「寺谷は、芦津でないととれ（育た）ん」と喝破された。その時は分からなかったが、私には、山人のプライド（誇り）が根底にある。コロナ禍で、半世紀前の言葉の深意が分かった。

２０２０年2月4日、中国の北京外国語大学教授宋金文先生からメールが届いた。「今、新型コロナウイルスで在宅勤務です。『地方創生へのしるべ――鳥取県智頭町発「創発的営み」』を、もう一度通読しました。前の著書と同じように、大変価値のある本です。これも中国語に翻訳して、中国人にも知ってもらいたいです。これからさっそく翻訳作業を開始したいです。」と……。それから、7月22日に「翻訳作業を半年かけて、すべて完訳しました。」と連絡があった。一つ夢が実現した。

私は、コロナ禍で取り組んだ実践編・論文編の編集を終えたことを伝えた。宋先生から「大作をすでに書き上げていると伺い、スピード感に感心したとともに、大変うれしく思います。ゆっくり読ませていただきます。」と返信があった。北京から日本は１９５０キロメートル、飛行時間は3時間15分である。コロナ禍の「かや（規範）」に同じように包まれ、それぞれに反応している。インターネットは北京と瞬時につながる。人々が豊かな地（地方や過疎地）を求めても、距離や時間を超えるツールはある。情報共有は可能だ。

人類は環境適応しながら進化してきた。新しい社会を生きる知恵と術はある。そして、これからのライフスタイルは、創発的営みの精神（エマージング・スピリッツ）で、人生をエンジョイしてほしい。ウィズコロナでより一層、人と人の関係が問われているなか、本書が「かやの理論」を知るきっかけになればと願っている。その核心をつかんでいただければ望外の喜びである。

終わりに、本書編集の佳境を迎えた時、グランドデザイン「杉トピア（杉源境）ちづ構想」をまとめていただいた平山京子氏に原稿を見てもらった。氏から「25年半経ったのですね。寺谷さんが目指した方向は想定以上に深化を遂げ、ここに来て、コロナ禍でより普遍性が増したようで、凄いです。智頭町の図書館に推薦図書として並べたいですね。」と届いた。その言葉に甘えて、編集に協力してもらい、より客観性が増した。表紙絵を描いてくれた澤田簾路氏とは、コンビを組んで三冊目となる。智頭を絵で表現してくれた。お二人とも一時の出会いが生涯のお付き合いとなった。多大なご支援に衷心より感謝申し上げたい。

長年にわたって心掛けてきたことは、気づく、実践する、記録する、話す、書いてまとめる。本書の発刊によってようやく達成した。72歳、感謝です。長い間、拙い私を導いていただき有難うございました。これまで出会った方々に厚くお礼申し上げます。

令和２（２０２０）年９月30日

寺谷篤志

子育て中のお母さんお父さんへ
防災に取り組んでいる方、青少年の指導者の皆様へ

子供たちのいじめが問題になっています。もし、被害者の子供さん、加害者の子供たちが、自分の中に「夢中になっている自分」と、「冷静に見ている自分」の二つの自分があることを知れば、少し、救われるかも知れません。本書が「かや」「かやの理論」を知るきっかけになればと願っています。１９９３年４月の講義で「リーダーシップは、「かや」の中の人々すべてが、程度の差こそあれ発揮している」とありました。私はこの考え方に衝撃を受けました。人は誰もがリーダーシップをとっているのです。このことを知れば、吸着誘導法やエディターシップの考え方を理解していただけると思います。

本書を目にされた方は、是非とも一般社団法人 集団力学研究所のホームページにアクセスされ、杉万先生の「グループ・ダイナミックス（集団力学）」を、直接学んでください。きっと、その瞬間から身近な人々への接し方が変わります。

II. 資料編

第１章　（関係章）
資料１　「かやの理論」論文から抜粋
資料２　グループ・ダイナミックス関係図書
資料３　CCPT活動理念

第２章　資料１　智頭町の活性化に関する住民意識調査から
資料２　第５回杉下村塾「変わる（人／地域／地球）――生活自治は可能か？」
資料３　第７回杉下村塾「森とコミュニティ～新しい循環システムを求めて～」

第３章　資料１　四面会議システムの解説
資料２　杉トピア（杉源境）ちづ構想「理念と戦略」（1995年７月）

第４章　資料１　「集落版ゼロイチ運動」企画書（1996年策定）
資料２　集落振興協議会規約（案）
資料３　集落振興協議会運営要領
資料４　集落振興協議会組織図
資料５　地域プランナーの手引き
資料６　「ゼロイチ運動」を企画して
資料７　集落版ゼロイチ運動施策状況

第５章　資料１　「地区版ゼロイチ運動」企画書（2007年策定）
資料２　地区振興協議会規約（案）
資料３　論文：町議会が単独議案を決議
資料４　地区版ゼロイチ運動実施状況

第６章　資料１　智頭町百人委員会開催状況（智頭町ホームページから）

第７章　資料１　地域づくりステージ別分類

第１章（関係章）

資料１　「かやの理論」論文から抜粋

「かやの理論」を理解しやすい論文はないかと探してみた。土木学会論文集１９９５年の招待論文、『グループ・ダイナミックスと地域計画』杉万俊夫を抜粋して紹介する。
(https://www.jstage.jst.go.jp/article/jscej1984/1995/506/1995_506_13/_pdf/-char/ja)

《1．グループ・ダイナミックス

（２）集合体の全体的性質と個々人との動的相互規定関係

グループ・ダイナミックスは、上に例示したような集合体を、常に、一つの全体としてとらえ、その全体的性質の動態を研究する。本稿では、「一つの全体としての集合体がもつ性質」を指す標語として、「かや」（蚊帳）という標語を用いることにしたい。多くの日本人にとって、もはや、昔なつかしいふるさとの郷愁の中に没してしまった感のある言葉ではあるが、一度でも蚊帳の中で夜を過ごしたことのある人ならば、蚊帳《かや》の内部が醸し出す、外部とは違った一種独特の世界をおわかりいただけるのではあるまいか。また、そのような経験を持たない人にとっても、「蚊帳の内、外」といった言い回しは、おそらく、日常会話のボキャブラリーに含まれているであろう。

「かや」という標語を用いて、グループ・ダイナミックスの中心テーマ、すなわち、集合体の全体的性質と集合体に属する個々人の心的世界の動的相互規定関係を表現してみよう：あらゆる集合体は、何らかの「かや」に包まれている。「かや」に包まれている個々人は、「かや」に包まれているが故に、程度の差こそあれ、「かや」に規定される。しかし、どの個人も、その個人のすべてが「かや」に規定され尽くしてしまうわけではない。個人は、「かや」に規定されると同時に、様々なことを自由に感じ、考え、行動する。言い換えれば、個人は、「かや」に規定されると同時に、主体性をも発揮する。そして、一人一人が、程度の差こそあれ、主体性を発揮するが故に、その集積として、「かや」が変化する。すると、その変化した「かや」が、また、一人一人を（半ば）規定する。しかし、一人一人は、「かや」に規定されると同時に、主体性をも発揮するので、その集積として、また、「かや」が変化する。その変化した「かや」が、また、一人一人を（半ば）規定し、———（以下、同様）。

「かや」という標語によって指される、集合性の全体的性質の具体例は、次節で述べることとし、その前に、若干のコメントをしておこう。》

資料２　グループ・ダイナミックス関係図書

『グループ・ダイナミックス入門—組織と地域を変える実践学』
杉万俊夫（著）世界思想社（２０１３年４月）

『看護のための人間科学を求めて』
楽学舎（編著者代表　杉万俊夫）ナカニシヤ出版（２０００年３月）

『よみがえるコミュニティ』
杉万俊夫（編著）ミネルヴァ書房（２０００年11月）
『コミュニティのグループ・ダイナミックス』
杉万俊夫（編著）京都大学学術出版会（２００６年1月）
一般社団法人　集団力学研究所　無料公開、ＵＲＬは次のとおり。
https://www.group-dynamics.org/shuriki
ビデオ講座『グループ・ダイナミックス（集団力学）』（YouTubeで公開）
講師：杉万俊夫　７回シリーズ（各回30分）

資料3　ＣＣＰＴ活動理念『１９９５年版ＣＣＰＴ活動実践提言書』収録

《私たちは、智頭町を活動の舞台に、地（智）球村の一員としてどうあるか、自らの一歩を踏み出し、社会実践し提案するものである。ＣＣＰＴに参集する者は、思想や巷間《こうかん》の政治や民族にとらわれることなく、純粋に人間愛と社会愛をもって探求するものである。ＣＣＰＴへの参加は自由であり、何人も阻止できない。また、活動に対して考えを異にするときは、脱会は自由である。

ＣＣＰＴは、５つの行動目標を掲げる。
1．住民自治
2．地域経営

3．地域の国際化
4．地域共育
5．社会システム科学の学習
ＣＣＰＴの会員は、お互いの個性を認め、エディターシップに則り、自己実現・社会実現に努めるものである。》

第2章

資料1　智頭町の活性化に関する住民意識調査から

調査協力機関：㈶環境文化研究所、研究員等：河原利和氏・石川雅典氏

ＣＣＰＴでは、世代別の住民意識調査を１９９０年2月から１９９１年7月にかけて実施し、報告書「智頭町の活性化に関する住民意識調査の結果―21世紀の智頭づくりへむけて―」を１９９１年11月１日に発行した。住民の地域に対する意識を把握《はあく》して、地域づくりの基礎資料にした。

《1　住民の生活意識

①定住意識を持つ人は、壮年層以上で9割と極めて高い。若年層は5割である。若年層は転出する可能性を秘めている。

調査日	調査対象	対象者数	回収率
1990.2～3	20歳代～30歳代	500人	140（28.0％）
1991.6～7	40歳代～50歳代	500人	165（33.0％）
1990.7～8	60歳代～70歳代	500人	281（56.2％）

智頭町の活性化に対する住民意識調査概要

②階層意識は、中の中が多いものの、中の下、下と、低い方に集中する傾向を示した。全体としてやや階層意識が低い。このことは現在の生活満足度の低さとも関係していると思われる。

③高齢者は過去の人生を評価し、これからの人生に希望を持っているように思われる。少なくとも現状肯定で、若年層、壮年層よりも積極的な人生観である。アンケートの回収率からも裏付けられる。

④生活目標、生きがいについて家族や子供への思いが高いのは、現在の状況とマッチしている。若年層では個人的趣味に生きがいを感じ、生活目標も極めて多様化し、壮年層以上とは明らかにライフスタイルの違いを見せている。

⑤三世代とも余暇活動は、テレビ、ビデオを視聴している。

⑥ＣＣＰＴが積極的に進めている国際化は、外国人との対応（社会的距離の置き方）をみると、一般的な傾向と同様に身近な事柄ほど拒絶反応が見られ、自宅を貸したり、結婚したりすることには抵抗をみせている。

国際感覚豊かな人間が望ましいのは時代の要請である。智頭町が国際化を進める中で外国人への拒絶反応が、若年層、壮年層、高齢者間の意識の差となって生じている。このことは、現段階で国際化に関する動きそのものは、過疎化と、今一つ噛み合っていない。

２　ＣＣＰＴの認知・評価

①ＣＣＰＴの認知は、中心的役割を担う立場の壮年層が高い。また調査をする毎に（時系列的に見ても）ＣＣＰＴへの認知度は確実に高まり、ほぼ全住民がＣＣＰＴを認知している。
②ＣＣＰＴの第１期の活動であった智頭杉の利用、第２期のヒトづくりについてもかなり認知され、具体的な活動内容についても良く知られている。
③その結果、ＣＣＰＴの活動内容については「町の活性化に貢献する」と評価が増大し、年々確実な評価を獲得している。活動が認められさらに期待されていることを示している。
④若年層と壮年層に、ＣＣＰＴへ自ら参加できる分野があるかについて質問したところ、学習や研修への参加ならできそうだという感触が示された。実際に若年層では3分の２近くが参加してみたいと希望を持っている。
⑤壮年層と高齢者は、ＣＣＰＴと行政との積極的な連携を明らかに期待している。なお、若年層については部分連携という意見も多い。また、「今までの智頭町にない活動」だから期待しているという意見が多くみられた。

３　ＣＣＰＴと行政の連携

ＣＣＰＴの今後については、行政と連携していけば町が発展するという意見が多く、１９９０年の高齢者調査では63％もみられる。同年の若年層調査では、部分的連携が31％と最も多く、全面連携は13％とやや消極的な態度がみられるが、１９９０年の高齢者、１９９１年の壮年層では行政と積極的連携を

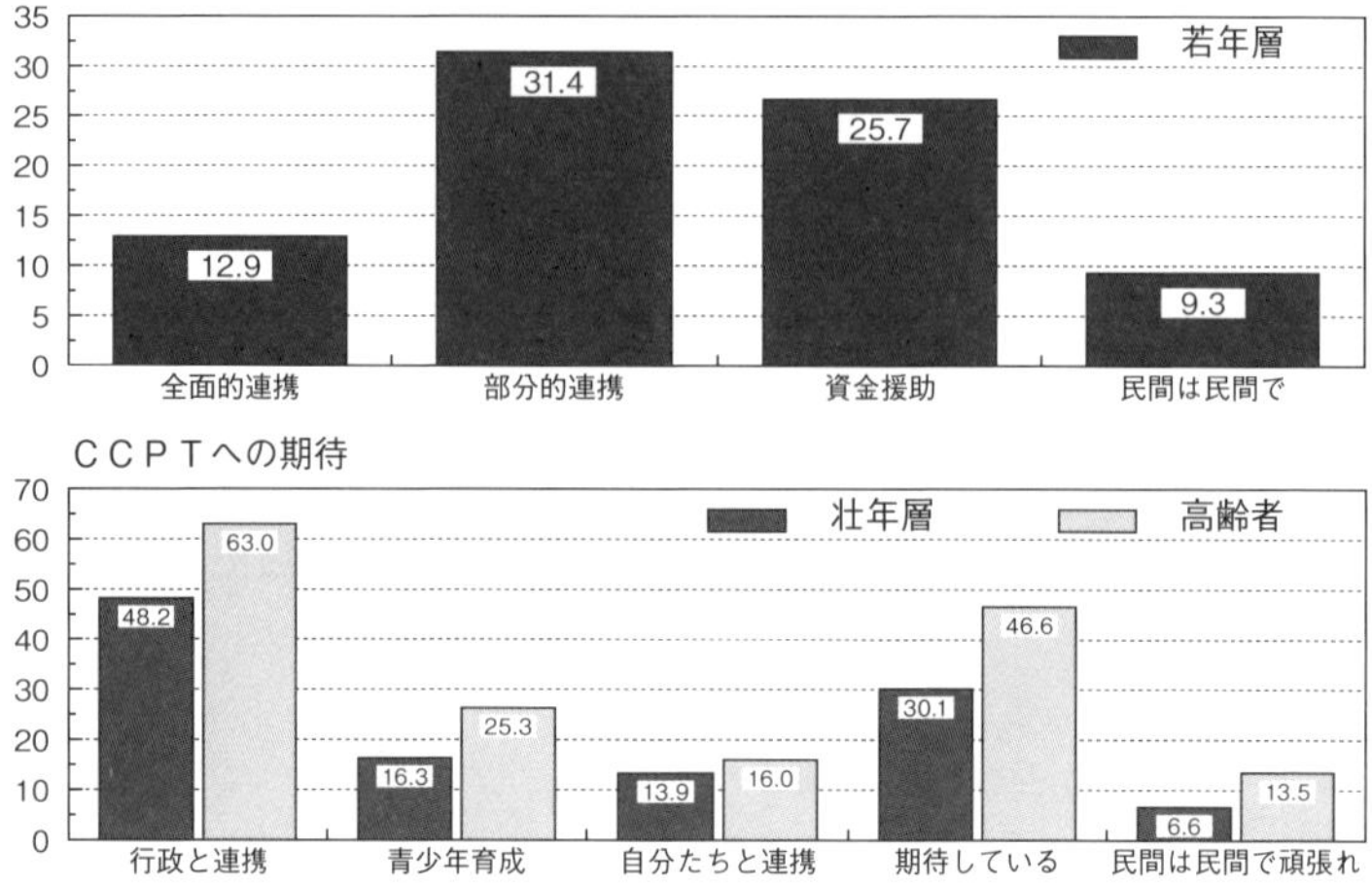

世代別　CCPTと行政の連携（1990－91年）

期待している。

一方、前項の評価同様ここでも「智頭にはない活動だから期待している」という意見が多くみられ、また、「自分たちとの連携」に対する期待もあり、ＣＣＰＴの活動に対する強い期待を感じることができる。

このことは、ＣＣＰＴが智頭杉の活用や次世代の青少年育成など、地域社会の身近なテーマに絞って活動を行ってきたことが評価されている。しかし、逆に自分たちのために貢献してくれそうだとの思いを示している。反面、このことは町民の自主性そのものや、主体性に欠けているともみられる。

4　智頭町への期待と将来

①智頭町全体への期待は、必ずしも高いものではない。むしろ悲観的である。

②智頭町の将来に対するイメージや希望は、年齢によって大きく異なる。特に若年層は何よりも活性化を望み、活気や勢いをもった町、交通、買物の便利な町を求めて

いるなど、都市的生活様式の実現に向けて、町の変貌を求めている。また、壮年層、高齢者は智頭町の自然を大切にすることや、人情味のあふれた町の維持に関心が集中している。つまり、若年層と壮年層、高齢者とでは意見のギャップがみられた。
③壮年層と高齢者では、町の発展のためには企業誘致を積極的に行ってほしいという意見が多かった。》

資料2　第5回杉下村塾（1993.11.26〜28）「変わる（人／地域／地球）——生活自治は可能か？」

『1993年版CCPT活動実践提言書』収録

地域づくりのターニングポイントとなった第5回杉下村塾（1993年）の内容を紹介する。参加者は43名、生徒と先生はほぼ同数、受講料は30，000円、2泊3日、合宿方式である。四面会議システムを使い模造紙に記録した。

11月26日（金）
視点1「グリーン・ツーリズムと地域活性化」　河原利和氏
11月27日（土）
視点2「千代川流域から見た智頭の植生群」　逸見一郎氏
視点3「サバイバルゲーム〜月で遭難した場合」　矢守克也氏
視点4「かやとこころ」　杉万俊夫氏

視点5「これからのまちづくり」　加藤晃規氏
マンツーマン先生徒討論
因幡牛ステーキパーティ

11月28日（日）
第12回耕読会「ゲーデルの不完全性定理」　奥山育英氏
視点6「地霊・地域を深耕する鍬」　隅野哲郎氏
総合討論「自分たちが創る生活自治」　岡田憲夫氏

第5回杉下村塾に参加した、大阪ガス・エネルギー・文化研究所次長故隅野哲郎氏の感想を紹介する。

「妙場」（抜粋）

《『1993年版CCPT活動実践提言書』P152：「杉の木村」に出かけた。そこにはロマンが香っていた。人群が醸し出す熱気があった。感動した。どうして人がここまで熱くなれるのか。感激した。都会の雑踏の中では味わえない、山がうまい、空気や杉の香が人を燃やすのだろうか。それともCCPT軍団のヒューマンネット、その共鳴者・応援団、それらの仕掛けの人のエネルギーが着火源・燃焼物になっているのか。とにかく不思議な集団、不思議な場だった。頭が揺れ、心が喜び、肌が震えた。

杉の木村は不思議な磁場である。奇妙な魅力がある。谷川がきらきらと妙なる音色で呟いている。山の木霊が霊妙な力を放ってくる。あちこちから群れ集まってくる熱気が入り交じり、絶妙なシンフォニーを奏でる。杉の木村の妙場が群れ集う人に霊妙な力で働きかけ、それぞれの魂《たましい》が感応し、その心が共振する。帰り際にいただいた土地の名産、うまかった。土地の匂いがした。行き届いたホスピタリティ。最後の息の根を止められる心地よい余韻《よいん》を持ち帰った。》

資料3　第7回杉下村塾（1995.10.27〜29）「森とコミュニティ〜新しい循環システムを求めて〜」

『1995年版CCPT活動実践提言書』収録

アクション・リサーチ：杉下村塾（参加者感想文）

①杉万俊夫先生（京都大学総合人間学部教授）

初めて智頭の地を踏んだのは、ちょうど3年前です。その時、杉下村塾に出席したので、今回が4回目の参加です。毎回出席しながら、杉下村塾が変化していっていることを思います。その変化が目に見えるようになったのが、昨年の塾。今年は、それがさらにはっきりしてきたように思います。その変化とは、勉強の塾から、アクション・リサーチを行う場としての塾への変化です。考えながら（勉強・研究しながら）実践する塾、実践しながら考える塾への変化です。

私が専門とするグループ・ダイナミックスの生みの親、クルト・レヴィンという人が、「最も優れた理論は、最も実践的」であるという言葉を残しています。杉下村塾が、そのような理論かつ実践的なものを創造する場になってきつつある――それが今回の私の感想です――「もっとふんどしをしめなおしてかからねば」そんな気持ちもしています。

来年は、「地域と科学の出会い館」での開催になりそうで、本当に楽しみです。また、テーマについての希望を述べることはできませんが、一つだけプログラムの一部にいれてほしいこととして、塾1、2年の（あるいは、その他参加者の地域）における活性化の展開を説明し、それについてディスカッションする時間を入れてほしいと思います。

日頃話に聞いていること、報告書に書かれていること等々重複することもあると思いますが、あらためてそれらを報告しあい、まな板の上にのせて、みんなで検討することは、アクション・リサーチ（実践研究）の場としての杉下村塾に役立つのではないでしょうか。

②渥美公秀先生（神戸大学文学部助教授）

震災以来求めていた時間と空間を得ることができたと思います。何時もながら刺激的な議論と温かくかつ厳しい出会いがあったと思います。

智頭の色~現在の智頭は銅ないし青銅色と考えます。銅は磨けば光る。銅は様々なものに使うことができる。ただ口に含むと有毒……。今の智頭は千変万化の銅。見た目は緑で美しい。しかし、これをどのように使っていくのかを模索している。

智頭の未来色は、肌色、艶色《にじいろ》あるいは源色。智頭の財産は刺激的な人々。そこで肌色。智頭の未来に心の豊かさ、つまり人と人の間の豊かさを見る。そこで豊かな色、艶色。「にじいろ」と読んでおきます。これからの智頭は広い意味での情報発信の場になる。発信源という意味、「シ」に水、川を読み込んで源色。こんな風に考えてやってきました。

品評会では、「色」そのものもさることながら、参加者全員が〃色めきたち〃本気で智頭の未来色を議論できたことが何よりの成果でした。真剣に考える姿を「艶っぽい」と感じたのは私だけでしょうか。参加者の皆さん、企画運営された皆さんに琥珀色の美酒で乾杯！（抜粋）

③大呂佳巳氏（CCPT）

今回杉下村塾に参加して、先生方を始め多くの方と一つの場ができている（できる）凄さが本当に良くわかりました。これは簡単にできるものではない。寺谷塾長の凄さと思いが表れた場です。

自分がこうありたいという気持ちがいかに大切か、そして、実行することがお互いの心をつくっていくことになる様子が、身を持って体験できました。受け身ではダメです。今回は特に、自分は少し余裕をもって参加できたと思います。それは何か。智軸づくりの策定やイベントなど、自分づくりの基礎と体験が蓄積されているからだと感じます。先生徒品評会での内容等、町民がどう反応するのか今までの先入観をもって非常に不安を感じていましたが、あんな盛り上がりの状態ができた。町民や参加者みんなが輝いている場、その中に身を置ける幸せ、こんな場をつくれるのだ、共有できるのだと思いました。

これからは智頭町の中で少しでもこのような場をつくっていくこと、人数でなく、形式でなく、参加者一人ひとりが「知」も「気」も高まれるよう常に意識していきたい。みんなが高まることが自分も高まることになります。自分が高まれば、みんなも高まれるようになります。このような町づくりができるように、一歩一歩、そして日々日常で行動していくよう意を強くしています。ありがとうございました。

④国岡厚志氏（ＣＣＰＴ）

今回の杉下村塾で一番強く感じたことは、見えないものを見る力と気づきです。辻本さん（辻本智子環境デザイン研究所）の「花を見たら地球《システム》が見える」が印象に残っています。物を見て見える範囲のことしか感じとれない自分（自分ではそう思っている）にとって、新しい気づきでした。ただ気づきに関しても、その時に気づいただけで、その後はすぐ忘れていることが良くありますが、気づいたり、関心を持ったら継続して考える。追い求めていこうと思っています。また物だけではなく、人に関しても見た目でなく、その人の持っている凄さと触れ合っていきたいと思います。

ボランティアでは、「私助ける人　あなた助けられる人」という考え方は、絶対にダメだということの再認識と、心は人と人の間にあって、心のケアをするには、私とあなたの関係をケアするということが良くわかりました。最後に言われなくてもする、言われてもできるＣＣＰＴ活動が目標です。

第3章

資料1　四面会議システムの解説

1　ブレーンストーミング—発想の場づくり

地域社会で会議の場を設けようとしてもなかなか難しい。何かをやろうとすると、知らない、聞いていない、説明に来るのが遅いと、やらない理由が並べられる。仮に集まったとしても声の大きな者が勝つような場となる。集団の行動目標を設定することは至難の業だ。

実は、事業の成否はテーマをどう設定するか、それぞれの思いをいかにまとめるかにかかっている。テーマ設定が難しいから集団の方向づけができない。その難しいテーマ設定と意見の集約方法を創意工夫した。

それは兎に角、その場に同席することから始めることだ。ファシリテーターが趣旨を話しながら、壁面に貼った模造紙に記録者が書き出す。段々とファシリテーターと参加者との間に会議の提案趣旨が示される。そうしていると賛同者から建設的な意見が出る。輪をかけて次の発言がある。記録者は模造紙に殴り書きをする。つまり、他の参加者はその場を逃げるわけにはいかなくなる。

投げかけられた途端に〝ぼそっ〟と発言がある。即座に記録をする。そのように参加者が自由に発言できる場の空気をつくっていく。前頭葉を上にして発想し、浮かんできたことを言葉にする。そして、周りの意見に乗る。尻馬に乗って連想することによって思わぬ発想が生まれる。その言葉をキャッチして模造紙に記録すれば文字が残る。「人」と「模造紙」と「ブレーンストーミング」の業である。

この方式を使うといろいろなプロジェクトが達成できる。名づけて「模造紙会議方式（以下：模造紙会議）」である。実際に企画に参加した人たちは、自分の意見が事業計画や戦略に反映されることを経験した。模造紙会議では、どんなつぶやきも逃がさない、互いに耳をアンテナにして共有することを味わうシステムである。計画を立てる場合、議論の途中で評価を行うと制約になるので、発想と評価を分けることを意図的に行う。思いついたことを口に出し、つまり、思いついたことを共有しながら戦略に仕上げていく。これが模造紙会議の妙味である。

地域づくりでは人々は仕事を終え三々五々集まって来る。言ってみれば参加した共有時間は貴重であり、議論をする時間には限りがある。そこで模造紙に記録しておけば議論を翌日につなぐこともできる。そして、時間を置いて、場所を変え、まるで熱を冷ますように、評価基準を設けて仕分けをする。つまり、発想と連想に重きをおいて、意見が出揃ったところでKJ法を使い整理をする方法である。テーマを選ぶにしても、企画を詰めるにしても、現場の必要性から生まれた模造紙会議である。

2　四面会議システム—ステップの意味

企画のステップの体系化を図り、誰でも使える「四面会議システム方式（以下：四面会議システム）」とした。KJ法を使ってヒト・モノ・広報情報・総合管理に分類し、議論を展開する方法である。

1984年、杉板はがきを発表したころ、「寺谷のアイデアでやっていた。ところが、続くものか」と、周りの人たちは笑っていた。当初は閃きによるアイデアでやっていた。アイデアも一時のことだ、いろんな事業に取り組み、ブレーンストーミングによる連想をゲーム的に取り入れたところ、アイデアがブラッシュアップされていくことを体験した。そこで、集合知を記録する模造紙会議として、社会システム思考や「かやの理論」を取り入れ、四面会議システムへとステップアップした。人々の知恵を引き出すシステムが、百戦百勝の戦略と戦術を生み出した。

このシステムの特徴は、〝つぶやき〟〝ささやき〟を企画の核に組み込むことである。会議では声の大きい者の意見が通りやすい。しかし、まちづくりを経験してみると、声の大きさと、発言の数が多いからと言って的を射ているとは言い難い。どちらかというと〝ぼそっ〟と、出てくる言葉はかなり的確である。壁面に貼られた模造紙を見つめ、時空を超えた視野の中でユニークな発想が生まれる。つまり、女性や子ども、普段物言わぬ人たちの意見をいかに引き出すかが、企画の成否にかかっている。四面会議システムは各種技法を組み合わせて、18のステップにまとめた。

①メーンテーマを設定する。〔模造紙を使い、ブレーンストーミング〕

【前処理】（ゲーム感覚を活かす）

②フィールド調査（アンケート、ヒアリング等）⇓③ＳＷＯＴ分析⇓④戦略シナリオを練る⇓⑤素材だし⇓⑥洗い出し（ピカ・イキ・スジをキーワード）。

【本処理】（詳細・緻密に策定する）

⑦四面会議図の作成、ＫＪ法で〔総合管理（統括ポジション・調整・資金等）広報情報、人的支援、物的支援〕に分類する⇓⑧各ディビジョンの達成目標を設定⇓⑨ステップ策定で期間の場合は、1年、3年、10年目の達成点を設ける〔また、企画の場合は大・中・小の柱を設定する〕。

【後処理】（大胆に実行する）

⑩ディベート（ゲーム感覚で見直す）⇓⑪計画の修正&合意⇓⑫ロードマップの作成⇓⑬役割分担を決める⇓⑭企画書の作成⇓⑮イメージをデザインする⇓⑯イベントの場合は、当日タイムスケジュールの作成⇓⑰実行する。

【事後評価】（精細に情報を拾う）

⑱必ず事後評価を行う。

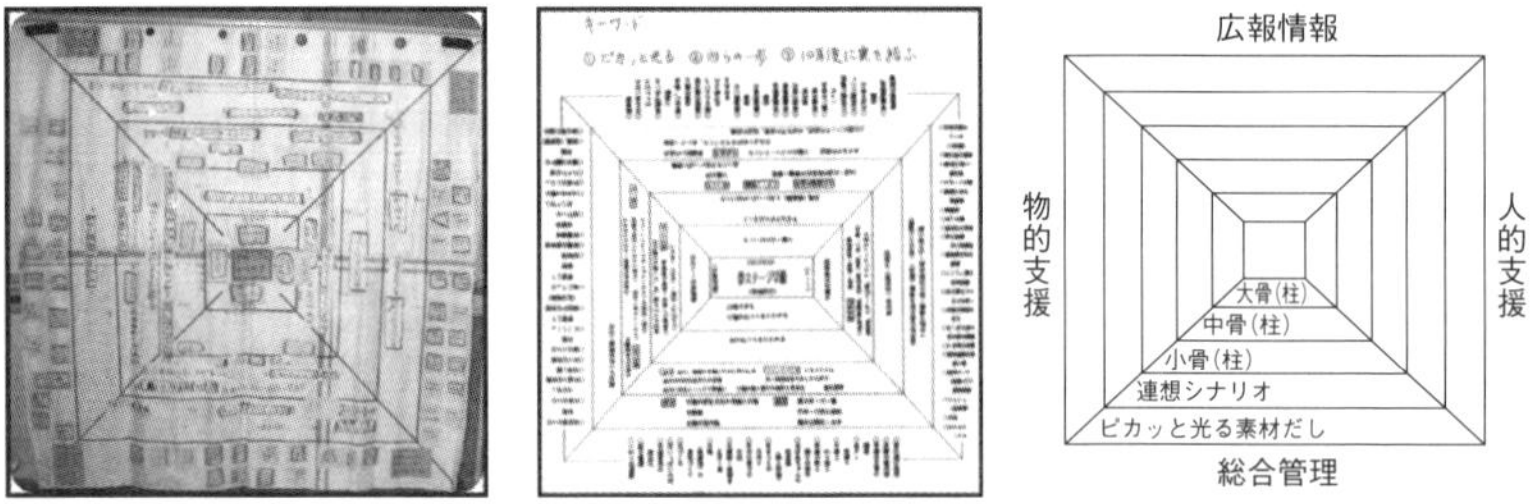

四面会議システム図

3　四面会議システム—場立ちが起こる

一つの事例として、智頭町早瀬集落のゼロイチ運動の計画づくりを、壮年層の方に「四面会議システム」で策定してもらった。住民アンケート、子どもや女性の会や老人会からもヒアリングが行われ、出てきた意見を短冊に書き込み、四面会議システムの「四面会議システム図」に整理しながら地域シナリオを連想し、年次ごとに各部門の計画を、集落の総がかりで半年かけて計画を練った。

ステップの段階でディベートをするが、その最中、深夜に80歳代のお年寄りが、突如立ち上がり「早瀬を何とかせんといけん」と、宙を睨んで大きな声を発せられた。このように四面会議システムは、年齢に関係なく、人々の心を熱くし、実践に導くシステムである。

10年後の２００７年、早瀬集落では歴代の会長や役員が集まって、四面会議図に記録した計画がどの程度実現できたか確認したところ、80%達成していた。

聖徳太子は一度に何人もの意見を聞くことができると言われる。そんなことが凡人にできるものかと諦めていないか。実は工夫次第でできる。予断を許さぬ絶体絶命の中で地域づくりに取り組んできた。その時、頼りになるのは参加者の知恵と実行力である。年齢や立場を越え、我が事として取り組んだ計画づくりは、集落の起死回生策となった。四面会議システムは年齢に関係なく、その気になる企画法である。

ところで、四面会議システムを考案した背景がある。智頭町は長い間林業を主産業とした町である。山林はごく少数の者が所有し、山林地主を中心とした社会が成り立ってきた。個人のつながりよりも家のつながりが強く、その関係は戦後社会まで続いた。山林地主がＮＯというか、ＹＥＳというかによって集落は常に左右された。故に単なる村の寄合で事業計画を作っても、集落は動かない。それらの規範は地域づくりにおいてもかなり影響していた。つまり、個人の意見が希薄である。昨夜、議論をして決めたことであっても、翌日には反故になる。そんな風土を切り替える突破型の集団企画法である。

明治維新から１５０年経つが、本質的に日本の地域社会は縦社会である。地域社会に有りがちな「みんなで渡れば……」という村規範を逆手に取った企画法で、集団を総意の方向に向けることを企図した四面会議システムである。言ってみれば、個人の発想やアイデアを意図的に抜き出し、より明確に意識化する方法である。長年壁となった地域の閉鎖性や排他性を突破するために、企画から実行までのプロセスを共有し、地域社会をデザインする企画システムである。

資料２　杉トピア（杉源境）ちづ構想「理念と戦略」（１９９５年７月）

智頭町智軸づくりプロジェクト報告書から

《町のこうありたいという姿を、より鮮明に描き出すという目的から設定したのが、三つの杉トピア（杉源境）理念です。その考え方の特徴は、【問題把握→課題設定→方針・方策設定】という計画の流れにおいて、これまでの行政の担当課単位の施策対応という整理の枠組みをいったんはずして、一歩突っ込んだ問題把握を行っている点です。すなわち、求められているものの全体像に近づくためには何が不足し、何が必要なのか―を出発点において計画を展開しているということです。たとえば、総合計画では、森林に関して言えば「治山」「林業振興」「生涯スポーツ・レクリエーションの推進」「文化交流による地域の活性化」等の森林に関する施策を統括した場合、どのような森林の在り方が提示されているのかは見えにくいものになっています。

杉トピアの構想の中では、町の将来像の一つのキーワードに『森林・自然』を挙げ、『フォレスト・ステージ』という考え方で、その在り方を一つに集約しています。戦略としての『森林ルネサンス運動』は、森林にかかわる多数の問題に対して、これまでの施策対応の考え方を統合したより広い概念であり、智頭町にこれまでなかった方針提案も含めて、その一つの方向を示しています。

マイステージづくりは、住民一人一人の活性化を図り、智頭に住む自分が住みがい、生きがいを感じられるまちをつくっていくことをめざしています。これは、従来の計画・事業における「住民参加」の考え方や手法を大きく転換させる試みであるといえます。住民の立場から、身の回りの環境にまず目を向け、地区・小集落単位で地域の将来像を描くことによって、計画立案の技術と実践能力を住民が身につけること、そして、この集落単位の活性化プランをボトムアップして町レベルの山村振興計画にまとめ上げることで、実質的に日本0分の1の村づくりの緒につくことをめざしています。この日本0分の1（1／0）という言葉には2つの意味がこめられています。第一は、数学上0を1で割ることは許されませんが、0に限りなく近い数では割れる、といったコロンブスの卵的な発想の転換が村づくり、まちづくりには必要であることです。一つの行動目標を達成するためには、何も取り組まない0の状態からは何も生まれず、何も変わりません。が、ほんのわずかなことからでも取り組めば、最終的に到達したい1つ（＝1）の目標に何分の1かは近づいたことになります。0に限りなく近い数、例えば0・0001（1万分の1）をまちづくりを担うマンパワーと考えれば1万個の、0・001（千分の1）ならば1000個のパワーが集まれば、1つの目標は成就できることになるのです。10，000は智頭町の総人口に、1000は智頭町の小・中学生総数に匹敵します。

第二の理由は、「日本一」を標榜するということは、無（0）から有（1）へ転換させる、または不可能を可能にすることに意義を見出す独自のプロセスを経て獲得できるものであるととらえているからです。0を1へ変化させる過程は、お手本のない創造のプロセスであり、そのリスクは計りようがありません。1をさらに大きく育てる過程は、先駆者のシステムを引き継ぎリスクを回避しながら、技術の高度化、効率性の向上など、より洗練されたものにしていく努力と工夫のプロセスであるといえます。「日本一」には、0を1に変化させる独自のプロセスを経て獲得する元祖的な不動の「日本一」と、より成熟したプロセスを経て獲得する質・量によって変動する「日本一」があるといえるのではないでしょうか。

智頭町の日本0分の1の村づくり運動は、他町村に手本を求めるのではなく、現在の智頭を原点（＝0）として、どのような姿が望ましいのかその到達目標（＝1）を自らが設定し、達成するために皆で知恵や力を出し合って、独自性を誇りとする「日本一」をめざすものです。

ユア・ステージづくりは、日本0分の1の村づくり運動を進めるなかで、小集落、地区単位、さらに、町全体の情報交流の風通しをよくすると同時に、地域にとどまらず広く地域外に交流を広げて、智頭町、日本、地球における自己や町のあり方を認識できることをめざしています。

フォレスト・ステージづくりは、智頭の地域資源である森林の抱える問題に対処していく上で、森林を一つの切り口として、森林―河川―海―大気といったあるべき環境の循環システム全体を視野に入れながら、私たちをとりまく自然環境問題に幅広く取り組んでいくことをめざしています。

具体的には、この環境の循環システムを維持できる産業、経済面における基盤づくりを組織的に行うことをめざしています。》

第4章

資料1 「集落版ゼロイチ運動」企画書（1996年策定）

1 趣旨

智頭町の高齢化率は、29・1％と加速度的に高齢化は進展している。また、広域合併という新たな課題が提起されているところである。智頭町を地域経営の視点で鳥瞰的に捉えてみると、智頭急行の開業、鳥姫線の高規格化など、外との交通アクセスは鳥取県の他の町村と比較してみても、条件は整備されつつある。しかし、外とのアクセスが整備されているということは反面、容易に地域外の力に影響されるということでもある。何ら魅力を持たない町は単に通りすがりの町となり、ずるずると外の力に引き寄せられ、求心力を失ってしまう。

その町がマチとしての機能を持ち、誇り高い自治を確立することによって、21世紀において、「智頭町」を確固たる位置付けとなすこともできよう。そのための小さな大戦略は集落の自治を高めることにある。智頭町「日本１／０村おこし運動」の展開によって、地域を丸ごと再評価し、自らの一歩で外との交流や絆の再構築を図り、心豊かで誇り高い智頭町を創造できるものと考える。

１／０村おこしとしたのは、日本一への挑戦は際限がない競争の原理であるが、０から1、つまり、無から有への一歩のプロセスこそ、建国の村おこしの精神であり、この地に共に住み、共に生き、人生を共に育んでいく価値を問う運動である。つまり、この運動は、智頭町内の各集落がそれぞれ持つ特色を一つだけ掘り起し、外の社会に問うことによって、村の誇り（宝）づくりを行う運動である。

2　この運動の柱

(1) 村の誇り（宝）の創造～村の特色を一つだけ掘り起し誇りある村づくりを行う。
(2) 住民自治～自分たちが主役となって、自らの一歩によって村をおこす。
(3) 計画の作成～ある程度長期的視点で村の行く末を考え、村の未来計画を立てる。そして、その村なりの特色ある事業を計画し、実行する。
(4) 国内外交流～村の誇りをつくるためには、意図的に外の社会との交流を行う。
(5) 地域経営～生活や地域文化の再評価を行い、村に付加価値を付ける。

３　各振興協議会のメリット

⑴　智頭町の認定法人～智頭町役場と村おこし事業の窓口を務める。
⑵　活動経費の支援～活動の二年間は地区１００万円、集落50万円のソフト事業費（運営費）を助成する。
⑶　リーダーの民主的選出～住民の総意によって3年間の任期でリーダーを選出する。
⑷　村おこしのための運営団体の組成～各種団体等を包含した組織とする。
⑸　アドバイザーの派遣～村おこしのためのアドバイザーと町職員を派遣する。
⑹　各種情報の提供～智頭町役場は各振興協議会との交流やまちづくりのための情報を提供する。

資料2　集落振興協議会規約（案）

（目的）
第１条
私たちは、自らの一歩により汗をかき、知恵を出し、力を合わせて、村の誇り（宝）づくりを行うため本協議会を設立する。
（基本方針）
第２条
運営の基本方針は次のとおりとする。
1．村の誇り（宝）を創造する。（村の誇り（宝）づくり）

２．住民自らの一歩による村づくと絆づくりを行う。（住民自治）
３．村の将来を見据えた計画をつくる。（計画策定）
４．外の社会（海外や都市）との交流を図る。（国内外交流）
５．村の生活・地域文化の再評価を行い、付加価値を図る。（地域経営）
（事務所）
第３条
会長宅とする。
（構成員）
第４条
○○集落の全住民とする。
（責任）
第５条
村おこし運動は、自らの責任においてボランティアで活動を行う。
（役員）
第６条
次の役員を置く。
１．会長　　　　１名
２．副会長　　　若干名（区長・公民館長を入れる。）

3．事務局長　　1名
4．部会長　　3名
5．会計　　1名
6．監査　　2名

（任期）
第7条
役員の任期は3年とする。ただし、部会長についてあて職で任用した者は、それぞれの任期期間とする。

（役員の選出）
第8条
総会で選出する。

（役員の任務）
第9条
1．会長は本振興協議会の総括を行う。
2．副会長は会長を補佐し、それぞれの部会を担当する。
3．事務局長は企画立案に当たる。
4．部長は部会を総括する。
5．会計は予算決算を行う。
6．監査は会計の監査を行う。

（組織）
第10条
次の部会を置く。
1．総務計画部会～地域の計画を立てる。ただし、3年ごとに見直す。
2．交流促進部会～国内外との交流を進める。
3．村おこし部会～地域文化を再評価し活性化事業を行う。
（総会）

第11条
総会は年1回、4月から5月までの期間に開催し、事業計画、決算・予算の承認を得なければならない。

（役員会）

第12条
会議の開催は、会長が必要と認めた場合に部長以上で、第6条1～4により役員会を開く。なお、役員会は総会に次ぐ議決機関とする。

（役場との窓口）

第13条
智頭町と村おこし事業の窓口を務める。

（アドバイザーの受入れ）

第14条

智頭町が派遣する村おこしのためのアドバイザーを受け入れる。

（資金等）

第15条

運営資金については、会費・寄付・事業収益・補助金等をもってあてる。

ただし、全戸から会費として年５，０００円以上を徴収する。

（会計年度）

第16条

４月１日から翌年の３月31日までとする。

（その他）

第17条

本規約に定めのない項は、役員会で決定する。

（規約の施行）

第18条

この規約は平成　　年　　月　　日から施行する。

資料３　集落振興協議会運営要領

『よみがえるコミュニティ』P.88から抜粋。

集落協議会が開く会議は、役員会（部会長以上）・部会・全大会の三つとすること。

会議の招集は会長が行うこと。

会議の進行は、次のようにされること。
1．開会の辞（役員会と全体会では担当副会長、部会は部長）
2．あいさつ（役員会と全体会では会長、部会では担当副部会長）
3．事業内容説明（どの会議でも部長）
4．協議
5．決議
6．あいさつ（役員会と全体会では会長、部会では担当副会長）
7．閉会の辞（役員会と全体会では担当副会長、部会は部長）
会議開催の連絡や事業実施の広報（集落内放送を含む）は、役員会と全体会では事務局長と次長が、部会では部長が行うこと。

集落協議会全体の調整には担当副会長・事務局長・次長、部会の調整には担当副会長と部長が当たること。

年会費は前期（5月に3000円）と、後期（10月に2000円）に分けて徴収すること。

年会費の集金や配布物の配布には、月当番が当たること。

アドバイザーが必要なときは、会長が役場に要請すること。

資料4　集落振興協議会組織図

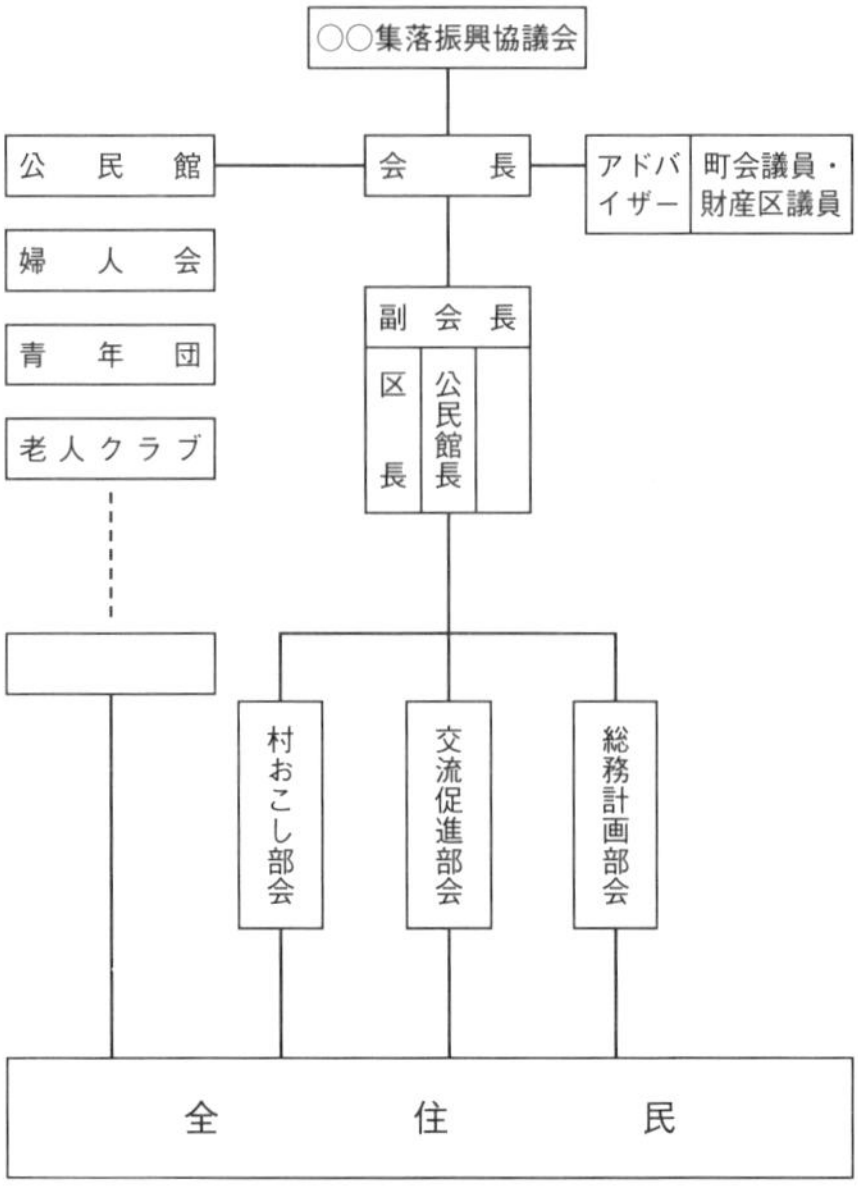

集落振興協議会組織図
『よみがえるコミュニティ』P.87より

資料5　地域プランナーの手引き（智頭町役場職員用）

①従来の集落の運営は、１人対全体の構図となっている。
１人はたまたま世話人（一年の持ち回り）になった人と、集落の全員である。

振興協議会は、役員はボランティアでその気のあるもので構成するので、協議会が引っ張って集落全体を前に向ける。

つまり、列車を仕立てて進んで行く。協議会が行き先の決まった機関車になって、全住民に行き先を認知してもらいながら展開する。
②従来、集落は一戸から一人役という考え方で、住民一人ひとりの能力やアイデアは問わなかった。
振興協議会は、知・徳ある者が舵を取り、住民一人ひとりの個性や特性を最大限に生かす。
③従来、集落の主導は主に高齢者が取っており、若者・女性の意見が十分に反映されていない。また、世代交代がスムーズに行われていない。
振興協議会の役員は、出来るだけ高齢者から若者へと移し、集落の人事登用ステップ（後継者育成）の機会とする。
④集落の運営方法は、向こう10年間、従来方式と振興協議会の二頭立てとする。
従来行われている集落の運営方式を、一気に振興協議会の運営に一体化しようとすると、却って心理的垣根が大きく「無理だ」という口実となり、従来の方法に逆戻りすることが予想される。二つの運営方法を

対比することによって、選択する機会をつくる。

⑤住民個人が他力本願でなく、自立するためにも一人ひとりの顔と名前が出る手法を取る。このことは「○○会に任せよう」ではいけない。「詠み人知らず」は禁物である。必ず希望を募り、例え手が挙がらなくても個人を指名し，会を指名しないで、個人の選択により実行する。互いが個人を尊重し、主体性ある自治意識を醸成する。

⑥集落には、公民館活動や○○会など既存の組織がある。これらの組織の活動を振興協議会は全てフォローする。将来、振興協議会が各組織の知的ヘッドとなる。

⑦交流というと大変な課題のように思われるが、村から出た人（就職した子どもたち）なり、村とかかわりを持つ人たちに地域の情報を提供し、盆・正月・祭りなどの機会をとらえ、身近で絆を深めることからスタートする。人的ネットワークづくりを行って意図的に世間を広げる。

⑧これまでの集落運営で、10年先を見越した村づくりを計画し実行することはなかった。いわゆる場当たり的な集落運営である。

振興協議会は、計画が命で建設的に仕掛けていく組織である。集落の「元気印」や「希望の星」となるテーマを探し、それに向かって取り組むシナリオづくり（集落内の企画集団の育成）を行うことが、振興協議会の目的である。

⑨古い体質や昔を背負っていては、集落は開かない。新しい発想や手法を取り入れるためには、振興協議会の各部会は若者で構成し、若者が企画したものに対して全住民が共に汗を流す。この方式が重要である。

⑩集落の中だけで目算も無くもがいても自立した村はできない。ゼロイチ運動によって村全体を回す梃とす

る。梃の原理の応用である。「やる気を出す」集落と、そうでない集落と格差が生まれる。これからの集落の運営では、機会は平等でも、結果は平等ではない。このことを肝に命じること。

資料６　「ゼロイチ運動」を企画して

智頭町の『日本・ゼロイチ村おこし運動活動記録集』（２００３年3月20日発行）に、著者がコメントを行っている。

《ゼロ分のイチ運動を、智頭町の社会システムとして作り上げた経緯について説明しますと、なぜ「日本」という名称をつけたのか、なぜ「１／０」と表現したのか、なぜ村づくり、まちづくりでなく、「村おこし」としたのか、やはり地域の住民自治を考えたとき、自らの一歩によって力を合わせ、地域を起していこうと住民が計画し、実行してまちづくりを行っていくことが大切だと考えたのです。

私は30年前オーストラリア、ニュージーランドに行きました。智頭町の若者を海外に派遣したいと考えるようになった最初のきっかけです。そして、１９８８年に2名の青年をスイスへ派遣したところ、山岳地のシャトー・デーでは行政と住民が一体となって地域づくりを計画しているという事実を知り、明日の地域づくりが見えた気がしました。そして、私自身も１９８９年に岡田先生と訪問し「住民自らが計画し、地域計画を実行する」というシステムを、智頭町で実現したいと考えたのです。

１９９６年、８年をかけて企画ができ、１９９７年からスタートしましたが、このシステムの中に取り入れたのは、単なるまちづくりの施策ではありません。当時、「地域経営」という概念は、智頭町はむろんのこと日本にもありませんでした。「住民自治」もしかり、行政自治しかなかったのです。私たちは地方分権の波がくることを予測し、いち早くこのような考え方を取り入れたのです。そしてそれが実行できるのは、智頭に生まれ、智頭に育ち、智頭に対する熱い思いをもった人々だけです。この地域のことをだれが考えられるのか、そこに住む自分たちでなければ考えられないのです。

地域を経営するという概念ですが、単にお金を儲けるというだけの話ではなく、フットワーク（世界中どこにでも出かけることができる）によって、ネットワーク（連携をとってつながることができる）し、そして、知的ネットワークを展開する町というイメージです。結局「ひともうけ」は「人もうけ」、人を得るプロセスが重要ということです。そしてそれは結果的に多大な社会コストを捻出していることと同義なのです。おそらく各集落とも年間で数千万円分の活動をしているのです。それこそが「自分の町を自分で経営する」ということです。日本の中でも智頭町が唯一、ゼロから一歩を踏み出し、寝ている村を、つまり地域を起こす。これこそが智頭町「日本・ゼロ分のイチ村おこし運動」に込めた意味です。》

資料7　集落版ゼロイチ運動施策状況

■集落版ゼロイチ

集落名	事業導入年度	事業内容
市瀬	一九九七年（平成九年）	交流情報　納涼祭 住民自治　ごみ集積場を集落独自に作成 地域経営　しめなわ、柿の葉寿司、こんにゃくなど
早瀬	一九九七年（平成九年）	交流情報　視察交流、敬老会、情報誌・たより発行 住民自治　東屋五棟、葬儀見直し、除雪隊、自治会運営 地域経営　味噌の製造、イベント出店など
新田	一九九七年（平成九年）	交流情報　大阪いずみ市民生協との交流 住民自治　共有林の管理 地域経営　喫茶・ロッジの運営、日本発集落型ＮＰＯ取得
白坪	一九九七年（平成九年）	交流情報　イベント出店によるＰＲ 住民自治　耕作放棄地でのオミナエシや大豆の栽培 地域経営　味噌・キュウリの酒粕漬け
中田	一九九七年（平成九年）	交流情報　夏まつり 住民自治　そば作り 地域経営　蛇の輪の復元（伝説）、そば、牛串焼き

本折	一九九七年（平成九年）	交流情報	花見会、雪まつり
		住民自治	安全パトロール、防火
		地域経営	ミニ傘作り、ミニわらじ作りの技術習得
波多	一九九七年（平成九年）	交流情報	集落大運動会
		住民自治	集落内道路あじさい植樹
		地域経営	ギボウシの栽培・加工
五月田	一九九八年（平成一〇年）	交流情報	考え地蔵祭り
		住民自治	集落内整備
		地域経営	加工施設建設と運営、餅づくりなど
中原	一九九八年（平成一〇年）	交流情報	親水公園の開放、観音堂のお祭り
		住民自治	横瀬の谷の整備、除雪
		地域経営	ログハウス運営、そばの栽培と出店
上町	一九九九年（平成一一年）	交流情報	石谷家住宅夏祭り
		住民自治	高校生と町民ふれあい広場づくり
		地域経営	智頭宿雪祭り
芦津	二〇〇〇年（平成一二年）	交流情報	子ども麒麟獅子舞を中心にした文化交流
		住民自治	きれいな環境で住み良い村づくり
		地域経営	酒米、そば
岩神	二〇〇〇年（平成一二年）	交流情報	休耕田を町民農園として開放
		住民自治	河川・道路沿いの花づくり
		地域経営	部落有林の活用調査、岩神城跡整備

奥西	二〇〇〇年（平成一二年）	交流情報　那岐山ふれあい大会、いざなぎ市場 住民自治　伝統交流の継承と文化財保護 地域経営　ヤーコンの栽培加工など
中島	二〇〇一年（平成一三年）	交流情報　納涼祭、年越しそばづくり 住民自治　樅《もみ》尾《お》城への遊歩道整備 地域経営　農産物、木材などの加工施設牽制運営
浅見	二〇〇二年（平成一四年）	交流情報　魚のつかみ取り 住民自治　あさみふれあい広場整備（トイレ、ログハウス） 地域経営　浅見谷の蛍

（一五集落）

（『創発的営み』P.205－207から転載）

第5章

資料1　「地区版ゼロイチ運動」企画書（2007年策定）

1　運動の趣旨・目的（智頭町のスタンス）

ゼロイチ運動がスタートして10年が経過し、実施集落においては都市との交流や特産品の開発といった自主的・主体的な取り組みが芽生えるなど、新たな住民自治システムが根付きつつある。しかしながら、「地域」においては、過疎化・高齢化が依然として進行するなど地域活力の低下が懸念されており、今後、この運動をいかに継承・発展させていくかが喫緊《きっきん》の課題となっている。

一方、「行政」においては、人口の減少や地域経済の低迷などから税収の確保が困難となっている中で、少子・高齢化社会の到来や多額の借入金の返済等により厳しい財政運営を強いられている。このため、行財政改革による経費の削減や人員削減等から、行政サービス水準の低下が懸念される。

そこで、集落単位で育んできた草の根の住民自治を地区レベルにまで拡大するボトムアップの運動を基本としながら、地区単位のゼロイチ運動を推進することとし、地区と行政が互いに協働・補完しながら地域課題の解決を図りつつ智頭町独自の地域づくりを目指すものである。

2 運動の意義（次代の要請）

戦後、我が国は物資的豊かさや便利さを追求し、国土の姿を一変させた。また、科学技術は経済と結びつき、われわれの物質的環境のみならず、社会のあり方や個々人の人生のあり方（例えば、長寿）までをも激変させた。そのプロセスは向こうに見える地平線を目標にひた走る、そして、その地平線に到達すれば、また、……。そうやって、われわれは欧米と比べてそれほど遜色のない『豊かな社会』を手にした。しかし、「地平線ゲーム」は永遠には続かない。すべての運動はあるところを越えると、自らの運動の結果とし自己崩壊する。地平線ゲームも他の運動に取って変わられつつある。

その他の運動とは、「昔帰り」である。戦後まもなくまで、あるいは、戦前の姿への昔帰りである。しかし、時計（歴史）は逆戻りはしない。したがって現在の昔帰りは一つの偉大な創造、つまり、「創造的昔帰り」としてしか成り立たない。地区振興協議会は一見旧村への昔帰りに見えながら、実は『偉大な創造』である。旧村では想像もできなかったような徹底したボトムアップ（住民による自治）の地区づくりである。この壮大な、かつ、他に類例のない「創造的昔帰り」は、この10年にわたって智頭町が住民とともに展開してきたゼロイチ運動があったればこそ可能となった。この点が全国各地で始まろうとしている地区の振興のための施策とは一線を画するものである。

3 事業概要

⑴ 実施内容：地区（小学校区）単位で、ゼロイチ運動を推進する住民組織として「地区振興協議会」を設置し、自らが描いた「地区活性化計画」に基づき行政と協働しながら住民自治や地域経営力向上に資す

る事業を幅広く戦略的に実施する。
(2) 実施主体：地区振興協議会
(3) 助成期間：10ヶ年（初年度に「地区活性化計画」を策定・認定する。）
なお、計画は3年ごとに見直しを行う

4　地区振興協議会の認定要件

(1) 集落の合意：地区振興協議会の設立趣意書に全集落の代表者（部落世話人、財産区議員等）が署名を行う。
(2) 規約の作成：目的、基本方針、役員などを規定した規約を作成し、設立準備会の承認を受ける。
(3) 地区負担金：地区負担金を負担することについての合意を図る。（負担額については地区の自主性に委ねる）

5　町としての協働作業

(1) 地区振興協議会において、副会長として智頭町役場の課長相当職員が参画することとし、地区と行政が協働して事業を検討・実施出来る体制をつくる。
↓地区の重要課題は町の幹部会で議論し、必要に応じて庁内プロジェクトチームを組織する。
(2) 地区の住民と問題解決に取り組む姿勢を有する外部の有識者等を積極的に派遣できる体制をつくる。
(3) 共通する地域課題については、町内の他の地区振興協議会とも連携しながら解決を図るものとする。

６　財政支援

⑴　町は、地区振興協議会に対する財政支援として、事業実施の1年目と2年目については各１００万円を、3年目から10年目については各50万円を限度として交付金を交付する。
↓地域の特色を活かしたソフト事業に対して交付する。
なお、本助成金の使途は主に次のものとする。（計画策定、自らの事業実施、研修、調査、講師謝金、賃金等）

⑵　その他、臨時的な大規模イベントや施設整備等については、国（農山漁村活性化プロジェクト交付金等）や県の補助事業等を有効に活用するよう努める。

７　その他

⑴　「地区活性化計画」は町のＨＰ等で広く公表する。

⑵　事業実施期間中、毎年、ゼロイチ運動成果発表会で活動状況を報告する。

⑶　一旦協議会を承認したものであっても、毎年の活動内容や組織の実態によっては、承認を取り消す場合もある。

資料2　地区振興協議会規約（案）

（目的）
第1条
本協議会は、これからの地域社会の将来を見据え、地域内外の人財ネットワークを最大限に発揮し、持続可能な社会を実現するため、「ゼロに帰するか、イチを守るか」地域の生き残りを賭けて、英知を結集し、地域の特質を活かした行動計画を策定し、地区づくりのための運動を展開することを目的に設立する。

（基本方針）
第2条
運営の基本方針は次のとおりとする。
1．地区の将来を見越した計画をつくる。（計画の策定）
2．地区経営ビジネスモデルをつくる。（地産地消の実現）
3．地域資源として人財バンクをつくる。（地域内外とのネットワーク）
4．地区統治モデルをつくる。（旧村の自治復興）

（事務所）
第3条
〇〇〇〇（公共施設）とする。

（構成員）
第４条
〇〇地区の全住民とする。
ただし、地区財産区議員、部落世話人、各種団体長（地区を単位とする団体）・各集落振興協議会長・村おこし志士（ボランティア）によって構成する。
（責任）
第５条
村おこし運動は、自らの責任によってボランティアで活動を行う。
（役員）
第６条
次の役員を置く。
1．会長　1名
2．副会長　若干名（財産区議長、公民館長、町職員を入れる）
3．理事　若干名
4．事務局長　1名
5．会計　1名
6．監査　2名
（任期）

第７条
役員の任期は３年とする。ただし、あて職で任用した者は、それぞれの任期期間とする。

（役員の選出）
第８条
総会で選出する。

（役員の任務）
第９条
1．会長は本振興協議会の総括を行う。
2．副会長は会長を補佐し会務に当たる。
3．理事は会務を執行する。
4．事務局長は企画立案に当たる。
5．会計は予算決算を行う。
6．監査は会計の監査を行う。

（組織）
第10条
本振興協議会の組織は、役員会と全体会議と総会とする。

（総会）
第11条

総会は年１回、４月から５月までの期間に開催し、事業計画、決算・予算の承認を得なければならない。

総会の開催は、全集落に周知すると共に、協議会構成員には開催の２週間前までに個別に通知する。

（会議）

第12条
役員会の開催は、会長が必要と認めた場合に第６条１～５の構成により役員会を開く。なお、役員会は総会に次ぐ議決機関とする。

全体会議の開催は年４回程度開催し、事業の推進計画や協力要請を行うものとする。

（役場との窓口）

第13条
役場との窓口は、構成員の中の町職員である副会長がこれを務める。

（アドバイザーの受入れ）

第14条
智頭町が派遣する村おこしのためのアドバイザーを受け入れる。

（資金等）

第15条
運営資金については、会費・寄付・事業収益・補助金等をもってあてる。

（会計年度）

第16条

4月1日から翌年の3月31日までとする。
（その他）
第17条
本規約に定めのない項は、役員会で決定する。
（規約の施行）
第18条
この規約は平成　　年　　月　　日から施行する。

資料3　論文：町議会が単独議案を決議

2002年から2004年の間、平成の町村合併に智頭町はゆれた。両陣営が発行したチラシは128枚に上る。私はチラシを保存して、杉万先生を通じ、奈良女子大学の東村知子先生（現：京都教育大学准教授）に分析をしてもらった。杉万先生からは智頭町をまったく知らない研究者にあえて依頼したとあった。智頭町の歴史の1ページとして抜粋して掲載する。（著者）

論文：アクションリサーチにおける質的心理学の方法によるセンスメーキング—町村合併で翻弄された過疎地域活性化運動の再定位—（2006年）東村知子　奈良女子大学
Japanese Psychological Review 2006. Vol.49, No.3, 530-545

《1．問題と目的

本研究は、アクションリサーチの過程で生じた「混乱」(puzzle) について、質的心理学の方法を援用し、「いったい、あれは何だったのか」を捉えようとする試みである。その混乱は、ある過疎の町の合併・単独をめぐって、住民を文字通り二分した。単独を支持する町長と町議会のもとでの3度にわたる住民投票では、いずれも僅差で合併派が勝利した。にもかかわらず、誰も予想しなかった議会の「反乱」によって合併は流れ、町は単独の道を歩むことになった。その間約3年の混乱は、果たして何だったのか。町全体を巻き込んだ議論、合併派・単独派の激しい攻防戦は、結局何だったのか。住民も研究者も、いまだに納得のいく説明をすることができない。》

《3．チラシの言説分析　(2)時期の区分と論争の経過

主な出来事と、それに伴うチラシの内容の変遷をもとに、全体を5つの時期（ラウンド）に区分した。初めに、それぞれについて概略を述べておく。

第1ラウンド：八頭郡構想が崩壊し、合併派「生かす会」がチラシの配布を開始してから、合併協議会設置を求める署名（50分の1）を提出するまで。合併協議会設置を求める「生かす会」と、単独決定の正当性を訴える「語る会」の一騎打ちとなり、チラシ数もそれぞれ6枚、9枚とほぼ互角であった。

第2ラウンド：必要数の7倍以上の署名（1，135名分）が提出されたが、議会が合併協議会設置を否決したため、「生かす会」が再び、住民投票の実施を求める署名運動（6分の1）を行い、提出するまで。合併派「生かす会」と、単独派「明日の智頭を創る会」（「語る会」より名称変更）「智頭町の自立を

目指す議員の会」との間で、合併や協議会に関する情報提供合戦が行われた。
第3ラウンド：再び必要数を大きく上回る署名が提出され、合併協議会設置の賛否を問う住民投票が実施されるまで。住民投票で勝つための攻防が展開される。合併派「生かす会」のチラシの数が19枚と多く、単独派「創る会」「議員の会」をあわせてもその半分程度であった。上記の3グループ以外に、多様な人々（議員、職員労働組合、住民個人）の参戦が始まる。
第4ラウンド：住民投票で、合併協議会設置「賛成」が「反対」をわずか107票上回る（得票数3，134対3，027、投票率82％）。合併協議会への参加を実現した合併派「生かす会」は、自信をつけていっそう多くのチラシ（25枚）を発行する一方、単独派「創る会」は活動を停止し、代わって「智頭を愛する会」（以下「愛する会」）が登場する。合併派・単独派双方の議員や個人によるチラシも増加する。合併の是非を問う住民投票（法的な拘束力はない）の実施が決まり、それに向けて論争が繰り広げられる。
第5ラウンド：合併の是非を問う住民投票で、「合併する」が「合併しない」を190票上回る（3，143対2，953、投票率80％）。この敗北を受けて、寺谷町長は辞職する。鳥取市東部10市町村合併協定調印式が行われ、助役が出席して調印を済ませたにもかかわらず、町議会は合併関連議案を2度否決する。そのため、合併派住民グループは議会を痛烈に非難する。町長選挙および議員補欠選挙が行われ、合併派の織田氏が町長に当選するが、議会は依然として単独派が多数を占め、再び合併関連議案を否決する。町長選後、合併派「生かす会」は1枚のチラシを発行して活動停止を宣言する。》

《5．考察 ⑵方法論と今後の展望
（前略）本研究で行った合併問題の捉え直し（センスメーキング）が、智頭町の活性化運動、特にT氏らの今後のまちづくりの取り組み（デシジョンメーキング）にどう生かされるか（生かしうるか）が、本研究の本当の意義を決めるとともに、智頭町のアクションリサーチにおける今後の課題となる。ただし、センスメーキングに唯一の正しい答えはなく、それゆえ、一度きりで終わるものではない。また、ここで得られた意味は、あくまで３名の当事者と筆者という小さな集合体による産物である。したがって、まずは本研究の結果をもとに、合併問題に関わったより多くの住民と対話を行い、新たな意味を生み出していくことが求められる。それは、「自伝（autobiography）」（Bruner, 1990）を書くプロセスになぞらえることができるかもしれない。町の人々がチラシ（およびその言説の分析結果）を眺めながら、あらためて合併問題について語り合うことは、われわれが家族や友人とアルバムをみながら思い出話をすることに通じる。そこで生み出される語りは、一種の自伝――智頭町という集合体の自伝――といえるだろう。その自伝は、町の将来へ向けた住民のこれからの意思決定と行動にとって、重要な支えとなるのではないか。》

２００４年に単独案が決議されて約16年が経つ。近隣の合併した町村は、過疎化が進み予想もしなかったような状況になっている。当時の状況を、「住民も研究者も納得のいく説明をすることができない」とあるが、地域を生体としてみたとき、心臓（主体）を取って、果たして生きられるかと考えた。つまり、智頭町では住民自治によるゼロイチ運動の理念が、ＣＣＰＴから役場へ、役場から住民へ、住民から議会へと伝搬し、単独案を決議させたと言える。

資料4　地区版ゼロイチ運動実施状況

■地区版ゼロイチ

地区名	事業導入年度	事業内容	
山形地区	二〇〇八年（平成二〇年）	交流情報	林業の展示／体験、木育プロジェクト、山人塾による人材育成
		住民自治	「福祉」認知症○地区宣言、森のミニディ
		地域経営	小学校校舎の価値と誇りづくり。「共育」智頭
山郷地区	二〇〇八年（平成二〇年）	交流情報	新山郷村テント市、地産地消料理教室
		住民自治	「新山郷村の創造」、福祉の拠点づくり、雇用創出、宿泊・研修の活用、テナント企業誘致
		地域経営	交流施設「R373やまさと」の利活用
那岐地区	二〇一一年（平成二三年）	交流情報	婚活イベント「本気の婚活！」
		住民自治	那岐駅舎森のミニディ、防災マップ作成
		地域経営	子ども農業体験イベント、地元農産物販路開拓
富沢地区	二〇一二年（平成二四年）	交流情報	ひなたぼっこ（交流サロン）、とみざ輪夏祭り
		住民自治	篭山《かごやま》トレッキング
		地域経営	キクラゲ栽培・販路開拓
土師地区	二〇一二年（平成二四年）	交流情報	農産物出店販売（大阪摂津市農業祭）
		住民自治	土師器などの陶芸復活（陶芸教室・作品展示）
		地域経営	枕田遺跡常設展示場運営

（五地区）

（『創発的営み』P.208から転載）

第６章

資料１　智頭町百人委員会開催状況（智頭町ホームページから）

《【取組に至る背景・目的】

これまで智頭町の草の根・住民自治として集落ゼロイチ運動から地区ゼロイチ運動へとシフトし、地区振興協議会の活動が軌道に乗り活発になってきた。その一方でこの活動が順調に進むにつれて、従来の地縁型による住民自治組織では解決できない課題が浮き彫りになってきた。教育・健康問題や観光・産業振興といった課題は地縁型住民自治組織での解決は難しいことから、従来の地縁型としての政策ではなく、住民自ら町の課題・問題を解決していくテーマ型としての住民自治組織が必要である。智頭町の自立度を高めて、活力ある地域づくりを進めていくためには、町政へ住民の声を反映していくことが必要であることから組織されたのが百人委員会である。

【取組の具体的内容】

大きな特徴として、委員会は単にアイデアを出すだけではなく、予算案も含めて企画提案し、優れた企画に対しては町が事業化することとしており、各部会から提案された企画について、毎年12月に公開の場で町長等執行部と予算折衝を行っている。

〈部会名〉商工・観光部会、生活環境部会、健康部会、林業部会、特産農業部会、獣害対策部会、教育・文

化部会

【施策の開始前に想定した効果、数値目標など】

⑴住民主体による誇りの持てるまちづくり、活力ある地域づくりの実現。

⑵智頭町ならではの住民自治の実践。

【現在までの実績・成果】

これまでに「森のようちえん」、「木の宿場プロジェクト」といった智頭町を代表する事業が誕生している。

⑴森のようちえん

智頭町の森をフィールドに活動する屋外保育スタイルで、本町の豊かな自然環境を育ちの場として、子供の自主性を尊重する徹底した見守り保育を実践している。現在は「子育ての場」としてのイメージが大きくアップし、広く町外・県外にまで認知が広がっている。結果としてこの取り組みが多くの子育て世代の方々に認められ、移住人口の増加につながり、本町の魅力発信と活性化に大きく寄与している。

⑵木の宿場プロジェクト

かつては「杉のまち」として名を馳せた智頭町の林業を再生させるため、本町の山を『宝の山』と位置付け、間伐促進による林業再生並びに商店街の活性化に向け、山側から商店街へエール（杉小判）を送り、智頭町全体の活性化につなげることを理念として生まれた取り組み。

放置材1トンあたり6，000円相当の地域通貨（杉小判）を出荷者に還元し、その地域通貨を利用して買い物をすることで商店街の活性化に貢献している。》

第７章

資料１　地域づくりステージ別分類

【第１ステージ（１９８４年～９３年）】

ＣＣＰＴ活動前期、「覚醒」「葛藤」期

①	１９８４年	杉板はがき考案&杉の写真たて製作
②	１９８７年	智頭杉遊便はがきコンテスト
③	１９８８年	智頭活性化プロジェクト集団（ＣＣＰＴ）設立
④	１９８８年	智頭杉日本の家設計コンテスト
⑤	１９８９年	杉の木村ログハウス群建築イベント
⑥	１９８９年	杉下村塾開講
⑦	１９８９年	スイス山岳地調査（笹川平和財団助成）
⑧	１９９３年	「かやの理論」講義（耕読会）

【第2ステージ（1994年～96年）】
CCPT活動後期、役場の「覚醒」「葛藤」期

⑨	1994年	親水公園連絡協議会
⑩	1994年	郵便局と役場のまちづくりプロジェクトチームスタート
⑪	1995年	グランドデザイン（智軸づくり）プロジェクトスタート
⑫	1995年	さわやかサービス職員訓練スタート
⑬	1995年	「はくと・はるか・関空」シンポジウム
⑭	1996年	ゼロイチ運動企画書　議会議決

【第3ステージ（1997年～2008年）】
CCPT活動不可視化期、役場、住民と住民の「覚醒」「葛藤」「攪拌」期

⑮	1997年	集落版ゼロイチ運動スタート
⑯	2002年 2004年 2004年	合併論争 寺谷町長辞職 智頭町議会　単独案を決議
⑰	2007年	地区版ゼロイチ運動　企画書策定、議決
⑱	2008年	地区版ゼロイチ運動スタート

【智頭オープン・ステージ（２００８年〜）】

ゼロイチ運動、行政提案システム、住民、移住者、若者、女性、役場、議会、「覚醒」

⑲	２００８年	百人委員会設置
⑳	２００９年	森のようちえん「まるたんぼう」開園
㉑	２０１０年	智頭町木の宿場プロジェクト（地域通貨、杉小判社会実験スタート）
㉒	２０１１年	智頭町疎開保険受付開始
㉓	２０１１年	森林セラピー体験開始
㉔	２０１１年	民泊受け入れスタート
㉕	２０１５年	田舎のパン屋さんタルマーリー開店
㉖	２０１５年	智頭ノ森ノ学ビ舎発足
㉗	２０１６年	山林バンク設立
㉘	２０１９年	内閣府「ＳＤＧｓ未来都市」認定
㉙	２０１９年	Ｗｅｂメディア「脈々―ちづのひと、ちづのくらし―」編集発信
㉚	２０２０年	智頭町長金児英夫氏就任
㉛	２０２０年	智頭町で「まちやど」構想スタート
㉜	２０２０年	智頭町人材派遣組合設立

III. 講義編

講義–1　「かやの理論」

講義–2　こころと意味・「かや」

講義―1

「かやの理論」

京都大学総合人間学部助教授　杉　万　俊　夫
1993年4月4日　杉の木村

耕読会の話題として二つほど考えてきました。一番目は、私自身の専門分野の紹介です。耳慣れない言葉ですが、「グループ・ダイナミックス」についてです。グループ・ダイナミックスとは平たく言えば集団論です。人間はいろんな集団の中に身を置いて生活しています。一番身近なところで、例えば自分と妻と二人の子供といった家族とか、あるいはこの会も一つの集団ですし、職場もそうです。そして、一つのコミュニティとか、もっと大きくなっていけば一つの組織と呼ばれる集団もあります。それから一つの国、サイズが大きいとか小さいとかありますが、いろんな集団の中に身を置いて生きているわけです。そのような集団というのは、一体どのような動きをするのだろうか、その中にいる人間はどういうことを考えたり、感じたり、行動したりするのだろうか。そういうことを科学の立場から研究をするのが、グループ・ダイナミックスという学問です。一口にグループ・ダイナミックスと言ってもいろんな研究者がいるわけですから、いろんな視点がありますが、今日は、私なりのグループ・ダイナミックスの視点をお話しします。

二番目はグループ・ダイナミックスの視点に基づいて、特に現代の私たちが生きている日本社会を分析し、今の日本が抱える問題を考えてみたいと思います。

1　かやの概念

1　自然体になるのは難しい

もうすぐ大好きなプロ野球が開幕します。私は関西に10年以上住んでいますが、阪神タイガースには全く興味がなくてセリーグ自体にも全然興味がありません。私は九州の博多っ子ですので昔は西鉄ライオンズの熱狂的ファンで、年間10数試合は必ず見ていました。その後は本当に寂しい歴史をたどり、太平洋クラブライオンズとクラウンライターライオンズを経て、ついに身売りをして西鉄ライオンズではなくなってしまったのです。ということで西鉄ライオンズのファンです。しかし、大阪から南海フォークスがダイエーフォークスとして、フランチャイズを博多に移した去年あたりから、ダイエーファンになってわくわくしながら開幕の日を待っています。

よくホームランを打つ人を評して自然体で打っているとか、楽にバッターボックスに入って打っているとか評します。しかし、私なりに考えてみますとこの自然体になるというのは非常に難しいことだと思います。特に最初に立派なお手本があってその後に続くものというのは、どうしても最初の立派なお手本というのがあまりにも輝くためについつい肩に力が入ってしまいます。早くあんなにならなくてはというわけで肩に力が入ってしまうようです。なかなか自然体にはなれないものです。これはグループ・ダイナミックスのみならずいわゆる文科系の学問の中で、サイエンス（科学）を目標にしている人文科学あるいは社会科学といわれる領域にもあてはまります。つまり、立派な先輩の自然科学というお手本があるために、どうしても自然体になれないで肩に力が入ってしまいます。早く、自然科学みたいにならなくてはという意欲だけは非常に貴重なことで、そういう気さえなくしてしまったら話にならないと思うのですが、逆に言うと、一面、非常に肩に力が入って不自然になってしまうのです。

例えば、心理学という学問があるのですが、これは字で書いてみると心の理《ことわり》を明らかにする学問です。心の学問という意味なのです。実際、心の学問を標榜する心理学は大体１００年から１５０年ぐらい前、１８００年代中頃に誕生しました。その頃はやはり人間の心、精神とはどんなふうになっているのだろうかと、一生懸命研究していたのです。ところが、人間の心というのはなかなか結論がでないというか、わかっていかない。理解が進まない。研究が進まない。そこである意味で方針転換をしたのです。そのような心、精神を直接研究していたのではいつまで経っても進歩がない。そこでそんなことは棚上げにしようということで、もっとも客観的に数字でデータがとれるようなものだけをやっていこうではないかと、こういうふうに心理学者が一つの方針転換をしたわけです。

どういうことをやりだしたかというと、人間、あるいはいろんな動物を使っていろんな刺激を与えるのです。例えば、ジュースの自動販売機がある。コインを入れる。しかし出てこない。そういうときにどうするかというと、私であれば蹴飛ばすわけです。体当たりを食らわす。そうするとポロっと出てくる。こういう体験をしますと二回目からはおっかないけれども、ちょっと、ドづいてみるかということになります。そういう現象は学習と呼ばれます。どういうような体験を組み合わせてやるとどのような学習をするのか。例えば、三回に一回ぐらいジュースが出てくれば学習するのだろうか、これが百回に一回だったらどうか、また、どのくらいのスピードで学習するのか、こういうことを研究しだしたのです。すると、もう心なんてどっかに行ってしまっている。とにかく、どのくらいの刺激を与えてどのような反応をするのかだけがすべてになって、心は吹っ飛んでしまっているのです。

そして、戦後の話になりますけれども、コンピューターが非常に進んできた。その影響で、それまで忘れてきた人間の心というものを、もう一回ちゃんとまな板の上に載せようではないかという機運が生まれてきたのです。ご承知のようにコンピューターは機械ですが、機械の中でプログラムが走っているわけです。それは、ファミコンにしたって何にしたってそうです。プログラムというのは、結局人間が書いているのです。書いてコンピューターの中に入れているわけです。そこで、人間を生理学的な機械とみなすならば、その中をいろんな、おそらく非常に複雑で膨大なプログラムが走っていると考えたわけです。では、そのプログラムを解読してみようと、こういう観点から新しい心理学が始まったのです。これは、ある意味で心を取り戻しつつあるわけです。ただ、どう見たってコンピューターのプログラムと、我々の頭の中、心の中が同じかというと、これはクエスチョンマークです。第一コンピューターは生きていないですから、生きていないと生きているとは、これは決定的な差があるわけです。しかし、それにしてもちょっと心を思い出しかけたのですが、心理学がもう一度150年前の初心に戻って、いわゆる自然体になって、「心」理学をやる時代がきたのではないか、来てほしいと、私自身はそういう希望を持っています。けれども、これまでの心理学についてお話ししましたように、自然体で研究するということは結構大変なのです。自然体になれるまでには時間がかかるのです。

2　集団を自然体でとらえる

同じようなことは、人間の集団についてもいえるのです。我々が素朴にあると感じている日常的な現象を、そのまま自然体で、科学のまな板にのせるということは、やはり、なかなかできなかったのです。集団論の場合、集団というのは個人の集まりであるという考え方があります。丁度、人間はいろんな神経細胞の集まりであるように、集団というのは、煎じ詰めれば個人の集まりです。では、ある個人が、別の人に対して、どういうふうに働きかけたのか。この人がこういったから、あるいは、この人が怒ったから、あの人はもう学校に来なくなった。個人Aと個人Bがいて、AとBにどういうふうに影響を及ぼしているのか、そういうような考え方です。そういうように、一つの集団を、個人にバラして考えるというのは、自然科学の十八番なのです。そういう意味で自然科学というお手本の影響があるのです。

ところが一方では、忘れていることがあるのです。例えば、この杉の木村に来たのは二回目です。最初に来た時を思い出すと、夜遅く到着して突如懇親会の会場に直行したのですけれども、何か今まで感じたことのないような雰囲気がある。ムードがあると、そう感じたのです。恐らく、今日耕読会に初めてお見えになった方は、職場でも感じられない、あるいは家庭にもない雰囲気があると感じられたのではないでしょうか。独特の空気のようなものがある。いろんな集団に行くとそこに独特のムード、雰囲気があるわけです。そういうものというのは、別にこの人、あの人、というように個々にバラそうなんてバラせないのです。この部屋の空気を何十等分かにできないのと一緒です。みんながその中に浸っているのです。新しく来た人はだんだん染まっていくわけです。浸っているのです。そういうような我々が集団について素朴に感じていること、これを自然科学の姿勢で、ちゃんと科学のまな板に載せていく。そして自然体で研究していくことが必要だろうと思うのです。

私が今からお話しするグループ・ダイナミックスの視点というのは、そういう意味で我々が日常生活の中で、普通に経験している集団の中に漂う雰囲気とか、それに類するものをちゃんとまな板に載せていくためには、どういうような視点をとったらいいかというお話です。

3 「かや」とは

そこで私は、やはり言葉がないといけないと思ったのですが、どうせなら日本の言葉が良い。そういうわけで「かや」という言葉を使っているのです。ただ、これも非常に難しくて、早速、大学の授業で話しますと、さすがに、みなさん難しい試験を突破して入ってきていますので、「かやの内外」とか、「かやの外におかれた」とか、そういう言葉は知っているのですが、では「かや」を見たことがあるかとなると、ないのです。蚊帳の中で寝た経験を持っている学生は、まず皆無です。考えてみますと、今の学部生というのは蚊取り線香も知らないのではないか、ベープしか知らないという世代ですから「蚊帳」なんか知らないわけです。そういうわけで古い言葉を選んでしまったという反省もあるのですが、この「かや」という言葉を使って、我々は、いろんな「かや」の中に包まれているのだと説明しています。

ある雰囲気、この杉の木村にある独特の雰囲気というのは「かや」なのです。「かや」に包まれているのです。また、いろんな家族には、やはりその家族ならではの雰囲気がある。例えば、この前、学生時代の友人が、関西勤務になったので、歓迎会を3、4人でやりました。私は幹事役を引き受けて電話をしたのです。ある友人のところに電話をしたとき、奥さんが出て、「実はかくかくしかじかで彼居ますか」と聞きますと、奥さんがこう呼んだのです。「宗幸さーん」「宗幸さーん」と呼んでいるのです。私は何かがっくりときました。彼の家との「かや」の違いを感じました。我が家ではもうそんな「かや」はどっかに吹っ飛んでしまっているのです。こういうように、どんな家族にも一つの「かや」がある。ある「かや」の下に生活しているのです。

4　職場の「かや」

「かや」という言葉を使って、どういうことを言わんとしているのか、少し例を挙げながら、お話をしてみたいと思います。いろんな職場にも、「かや」はあるのです。リーダーシップという概念がありますが、本質は単純であると考えます。この「かや」をつくれるか、自分が意図する「かや」をどうやって作っていくかという問題が、リーダーシップだと思います。場の「かや」を意図的に作っていく一つの技法として、日本の特に製造業関係でかなり普及しているのが、職場内小集団活動です。例えばQCサークル活動とか、ZD活動とか、あるいは鉄鋼関係では、自主管理活動とか、そういう名称で展開されています。

何をやっているかというと、そんなに難しいことはやっていないのです。要するに組織運営のやり方というのは、トップダウンであってトップが上の方で意思決定をする、判断をする。それを上位下達、下に向かって指令を発するのが伝統的な組織運営の在り方だったのですが、この職場内小集団活動というのは、いろんな職場で解決すべき、取り組んでいくべき問題を、まずその職場で実際に働いている人々に、見つけてもらう。やったらその結果も自分たちでチェックしてもらえばいいのではないか、その結果どうなって、次をどうするかという点も考えてもらう。これが職場内小集団活動です。これというのはグループ・ダイナミックスの一つの産物なのですけれども、こういうことの最初の発想はMADE IN USAなのです。それが戦後日本に輸入され、日本では非常に上手くいったのです。その辺の話はまた後でおいおい触れたいと思うのですが、実に滑稽なことに70年以降、特に日本が二回のオイルショックをしたたかに、しかも、成功裡に乗り切ったあたりから、アメリカ人、あるいはヨーロッパ人の日本に対する認識というのが大分変わってきて、それまでは、わけのわからない新興勢力かと〝ねたみ〟〝嫉妬〟されていましたが、そのころから、欧米の人たちも謙虚になって良いところを勉強しようということで、日本に来るようになりました。

彼らが学ぼうとした一つが今の職場内小集団活動です。丁度、日本の工業製品と同じ歴史をたどって、最初はアメリカ産で、それを日本が一生懸命勉強する。日本は見事に身に付けると、その後で、逆に今の自動車、あるいはコンピューター、半導体でもそうなっていますが、向こうに輸出されるという同じような運命を社会技術もたどったわけです。職場でいろんなことを考えてやっていくうちに、その職場で自分たちがこうやろうというようなことに、取り組んでいこうと「職場の規範」ができるのです。この集団では、こういうふうにやろう、こうやるべし、逆に、こういうことはやらない、やるべからずというように、一種のムード、雰囲気ができてきます。その集団規範は、やはり、一つの「かや」なのです。管理・監督者というのは、自分の意図する方向で集団規範をつくっていく、結局「かや」をつくっていくことが重要になります。また、職場レベルではなくて大きな組織を考えてみると、役所とか病院とか、大学でも学校でもそうですが、一つの組織の文化みたいなものを待っているのです。一つの組織が持っている風土、あるいは文化というのも「かや」です。

5　群集の「かや」と吸着誘導法

目を転じると、例えば、群集があります。群集になると、ほとんどお互いに議論もしない人が、何か一つ大きなことをやってしまう。丁度10年ぐらい前ですが、大阪で面白いことがありました。路上にトラックが止まっていた。そして、トラックにリンゴが山と積んであった。通りすがりの人たちがそれを盗って食べた。と、次に来た人たちもまた盗って食べだした。結局、そのトラックのリンゴはなくなってしまったのです。こういう時間の後、盗って食べた人にいろいろインタビューして、「どうして盗ったのですか」と聞いたら、別にお金がないわけではなく、何か盗らないとおかしいと思えたというのです。みんなそうなのです。どうしてそうなのか、これはやはり一つの「かや」としか言いようがないのです。改めて、群集とは何かと言いますと、最初はバラバラだった人たちが、ある「かや」をなしたときに、群集と呼ぶのです。

例を挙げてみると、丁度80年代に地震が何時来るかもしれない、関東大地震がもう一回起こるかしれないとか、東海地区は地震が起こるとか言われて、随分、防災面の研究費をたくさん出してくれた時期があって、その中で社会科学とか、我々のグループ・ダイナミックスの領域でも、何かやろうではないかということで取り組んだ研究があります。地震になると規模がドでかいですからなかなか難しい。一つ地震とまではいかなくても、例えばビル火災とか、地下鉄でガス爆発が起こった時に、大量の人間を逃がすことが必要になってきます。

では、そういう時どういうふうに避難したら良いのか、避難誘導法を私自身研究していた時期があったのです。どうせ研究するなら、商品価値が出るような研究をやろうというわけで、今までやられていた誘導法とは、全然違う誘導法を考案してみようとしたわけです。

今までどういうことをやっていたかというと、避難誘導は多くの人を逃がすわけですから、やっぱり目立たなくてはいけないと、高い所に立って大きな声と、大きなボディアクションでもって「あっちが出口だ」と叫ぶ。それが従来のいろんな時にやられていた誘導法です。また、消防局の人にいろいろとインタビューをしてみましたが、誘導法としてきちんと決まったマニュアルみたいなものはありませんでした。

その逆をやってみようというわけで、誘導者は全く目立たない。それから大きな声でたくさんの人に働きかけるとか、あるいは大きなボディアクションなどはしない。さらに、「あっち」という方向を示すこともやめる。そういうことを全部しない誘導法をやってみようと思ったのです。

では何をやるかというと、例えば地下鉄の場合ですと、誘導法は大体お店の店員さんが誘導するのですが、店員さんは、もちろん最初はシャッターを諦めるわけです。電気を消してシャッターを閉めて路上に出る。路上に出たら自分の前に居た人、一人だけにぼそぼそと「一緒に逃げてください」と、ささやきかけるのです。そして、その人の手を取るなり、あるいは肩を押しながら逃げる。こういう方法なのです。ボディアクションとかそういうことはやらないのです。

実際、地下街で大掛かりな実験をやってみました。どっちがベターだとかそういう仮説を立てず、正直言って仮説は持っていなかったのですが、やってみると後者の方が早いのです。圧倒的に早く逃げ出せた。そこで、これはやっぱり名前をつけなくてはいかんということで、今までの大声で出口の方を指示するというのを、「指差《ゆび》し」を音読みして「指差《しさ》誘導法」と、もう一つは、誘導者が自分の方に一人だけ引き付けて、吸着して逃げるので「吸着誘導法」ということにしました。

たまたまそのころ、外国人とワークショップ（研究会）をやっていたので、英語の名前も付けようということになって、私は相談して「まず、吸着誘導法の英語を教えてください」というと、「それは、杉万さん、フォローミーというのが良い」というのです。フォローミーにちょっと難色を示したのです。当時、丁度「フォローミー」というラブストーリーの映画をやっていまして、それと一緒とはと思ったのです。しかし、考えてみますと「フォローミー」なのです。もう一つの指差しは、フォローディレクション、ディレクションというのは指示です。フォローディレクション・メソッドという英語表現にしました。

この「指差誘導法」と「吸着誘導法」で、吸着誘導法がなぜ早いかという理由を、実験全体を撮影したビデオを使って分析しました。店員に「フォローミー」と働きかけられた人が、それに気づく、すると即座にこれにもう一人、ないし二人の人が気づくのです。この「力」です。まさにインスタント、即時的な小集団ができるのです。そして、これが「核」になるのです。この核が動き出す。こういうメカニズムで店員が何人かいると、その店員の数だけ小集団をつくることができます。このようないくつかの小集団が合流する形で、一つの大きな群集流ができるのです。これは一人の人間が壇上に上って叫ぶよりも効果があるのです。このような群集流も「かや」です。「かや」は、一人ひとりの人間にバラして考えることはできないのです。まさに川の流れです。川の流れを水の分子に分解してみても始まらないのです。これが「かや」です。

6　コミュニティ・国の「かや」

それから更に大きな集団、例えば一つのコミュニティにもやはり「かや」があるのです。それから一つの国です。国にも「かや」がたくさんあると思うのです。例えば不思議だと思うのは、今、政治改革が声高に叫ばれていますが、考えてみますと、数年前の海部政権の時と同じ法案が提出されているのです。ただ、バックアップする世論が、今と数年前では全然違っているのです。これは何だろう。やはり、世論というのは日本全体を囲む「かや」だと思うのです。おそらく、一つの国がそういうふうな政治的な改革を成すとき、あるいは不幸にして戦争に突き進むというのは、その国全体に一つの「かや」が出来上がっているのだろうと思うのです。

今までスケールの小さなところから大きなところまで、いろいろな「かや」の例を挙げてきたのですが、私が「かや」で何を言おうとしているのか、イメージをつかんでいただけたのではないかと思います。大事なのは、この「かや」というのは、別に何か神様が雲の上から〝ほいっ〟と与えたものではないということです。結局、どこから出てきたかというと、やはりその中でうごめく個々人の中から出てきたのです。ただし、そういうものができると、今度はそれなりの個人には分割できない一つの力を持ちます。一人ひとりに非常に影響を与えるのです。

しかし、ここから先が大事です。個人はその「かや」の影響を受ける。では100％「かや」にしばられてしまうのかというとそうではないのです。やはり、非常に大雑把な言い方をすれば、例えば、自分の体の右半分だけは「かや」の影響を受けるが、しかし、人間は左半分（これは右脳・左脳の話とは全然関係ないのですが）は主体性を持っているわけで、自由にいろんなことを感じて、泣いたり、笑ったりする。いろんなことをクールに考える。そして、行動します。そうすると、その結果として昨日の「かや」と今日の「かや」は違ってくるのです。変化するのです。変化しないという変化のありようもありますけれども、原則的に変化をする。するとその変化した「かや」が、また一人ひとりの人間を半分だけしばる。影響を与えるのです。しかし、残りの半分ではみんな自由に感じ、考え、行動をしますから、また、今日の「かや」とは違う次の「かや」ができていく。つまり、ジグザグ、ジグザグの関係なのです。個人によって「かや」ができ、あるいは「かや」が変化する。変わったところの「かや」が個人をしばる。個人がまた……。エンドレスのドラマなのです。私が標榜するグループ・ダイナミックスの視点です。要するにこの謎解きをやっていくのが私たちの学問だろうと思います。また、その謎解きの成果を一般の方に分かっていただけるように、ＰＲ活動をするのが私たちの仕事だろうと思うのです。

質問　その「かや」は個人にとって、その組織に入るとすでに一つの「かや」があって、その中に取り入れられるという場合、その場合にこの「かや」の中から半分だけ自由な自分があって、その辺が、かなり難しいと思うのですが。

杉万　そうですね。

寺谷　極論すれば、そういう馴染まない「かや」は、取り外して移ればいいことで、そこにやっぱり半分自分が馴染んでいるというものがあるのではないでしょうか。否定しながらなおかつ自分が馴染んでいる。

質問　「かや」の中に、もう一つの「かや」を作ればいいのですね。

杉万　今の発言は非常に重要なポイントです。「かや」というのは、今まで話を分かりやすくするために、「かや」が一枚ありますと、言うような感じで話をしたのですけれども、もちろんそうではないのです。我々はいろんな何種類ものの、いくつもの「かや」に包まれているわけです。コミュニティの場合、例えば、この耕読会をめぐって、どういう風に運営しようかという「かや」もあれば、いっぱい「かや」はあります。ある「かや」はコミュニティ全体を覆っている。ある「かや」はその部分を覆っている。私は、このような状態を「かや」の重複構造と言っています。例えば、この人はこっちの「かや」にも属している。あっちの「かや」にも属しています。この人たちの動きようによっては、こっちの「かや」もあっちの「かや」も変わるのです。うまくいけば新しい「かや」ができるかもしれないのです。いくつもの「かや」があるときは、これらがバラバラあるということはあまりないのです。何か一つ中枢にあるような「かや」が変わると、他の「かや」も連動してパッパッパッと変わってくる。そんなものだろうと思います。丁度、先ほどの吸着誘導法とか、あるいは職場内小集団活動の話で出たように、ローカルな動きをまず使って、かつ、「かや」の重複構造を利用して全体を変えてしまうようなことが可能だと思うのです。難しいでしょうが、逆にやりがいもあります。

質問　ちょっといいですか。入りたくなくても、いやいや入らざるを得ない「かや」があるわけです。そういうのはどういう風にしたらいいですか。

寺谷　板挟みということですね。

質問　いや、板挟みではなく、例えば戦前の軍国主義だった人が、ナチの時のような、分かっているけれども、入らざるを得ない人が入るフリをしなければいけないのです。

杉万　そうなのです。我々は好むと好まざるに関わらず、日本語を話しています。英語だったらもっと入学試験も楽に突破できたのではないかと思うのですけれども、日本語をなぜしゃべっているのか。これは我々が生まれた時から、日本語という一つの言語の「かや」の中に身を置いているからです。確かに最初からある「かや」というのがあります。

岡田　今の話で「かや」の「か」は、確かに蚊の「か」に、「や」は屋敷の「や」という語源説がありますね。ただ、私の思うところの「かや」というと、まず、蚊というのを思い浮かべます。もう一つ、やはり子供時代、雷が鳴ると蚊帳の中に入れとよく言われた覚えがあります。蚊帳の中に入らずに遊んでいると、「雷さんにやられるから中に入ってこい」と、言われたことがあります。蚊帳に入らないと危ないよという雰囲気があって、それでどうしてもみんな中に入ってシェルター的というのかな、しかも中から呼ばれるイメージがあるような気がします。今日、お話に出た「かや」を吊るという行為は、一体どういうことなのか。初めから「かや」の中に入っている場合と、吊ってあってから入っていく場合がある。もう一つは、「かや」はただ透けて見える。カーテンであってないような、何かそういう非常にファジーな（境目がぼやっとしている）容れ物だと思うものですけれども、そこら辺まで意味をかけて「かや」とおっしゃっているのでしょうか。今、お話になったその集団の雰囲気とか、集団の規範とか、世論とか、いろいろなものを全部含めたものを表す概念として、「かや」がどんな膨らみを持っているのかという点に興味を持って聞いていました。

杉万　そうですね。「かや」というのは透けて見える。つまり、どこからどこまでという外と内の間がぼけているのです。実際そうなのです。例えば、ある「かや」の中に10人いるとしても、ある人は「かや」を変える非常に大きな力を持っているが、他の人はあまり持っていない。リーダーシップというのは、「かや」を変える（個人の）行動と言ってもよいと思います。したがって、リーダーシップはほとんどの場合、「かや」の中の人々が全て、程度の差こそあれ、発揮していると考えるべきでしょう。

2　現代日本社会の「かや」

1　「豊かな社会」と「自分の構造」

新しい価値観の登場、これは否定しがたい現実のようです。では、新しい価値観が登場してきた原因は何か。それはいわゆる「豊かな社会」の到来です。豊かな社会とは、もう何もいらないほど充足されつくした社会のことではありません。豊かな社会とは明日の食べ物と明日の寒さを心配する必要のない社会のことです。豊かな社会が、人類の一部のものとなったのは、僅か数十年前のことです。何万年という人類史を考えれば、豊かな社会の到来がいかに大きな出来事であるかが分かります。米国はいち早く１９５０年代に、そして、ヨーロッパのいくつの国が１９６０年代に、そして、我が国も１９７０年代になって豊かな社会を迎えました。生まれた時から豊かな社会で育った世代、つまり、豊かさの産湯に浸かって育った世代が、大人として我々の前に現れだしたのです。豊かな社会の到来が人類史の一大事件であることを考えれば、それが価値観の変化をもたらすのはむしろ当然と言えます。

では、豊かな社会の到来によって、価値観はどのように変化しつつあるのでしょうか。私はそれを「自分の構造」の変化として捉えてみたいと思います。まず、「自分の構造」について説明しましょう。誰でも持っている「自分」の構造について、自分は一つです。もし、二つの自分を持つとしたら、それは、二重人格という神経症です。通常、自分は一つです。しかし、正直に言うならば、あたかも一つであるかのように機能していると言うべきなのです。つまり、正確には二つの自分があって、その二つの自分が絶妙なる「二人三脚」をやっているが故に、まさに一つのように機能しているのです。

まず、第一の自分とは今という瞬間を走っている自分です。カッコいいとか、もう少し早く走れるようにとか、そのような評価、理屈とは無関係に「生きている」自分です。「時をかける自分」と言ってもよいかもしれません。もう一つの自分とは第一の自分を見守り、それにいろいろとアドバイスをする自分です。先ほど、第一の自分は評価や理屈とは無関係に走る自分であると述べましたが、第二の自分は評価や理屈を担当する自分です。私とは、第一の自分と第二の自分との関わり、もっとはっきり言うならば、第二の自分の第一の自分に対するアドバイスの仕方に大きな変化が生じている。それが価値観の変化につながっていると思います。

2　伝統的な「自分」の構造

では、まず伝統的な自分の構造、伝統的な価値観について説明します。第一の自分は何らかの目標を目指して、走りだそうとしています。目標なしで走り出すことはありません。そうすると、第二の自分が、第一の自分に言います。「そんな目先の目標にガッツと飛びつくものではない。もっと、遠くに目標を先伸ばしにして、道のりも遠く、また厳しいものになるけれども、遠くの目標に向かって頑張るのだ」と。具体例を出しましょう。ある人の手の平いっぱいに米粒が載っています。腹を空かせたその人（第一の自分）は、手の平の米粒をすぐさま口に放り込んでしまおうとします。その時、第二の自分が言うのです。「そんなに目先の目標（＝満腹感）にガッツ飛びついて食うんじゃない。今、食べるのは1％にしろ。もちろん、満腹にはならないだろう。我慢しろ。残りは田んぼに蒔くのだ。田んぼに蒔いてそして毎日毎日草抜きをしたり、肥やしをやったりする。暑い日もあるし、雨の日もあるし、しんどいだろう。しかし、歯を食いしばって頑張れば、後にはどっさり豊作が得られる。秋の収穫が待っているのだ」と、こういうふうに第二の自分が言っているわけです。これが伝統的な自分の構造です。そういうような自分の構造を持っている人にとって、最大の価値を有するものは何かと言うと、これは確かこの本（『柔らかな個人主義』山崎正和著）の中にも出てきたと思いますが克己心です。克己心というのは日本語なのですけれども、ヨーロッパやアメリカでも、1950年代あるいは70年前までは豊かな社会ではなかったのです。それはプロテスタント精神です。プロテスタント精神と言うのは、キリスト教の背景がありますから、克己心と全くイコールとは言えないのですけれども、それが日常生活での意味を考えると、克己心とほぼ同じような意味を持っていたのです。

こういうような自分の持ち主に受けるテレビの番組というのがありました。この中にも御覧になった方がたくさんいらっしゃると思うのですが、20年前ぐらいに非常に人気のあったアニメで、「巨人の星」というアニメです。なぜか巨人です。子供ですから遊びたい、チョウチョを追いかけたりしたいのでしょうけれども、星飛雄馬という少年がチョウチョではなくて、10年後か知らないけれどGのマークがついたユニフォームを目標に、毎日うさぎ跳びをやったり、一生懸命に練習をします。そういうストーリーなのです。あのアニメが非常に受けた。最近、BSでやっていましたけれども、まさに狙っている世代がありありと分かる時間帯になっていました。考えてみますと、他にも女の子のバレーボールの根性ものが非常に受けました。ところが、私も小さい子供が家におりますので、見たくもないものですけれども、やっぱり子供が見ているアニメを見ざるを得ないというような状況にあるのですが、今、あの手のアニメというのは全然ありません。皆無です。ああいうアニメを今やったって意味をなさない。共感を覚えないというか、面白くないとかという次元ではなくて、何が行われているのかよくわからない。体操のアニメにでも写るのです。そんな番組など、視聴率で儲けている放送局は真っ先にやめるわけです。

やはり、変わってきている。ではどういう風に変わってきているのか。自分の構造が変化している。つまり、第二の自分が、第一の自分に与えるアドバイスの仕方が変化しているのです。

3　新しい「自分」の構造

今の若い人、あるいは子供たちといえども、やっぱり走り出すときは目標があるのです。目標に向かって走り出すのです。そうすると、第二の自分がアドバイスをするのです。しかし、この場合はアドバイスによって目標が、ずーっと無限の彼方に引き伸ばされてしまう。テレビのドラマとか、映画のシーンを変えるとき、前のシーンをボーッとぼかしていって、そして、バッと次のシーンに変えるというテクニックがあります。フェードアウトというのです。つまり、第二の自分のアドバイスによって目標がフェードアウトされるのです。そうすると後に何が残るかというと、目標のことは思いようがないのです。思えと言ったって無理です。目標はフェードアウトしているからです。すると残るのは今のための今、それだけです。

独断と偏見に満ちた観察なのですけれども、このような自分の構造を端的に表している社会現象があるのです。それは「列を作る」という現象です。列の中に身を置くのです。例えば、ハーゲンダッツのアイスクリーム屋の前だとか、手焼きクッキーの店とか、そういうところに30人でも50人でも列を作るのです。30分か、ひよッとしたら小1時間はかかるのにと思うのですけれども、列に並んでいる。私なんかは大体三人並んでいるとイライラします。第一アイスクリーム程度のことだったら、三人並ぶくらいなら止めます。子供からせがまれたって、イライラするのですけれども、そういうのはおそらく今の若い人に言わせれば「ださい」のでしょう。

列に身を置くときには、おそらく手焼きクッキーが食べたいと思っている。つまり、目標がある。しかし、身を置いた瞬間から手焼きクッキーという目標は、フェードアウトするのです。そして、たまたま相前後した人と会話をしたり、あるいは人の着ているものを見たり、あるいは自分を見せているという面もあると思うのです。そういうことが、ずーっと続くのです。ずーっと続くと、肩をトントンと叩く失礼なやつがいるのです。「何だ」と思ったら、店員さんが「お客さん、どのクッキーにしますか」と、「ああそうか、手焼きクッキーか」とこういうわけです。

こういう話を従来の世代から見ると、「うーん、そうだろう、そうだろう」と感じられます。「結局、刹那主義なのだろう、快楽主義だろう、だから困るんだ。日本の将来を憂うんだ」と、こういう風になるのです。ところが、巨人の星で、手焼きクッキーだから、例が悪いのです。この本の中にも出てきているように、決してこの豊かな社会になったから、何か突如にボコッと出てきたというものではないのです。やはり、この社会の変化と言うのは当然のことながら連続性を持っているのです。やっぱり、子供が親から生まれてくる限り連続性があるわけです。正確に述べるならば主流派と非主流派の交代です。

今までと言うのは、先ほどお話ししましたような伝統的自分の持ち主が、圧倒的主流派でした。今、説明したような人もいたのですが、ただこれは少数派だったのです。今後豊かな社会になると、これがだんだんだん増えてきて主流派になってくるというのが正確な現実描写だろうと思うのです。そういう意味で過去において少数だったけれども、今の若い人のような自分の構造を持っていた人がいたのです。

例えば、私は自分自身絵を描きませんから良くわからないのですが、かなり想像を交えて言うのですが、大方、画家と言うのはプロですからそれで生活を立てています。例えば、息子が東京の大学へ行くとします。いろいろ仕送りもかさむし、そろそろ張り切って大きな絵を描かなければと思う。恐らく大きなキャンパスを買ってきて、部屋に据えて描き始める。ところが、書きだした瞬間、「この一筆で1万5千円、つぎの一筆で1万7千円、そのまた次の一筆は1万8千5百円」、こんなことを考えながら描いていようはずがないのです。まさに、一筆一筆にのめりこんで、一筆一筆にそれこそ充実できるように一筆一筆入れていくのだろうと思うのです。どのくらいの期間をかけて一枚の絵を描くのか、その辺も分からないのですが、例えば、一か月そういう瞬間が続いて、もう一筆入れようにも入れられるところが無くなった。「できた。では、画商に電話をしよう」、この瞬間があのトントンと肩を叩かれて「お客さん、どのクッキーにしますか」と、言われた瞬間だと思うのです。こうなると、大分若い人々に対する評価も上がったのではないでしょうか、今を今として生きるというのはそういうことです。

価値観の問題ですから、どっちが優れているかという問題ではないのです。一方の価値観の持ち主には、他方は非常に分かりにくい。非常に不可解です。例えば、五十代の世代が何か若い人に言ってきかせるとき、よく口にするセリフとして、「僕は、君のことを考えているんだ」「君の将来を考えていたんだ」と、「僕が言うようにやってみろ、頑張ってみろ、そうしたら10年後あるいは30年後、君はきっと『ああ、あの時、ああ言われて良かった』と思う。だから頑張れ」とこう出るのです。おそらくみなさん方も言った経験があるのではないかと思います。私も良く言ったのですけれども、あれが通用しないのです。こういう言い方は、「秋の収穫」の論理が分かる人にだけ通じるのです。若い人にそんなことを言ったって、何のことを言っているのかわからない。ただ、彼らが分かるのは相手が目を吊り上げて何か一生懸命に言っている、しかも自分について一生懸命考えてくれているということだけ、その迫力がわかる。迫力がある人が何を言っているか分からないというのは、一番不気味なのです。今の若い人が置かれている状況というのは、そういう状況ではないかと思います。

私は、かなり若い人に対して同情的です。若い人に対する批判として「マニュアル人間」というのがあります。時々、学生から見せてもらう雑誌にはデートの仕方から、どこの飲み屋に行ったらよいかまでマニュアル化されています。それで彼らは馬鹿にされるのです。しかし、私はかなり彼らに同情的です。彼らは圧倒的に少数派です。しかも日本と言うのはやっぱり年功序列の社会ですから、少ない上に自分らより偉い人は大体伝統派なのです。もうどうしようもないです。目を吊り上げてわけのわからないことをいうのです。そんな連中の間を歩くのに地図がなかったらお手上げです。マニュアルがなかったら動きようがない。だからあれだけマニュアルがあるのではないかと、これは嘘かも知れないですが、そういうような同情的な解釈をしています。

4　新人類待望論

そこで、まとめに入ります。今の段階で新しい価値観を持つ人たちが登場してきたのは、非常にラッキーであるということです。新人類という言葉を使うならば新人類待望論です。別にみなさんの中にいる若い人たちにゴマをすっているのではないのです。というのは、結局今の日本が置かれている状況は、欧米のキャッチアップという目標がなくなったのです。だからムラ型の国家レベルでも強いコンセンサスをつくり得たのです。国の一番上層部がムラ型というのは、一般的にはコンセンサス、意見の一致はつくりにくいのです。ピラミット型の方がつくりやすいわけです。国家の上層部でムラ型社会が、一つのコンセンサスのもとになぜこれだけ爆進し得たのかと言えば、欧米のキャッチアップという自明の目標があったからにほかありません。国家レベルでも、また、企業レベルでも、早く欧米並みの生活水準、あるいは経営水準を作ろうと、一生懸命努力をしてきたのです。

また我々のような学者もおそらく何十年か前だったら、自分の研究が行き詰った時、そういう時には金と時間がある人は外国に行き、新しいネタを仕入れればよかった。金も時間もない人は新着のジャーナルを必死で読めば、そこに何か次の一手が隠されていたのです。また、家庭レベルでも、例えば「名犬ラッシー」のようなMADE IN USAのドラマを見れば、当たり前のように台所の中には大きな冷蔵庫やテレビがある。「お父さん、次のボーナスでは冷蔵庫を買おうね」と、これをやってきたのです。欧米のキャッチアップは国家レベル、企業レベル、学校レベル、家庭レベルで、日本唯一と言っていい目標だったのです。それが達成されたのです。

つまり、今の日本が国家レベルから、あるいは家庭レベルに至るまで置かれている状況は、言ってみれば目の前に真っ白な模造紙がポーンと置かれているような状況です。ここに目標を描いてみろ、絵でも文字でもいいから書いてみろと問われている、それが今の日本が置かれている状況だろうと思うのです。そういう状況になりますと、今までの伝統的な自分の持ち主はどぎまぎしてしまうのです。うろたえる。彼らにとって一番大事なのは既存の目標に向かっていかに歯を食い縛って、毎日を克己心、プロテスタント精神で頑張るかなのです。目標はすでにありきだったのですから、ところが今や目標を描いてみろというのです。困ってしまう。どぎまぎしてしまうのです。

先ほどの画家の例をもう一度出すことにしましょう。一筆一筆にのめり込んで描いている。描いている時に例えば夕日がバーッと差し込んで、自分が入れた白色が何か今までにないような、夕日に照らされた輝きをした。「あっ、きれいだなぁ、こんな画風もあるじゃないか、こういう画風を自分は追及してみよう」という目標が出てくる可能性がある。少なくとも従来の伝統的な自分の構造よりも、そういう意味で、丁度、今言ったような新しい価値観の人たちが出現している。正確に言えば増えているのは日本にとって非常にラッキーだと思えるのです。少なくとも伝統的世代が肝に銘じておくべきことは、この新しい「自分の構造の持ち主」を、不可解だという理由でもって圧殺するべきではないということです。なるべく彼らが個性を伸ばしていけるような環境をつくることが人事です。恐らくそれ以外に我々が生き延びていける道はないのではないかと思います。

5　本当の「個人主義」

その動きは、すでに始まっているように思います。個人主義の動きはその一つかもしれません。それも、やはり大きな「かや」の変化です。個人と言う概念は、個人主義を持った個人という意味なのですけれども、この個人主義というのもやはりヨーロッパやアメリカで、千年から二千年の歴史をかけて出来上がってきているのです。個人主義とは、自分の中に自分を持っているという認識です。自己意識を強く持っているのです。持っているという意味では我々も持っているのですが、強くその自覚を持っている。当然のことながら「ユニーク」でなくてはいけないのです。個性を持たなければいけない。それは、子育ての時の母親のセリフにも表れるのです。

私自身、子供の時に母親から言われたような気がします。「そんなことをしてはいけないよ。そんなことをしたら人から笑われるでしょう」と、こういう風に日本では躾けるのです。アメリカではそんなことを言わないのです。例えば、ここに赤いキャンデーと青いキャンデーがあります。どっちでもよさそうなものですが、どっちが好きなのか、ちゃんと言えることが大事なのです。子供がはっきり言えないと、「何てダメな子なの、ちゃんと赤いのか青いのかどっちが好きか、はっきりと言える子になりなさい」と、言うのです。つまり、それだけ内面の自分についての自覚を持っているのです。

当然、その「かや」として個人主義の社会があるのです。みんながバラバラに個性を追求しつつも、まとまるという社会ではどういうような構造になっているのか、みんな心の中に「かや」の縮小版、ミニチュアを持っていないといけないのです。そうしないと社会ができないのです。大きなアメリカ全体を包むような「かや」があって、各個人の中にその「かや」のミニチュアが宿っている。個人主義の社会と言うのは、自分勝手な社会とは全然違うのです。個人主義というのは非常に社会的なのです。個人主義というのは非常に集団的なのです。全体の「かや」があってそのミニチュアをみんなが心の中に持っている。これが個人主義の社会であり、その中での人間の姿です。この要素が日本にも入ってくるのです。国レベルでは20年。20年で急激に入ってくるのです。企業の中の経営体制にも入ってきます。これが一つの動きだと思います。

6　ウエルカム・ツー・「イエ社会」

イエ社会の集団編成原理は、そう一朝一夕に日本が明日から止めたと言えるものではないのです。千年かけて自らがその中にいることを、自覚し得ないぐらいに染み付いた「かや」なのです。それを10年、20年でどうこうする。これは無理です。やっぱり消えるとしても百年、二百年、三百年のオーダーでしょう。こうした状況の中で少々嫌な思いをする。角を突き合わせることもあるけれども、それを覚悟の上で今まで「かや」の中に入っていなかった人を入れるのがポイントです。

それはどういう人かというと、一番目に女性です。女性を積極的に入れていく。今までよく専業主婦の人が、自分は何か社会に参加してないというような気持ちを持っていました。専業主婦であるが故にです。ところが、私は最近イスラム教徒の人たちに接するのですけれども、彼らの専業主婦に聞きますと、胸を張って自分は社会に貢献していると言います。なぜならば子供を育てているからだと言います。一生懸命に子どもの世話をして、それから家族の食事を作り、掃除をしているから社会に貢献していると、胸を張って言うのです。日本と全然違うのです。それはなぜかと言いますと、日本の場合は余りにも男性中心のイエ型企業組織が強かったからです。その時代が戦後半世紀にわたって続いていたのです。だから、この船に乗っていない人は、イコール社会と言う船に乗っていないという風に見なされてきた。それではやはりまずいのです。

二番目に高齢者です。高齢者をもっと積極的に船に乗せていく。

三番目に若い人、若い人も別にもっといろいろ考えればいいので、高校を出たら40％ぐらいの人は大学に行っていますが、今後は社会全体が豊かになるので、大学教育のやり方もかなり変わっていくと思います。その場合に文科系の学問は、高校を出て四年間勉強するよりも、5、6年か10年ぐらい働いて会社の係長になりそうな辺りで大学に戻って授業を聞くとか、あるいは先生と一緒に本を読む方が良いのではないかとも思っています。若い人が早い時期から企業の中に、どんどん入ってきて良いのではないかとさえ思うのです。実際それを実行しているのは高校生です。どんどんアルバイターという形で入っているのです。私はむしろ良いことだと思います。

四番目は外国人です。外国人を入れなくてはいけません。今の日本の国策は単純労働者を入れないで、余程技能を持った人、あるいはインテリとかそういう人はウエルカムだけれども、単純労働は入れないと言っています。しかし、入れないと言ったっていろんな抜け道があって、どんどん入ってきているのです。すでに不法労働者が何十万人もいます。入国管理事務所がありますが、今のスタッフではとてもさばききれない。と言うことは、不法滞在者が今後急増することが目に見えています。彼らは、日本人がコンプレックスというか、憧れを持っていたアングロサクソンではない。第三世界の人々と軒を並べて生活することになるでしょう。一緒に電車に座り、その人たちが困ったら荷物を持ってあげる。日本の新しい社会を考えなくてはいけないのです。若い人たちとダブってくるのは、先ほどの新しい価値観を取り入れるためにも、第三世界の人々を疎外したのではいけないのです。今までこの船に乗せてもらえなかった、あるいは自ら乗ることを諦めていた人たちを、日本が千年かけてつくってきた素晴らしい船の上に乗せる。その中でミックスしていくことによって、一人ひとりが変わっていくということが、これからの日本の選択だと思います。

『１９９３年版ＣＣＰＴ活動実践提言書』収録

講義－2
こころと意味・「かや」

京都大学総合人間学部助教授　杉　万　俊　夫
1994年8月24日　那岐サロン

「かやの理論」をきちっと体系づける話をしてみようと思います。私の専門は人間の集団です。集団といってもいろんな集団があります。たとえば夫婦二人という集団もあれば、母親と赤ちゃんも一つの集団です。家族というのも集団です。ここに集まっているのも私を含めて勉強する集団です。それから、一つの会社で働いている10人、20人、あるいは何百人、何千人、何万人という企業もありますが、それも集団です。何万人などというのも集団か、と思われるかもしれませんが、これも単にスケールが違うだけのものです。

また、例えば、お祭り広場に集まる人たちも、数日前、智頭町にハウンドドッグが来てお祭りをやりましたが、お祭り広場に集まった四千人の群衆も一つの集団と言うことができます。また、現代では、宇宙船地球号の上に生活している数十億人も一つの集団として見ていかないと、いろんな問題が片付かないのです。地球環境問題をとっても、中国の経済発展で出た煙で、日本の木が枯れていくという時代ですから、アジア、地球という規模の集団も考えていかなければならないわけです。2人から数十億人、また、頭数の違いじゃなく、その中でやっている活動の中味も違います。

こういったいろんな集団を相手に研究をしたり、また、ただ研究をするだけではなく、その中に自ら飛び込んで集団を変えていくお手伝いをしたりすることが、私たちの仕事です。このように、集団を相手にするとき、２人の集団であろうと、あるいは何百人、何千人という集団であろうとも、一つの統一的なものの見方、集団の捉え方を持っています。その統一的な見方、捉え方をお話ししたいと思います。

1　集団の「かや」

そのときの一番大事な言葉が「かや」です。集団は必ず、なんらかの「かや」に包まれています。そして、なんらかの「かや」に包まれているから、一人ひとりが「かや」の影響を受けます。「かや」に規定されるという言い方をしてもいいでしょう。この12人もテーブルを囲んでいる集団です。出会って数十分ほどの集団ですが、「かや」がないこともないのです。みなさんなぜか円形に座るのです。テーブルに腰掛ける人はいないです。お行儀良く円座に座ります。これがアメリカ人だったら、テーブルに座る人も何人か出てくるかもしれません。

座り方もいろいろ面白いものです。教室で授業をしていますと、前3列には誰も座らない、常に空席です。これは学生だけかと思ったら、違います。企業に行って講演をすることがあるのですが、サラリーマンになってもこの癖はなおらないようです。前には座らない。だから、１００人いたときに１００席用意してもダメなのです。１００席だけだと、前3列分だけの補助椅子を持ってこなければならなくなってしまいます。面白いもので、学会に行くと、先生方も昔の癖が抜け切らず、白髪の先生も含めて前3列を空けて座ります。こういうのも一つの「かや」なのです。こういうふうに座るものだ。この前3列にポツンと座っては変だと思うのです。このように一つの座り方だって、「かや」なのです。

例えば、私は今かなり勝手にしゃべっています。「かや」などという、およそ今日のテーマとどう結び付くのかわからないような言葉を使いながら話をしています。しかし、皆さんは、幸いなことに、「話をやめなさい」などと言わずに聞いてくれています。でも、もしここで、私が、大好きなカラオケの「長崎は今日も雨だった」を歌い出したら、ひょっとしたら皆さん方の中には、「ちょっと先生ノリ過ぎ、やめてください。講義に戻ってください」という人が出てくるかもしれない。言いかえれば、この集団には、「講師はかなり自由に何をしゃべっても良いが、カラオケはダメ」という一つの雰囲気があるのです。これも一つの「かや」なのです。

とりあえず、「かや」とは雰囲気のようなものだと考えておいてください。今、ある集団が、ある「かや」、つまり、ある雰囲気に包まれているとします。ところが、では一人ひとりの全身・全心が「かや」に縛られているかというと、そうではないのです。縛られているのは半分（半身・半心）だけで、あとの半分では、いろんなことを自由に感じ、考え、行動しています。私の言うことを聞いていて、一つの雰囲気はできているのだけれども、頭の中では12人一人ひとりがいろんなことを考えている。みんなが自由にいろんなことを思い考え、それを言葉に出す、行動として表に出す。

みんながそうするとどうなるかというと、「かや」が変わってきます。そのちょっと変わった「かや」が、やっぱりみんなの半分だけを縛るわけです。ところが、縛られながらも残り半分ではみんなが自由に主体性を発揮しますから、再びその結果として、「かや」が変わるのです。そうしたら、また、その変化した「かや」が一人ひとりを半ば縛る。しかし、同時に、一人ひとりは半分で主体性、自由を発揮するから、「かや」がまたちょっと変わる。それがグルグル続いていきます。それが1分単位で回るのか、1年単位で回るのか、10年サイクルか、１００年サイクルか、その違いはいろいろあります。しかし、このイメージで、夫婦二人から地球上の数十億人の集団まで、いろんな集団を見ていこうというわけです。バカの一つ覚え、このワンパターンで見ていく、これが私の立場です。問題は、この「かや」です。もう少しはっきりお話しします。

1　環境……「かや」の一つ

まず、架空の例やよその例を引くよりも、今ここに集まっている12人の例で行きましょう。我々は、なぜかこの大きなテーブルを囲んでいます。背中から数十センチの所に壁があります。ここに蛍光灯があり、メモを取ろうと思えば取れるし、私の顔も見えます。そして黒板が用意されている。これも考えてみたら、物理的にそうなっているもので、「かや」がどうのこうのという話とは関係なしに、ただ一つの配置に過ぎないと思ってしまいがちなのですが、これも実はちゃんとした「かや」なのです。

このテーブルをポーンと取り払うと、大きく変わります。この輪がもっと小さくなるかもしれない。あるいは、小さい輪と、その外に何人か座るという配置が出てくるかもしれません。そうなると、外の人はおそらく内の人よりも注意が散漫になり、コックリ、コックリしだすかもしれない。「何か質問は」と言ったときでも、外の人は質問しにくい。大きな違いです。座る配置だけではありません。もし、ここの気温があと5度高かったら、ずいぶん変わります。早く家に帰って寝たいと思うでしょう。私たちはそれを「環境」といって片付けてしまいますが、これも一つの大事な「かや」なのです。

私は今回ログハウスに滞在させていただいているのですが、今日は、平尾さんが迎えに来られるまで20分ほど空き時間があったもので、ボケッと山のほうを見ていました。何ともいえない靄が山に立ち込めていき、だんだんと暗くなって、山の稜線だけが見える風景に変わって行きました。このような環境で何かをやるのと、大阪のゴミゴミした御堂筋辺りでやるのとでは、ずいぶん違います。それは明らかです。これも、我々は「環境」という「かや」がすっぽり包んでいるからです。しかし、別にそれに縛られっぱなしではないのです。このテーブルを除けば環境を変えることができるし、山の光景も智頭の人々が何百年かかけて植えてきた杉によってできた光景でもあるのです。人々の主体性によって十分変わるわけです。

2 集合的行動パターン……「かや」の一つ

人間というのは一つの環境に対して、連携プレーの綾を織りなしていきます。山に包まれた中で林業をするというのは、集合的な営みです。そして、その下に広がる田園の中で、農業という営みがあります。それは、農業という集合的な営みであり、単独行動ではありません。しかも、それらの集合的行動は一過性のものと言うより、むしろ継続的に定着して行われています。農作業であれば1年間のサイクルで何年も行われ、毎年周期的に繰り返されています。こうしたものを、「集合的行動バターン」と呼びます。この12人も45分ほど、ずっと円座に座り続けて集合的行動パターンを継続しているわけです。しかも、部屋という環境に対してこの「集合的行動パターン」を織りなしています。田園風景の中で農業という「集合的行動パターン」を織りなすのと一緒です。

実は、ここまでの話というのは、部屋の天井穴からのぞいて観察している人の立場に立った話です。10畳くらいの座敷で、中央部にテーブルがあり、何ワットの蛍光灯でどのくらいの明るさで円座に座っています、みんなが講師のほうを見ていて寝ている人はいない、というふうに観察している、その感覚です。空の上から見ていると、田園風景が広がっている。そこに1年間のサイクルでもって、おそらく何百年も繰り返された農業という「集合的行動パターン」が繰り返されています。山の高いところから盆地を見降ろしている視点です。

3 コミュニケーション……「かや」の一つ

今度はもう少し降りてきて、集団の人たちと同じ地平から見てみますと、ずいぶん違ってきます。私は今一人ひとりの顔を見ながらお話をしていますが、ニコッと微笑んだりしていただくと、私もほっとしたりします。また、みんながうなずいたり、ウンと声を出したり、メモをとったりしています。天井穴から見たときに「集合的行動パターン」を織りなしていると観察される時には、すでに12人の中では、コミュニケーションが行われているのです。言葉、表情でコミュニケーションを織りなしています。山の上や天井裏から見た時に、ある環境に対して「集合的行動パターン」を織りなしている人たちは、すでにコミュニケーションを織りなしているのです。

4 暗黙かつ自明の前提……「かや」の一つ

コミュニケーションが織りなされるとき、単なる机があって10畳の部屋で何ワットの電気でという物理的に表現できる環境は、すでに物理的なものを超えた環境に変わっています。テーブルは、もう単なる物理的存在としてのテーブルではなく、レポート用紙や飲み物を置いたりするのはいいけれども、ハンドバックや料理を置いてはいけないテーブルなのです。また、私たちの後ろには壁があり、十分寄り掛かれる壁なのですが、しかし寄り掛かってはいけない壁なのです。そういう環境になっているのです。それはおそらく私が言う前には誰も意識的には思わなかったことですが、誰もそれを犯してはいないのです。

つまり、それは12人の「前提」なのです、しかも単なる前提ではなく、誰も言わなかったことですから、「暗黙の前提」です。しかも、暗黙かつ、当たり前、の「自明」です。したがって、その前提を犯せば、言語道断とばかりに白い目でみられるわけです。ここにハンドバックや買物籠を置くのは言語道断、そんなことは子供でも知っていることじゃないかと責められます。

こういう言い方ができます。つまり私たちの前にあるのは、もはや、単なるテーブルではなく、「暗黙かつ自明の前提」という透明の膜で覆われたテーブルなのです。壁も、天井穴から見れば単なる壁ですが、寄り掛かってはいけないという「暗黙かつ自明の前提」という、無色の塗料が塗ってあるのです。私には、かなり色づいている稲穂としか見えないけれども、おそらく農作業を織りなしている人々にとってみれば、それはいろんな無色の塗装が施された稲穂であると思うのです。杉の山にしても、林業をやっている人、智頭の人々にとってみれば、それにはいろんな「暗黙かつ自明の前提」で見られている杉の山ではないかと思います。では、なぜ、そういう「暗黙・自明の前提」が出てくるのか。それは、「コミュニケーション」をしているからなのです。

この前、高校野球があって八頭高も善戦しました。たとえば、外野フライがポーンと上がって、センターが追っかけて捕りますね。それを上空から見ていれば連携プレー（集合的行動パターン）です。しかし、監督や選手を含めて13人が、センターがあっちの方向に行くのを見ているのです。センターは背走してボールを追っかけながら、全身で「コミュニケーション」しているのです。ゆっくりボールを追っていれば、これは確実にアウトがとれます。ツーアウトだったらもうベンチに帰ろうかという気持になります。しかし、必死の走り方だったら、セカンドの人は中継しようとして外野に走るでしょうし、内野手はランナーが走ることを想定した動きに入ります。ピッチャー、キャッチャーはバックアップに回る。見事に「コミュニケーション」を図っています。農作業も、野球 のように9回では済みませんが、お互いいろんな作業をしながら、お互いを見ながら、表情、言葉で「コミュニケーション」をやっています。

例えば、私が、今、話していることをテープにとって持ち帰り、私の話を聞かなかった人に聞かせても、何のことを話しているのか訳が分かりません。私が何の話の一環として今の話をしているのか、おそらく理解不能だと思います。みなさん方の日頃の会話にしても同じです。これを録音テープに隠し取りして、誰かに聞かせます。「あの時のあれ、あれ、うんすごい、あ、どうなった。うん、ああ――。」ほとんど精神異常者の会話としか思えないですね。しかし、本人同士は見事に「コミュニケーション」しているのです。本人同士がいろんな表情などで分かり合っているのかというと、そうでもないのです。たとえば電話の会話でも、それもそんなに事細かには言いません。「あれどうなった、あれダメよ、ああそう、今度ダメ――」分かりにくいですが、当人同士は「コミュニケーション」しているのです。

最近、携帯電話が急速に普及しています。都会では高校生も持っていて、学校の休み時間とか電車の中などで電話をしています。ポケットベルでピーピーやるのも流行っています。新幹線では携帯電話はデッキでかけて下さいというアナウンスが頻繁にあります。携帯電話の会話というのは、やたらやかましいです。ものすごく耳にキンキン入ってきます。この前も新幹線の中で、アナウンスを無視して携帯電話でしゃべっている人がいました。私とはだいぶ離れた座席に座っているのですが、その声がキンキン入ってきます。ところが、よく見まわしてみると、通路をはさんで私の隣に座っている人たちは、ビールを飲みながら盛り上がっていました。携帯電話の人の声よりももっとやかましく盛り上がっているのですが、これよりもはるかに携帯電話の声の方がやかましいのです。

つまり、隠し取りの録音テープを聞かされているような立場なのです。何のことを言っているのか、わからない、雑音でしかないのです。一方、ビールを飲んでしゃべっている人たちの方は、かなりやかましいけれども、見ればビールを飲んで盛り上がっている、ときどき洩れてくる会話も、上役の話とか取引先の話とかで脈絡が通っている。そんなにはやかましくはないのです。

私たちの日常使う「あれ」「ダメよ」などという言葉がなぜ行き交えるのか。あるいは、そういうものの外に置かれた人間にはなぜチンプンカンプンなのか。私たちの「コミュニケーション」というのは、いろんな「暗黙かつ自明の前提」があっての「コミュニケーション」だということです。たとえば、朝誰かに会った時は「おはよう」と言います。向こうも「おはよう」と言ってくれる暗黙自明の前提があります。そのときに、まさかグッドモーニングという台詞は返ってこない。「おはよう」と言えば「おはよう」と返ってきます。そういう「暗黙自明の前提」が存在しているのです。だから「コミュニケーション」が成り立つのです。

コミュニケーションの「コミュ」というのは共同性という意味です。コミュニケーションというのは、共同性をつくるということなのです。ですから分割して、ここの6分の1はあなたのもの、6分の1はこっちのものというように分割することは不可能です。ちょうど空気のようなものです。ここにあるのは私の空気、ここはあなたの空気などと言うことはないです。この空気は誰もが吸う空気で、それは分割できないものです。それが共同性です。コミュニケーションというのは共同性を作っていくということです。2人が分割できない共同性の上に立っている、あるいは、共同牲に包まれているから、「あれ」「あの人は」という会話が見事通じるのです。コミュニケーションというのは、つまり共同性を作っていくことです。逆に、コミュニケーションというのは共同性を必要としている。共同性があるからこそ、コミュニケーションは成立します。「おはよう」「おはよう」の成立です。

今までは言葉を使うコミュニケーションの話でしたが、表情によるコミュニケーションもあります。この場合は前提というのは一つの気（あるいは、雰囲気）なのです。ピリッとした雰囲気、真面目っぽい雰囲気、これはあえて無理に言葉にしているわけです。雰囲気というのは、多分に言葉によってできるところもありますが、うなづくとかニコッと笑うとか、体の動きといった表情のやりとりによって生まれるのです。

5　まとめ……「かや」は4点セット

ここで、今まで話してきた4種類の「かや」を体系的に整理してみますと、図1上半分の右側と左側は、ある集団が環境に対して、農業という営み（集合的行動パターン）を織りなしている。あるいは部屋という環境に対して、勉強会という何時間かの集合的行動パターンを織りなす。主体としての集団が環境に対して集合的行動パターンを織りなしているわけです。主体としての集団は環境に働きかけると同時に、環境は主体にとっての制約条件、制限です。例えば、この壁がありますから、決して後ろに寝そべることはできない。また、テーブルがありますから、これ以上は輪を絞れないという制限があります。環境は私たちに制限を与えると同時に、それに向かって私たちは働きかけることもできます。なんとなれば、この壁を壊してもっと広くすることだってできます。

今度は、図の下半分に目を転じてみると、山の上から農作業を見ているのではなく、畑の地平まで視点を下ろしてみる。その集団の中ではコミュニケーションが織りなされている。そして環境は単なる物理的な田園風景、あるいは物理的なテーブルではなく、常に前提がまとわりついている、そういう無色の塗料が塗られた環境になっている。ぐっと人間性が出てくるのです。この図の上半分は、アリやミツバチ、他の動物にもあると思うのです。この図の上から下にきますと、ずっと人間味が出てくるわけです。

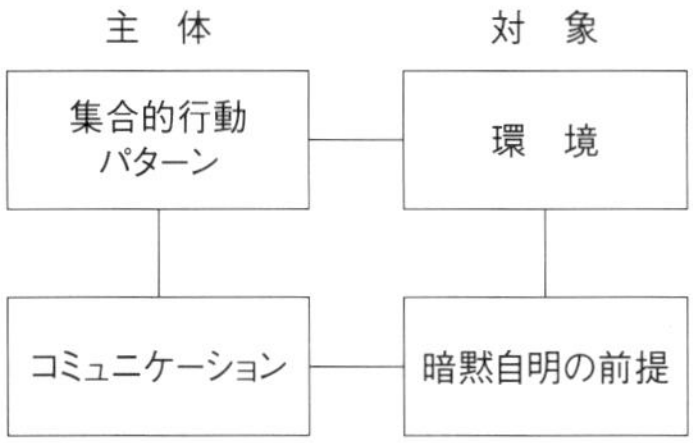

図1　「かや」の4点セット

ここまでは前回のおさらいですが、一皮も、二皮もむけたおさらいです。次に心と意味の話をします。そして、私たちは、再び「かや」にもどってくることになります。

2 心の世界

私たちの心の世界がどうなっているか。心の世界はいろいろあるのですが、一番わかりやすい例で、私たちがいろんなものを見たり聞いたりするときのことを考えてみよう。例えば、この資料は寺谷さんの説明を聞くまで、無造作にここに置いてありました。寺谷さんの説明がなかったとしたら、これがどう見えたか。目に入らなかったか、誰かが置き忘れたのだとしか思わなかった。そういうふうにしか見えなかったです。そこで寺谷さんが、これはこんなものなんだと説明すると同じものでも全然違ってきます。意味が違ってくるのです。

最初から、これは「何か」です。「無造作に置かれた、とるに足らないもの」という「意味」をもった「何か」だったのです。その同じ「何か」が、すごい人たちの努力の結晶の記録という「意味」を持ったものに変わったのです。

常にそうなのです。例えば、たばこがあります。私がこれを見ると、ああ、私が学生時代から吸っている好きな銘柄のたばこだなと思います。しかし、この中にもたばこの嫌いな方がいらっしゃると思いますが、その人にとってそのたばこは、この世から消えてくれればいいというものなのです。よく心理学の本をみますと、見ようによってはこうも見えるし、ああも見えるという図形が出てきます。たとえば、若い女の人の姿に見える絵が、見ようによってはおばあさんの顔に見えたりするわけです。そういう図形を多義図形といいます。見る人によって、その絵は、若い女性の絵であったり、おばあさんの絵であったり、また、ある人は多義図形だと見るかもしれません。

人間というのは、何かを純粋にそのまま見るということはないのです。必ず、何か「意味」を持つ「何か」として見る。しかも、その意味が高尚だとか低級だとか、時代遅れだとか未来を先取りしているとか、そんなこととは無関係です。とにかくなんらかの意味を持つ何かとして見るのです。

では、今までは見る対象の話をしましたが、見る側についてお話しします。今度は、何かを意味ある何かとして見ている私の方です。例えば、ここにある灰皿、おそらく隣の奥さんに聞いても灰皿だろう。その隣の方も灰皿と言うだろう。この湯呑にしても、これ何ですかと他の人に聞いたら、湯呑だと言う。「自分の頭は狂っている。俺には独創的にこれが湯呑に見える」とは思わないのです。「誰もが湯呑だと思う」ことを当然のこととしています。

私たちが何かを見る時、決して自分は気が狂っていて、世界中でこう見るのは私一人だとは思わない。「他の人もそう見る」と思っているわけです。他の人というのがどの範囲かは別です。自分と奥さんの二人にとってか、またはもっと広い10人くらいかもしれない。あるいは、ばく然と、おおかたの人々もそう見るだろうということかもしれない。いずれにせよ、自分一人がクレージーにそう見ているとは思わないのです。人々もそう見る、自分も世間の一員として見ているというわけです。何かを見ているという瞬間には、決して個人、単独者ではあり得ないのです。真にユニークではあり得ない。常になんらかの人々、世間の一員として見ているのです。

今、紹介している考え方はある哲学者（廣松渉）の考え方です。確認しておきますと、私たちは一人の人間に着目して、一人の人間の心の世界を描いています。対象が目の前に現れて見えるという瞬間から、それはそれとして見えるのではなく、例えば灰皿という意味を持つものとして見える。カメラのレンズとは違うのです。常に、世間の人々の一員として、世間の人々がそうするであるように見ている。そういう構造になっています。これが心の世界の基本的な姿なのです。このことが心の世界の基本形です。

世の中には目に見える話ばかりではありません。たとえば「平和」とか「悪」などは、湯呑のように目に見えないものもあります。しかし実はそういう目に見えない「概念」と言われるものにも、この基本形があてはまるのです。今日はこの基本形だけにとどめておきます。

意味というのはどこから出てくるか。世間というのはどの範囲か。世間というのは絶対一つではないのです。智頭

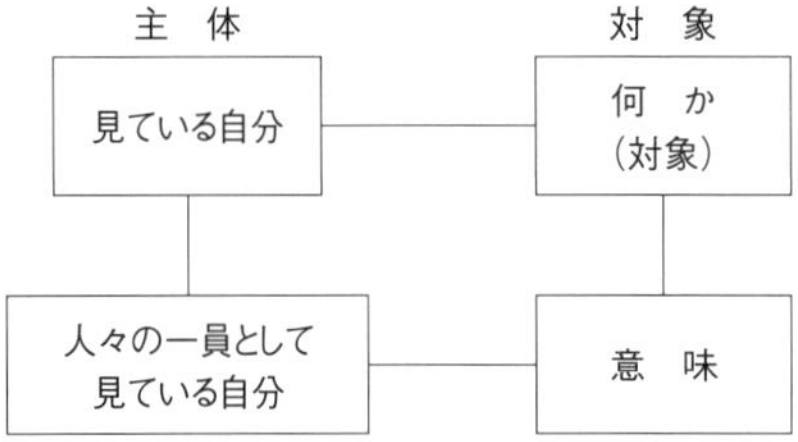

図２　「心の世界」の４点セット

町の活動のことや寺谷さんのやっていることなど全く知らないとしたら、この日本の家設計コンテストの記録冊子は全くの紙束で、週刊ポストの方がよっぽど面白いと思います。そう見える人にしても、やはり世間の人がそう見るように、つまらない冊子だと見ています。その人にとって、現に智頭町の活動など、この背景を知っている人は、世間には入っていないのです。ある人の世間と、他の人の世間は当然違うのです。つまり、世間とは、意味を共有している人たちということなのです。意味というのは、それで通じ合う世間があっての意味なのです。図–2を見てください。この図で、下にいくと非常に人間的で、私たちがものを見てもいろんな意味にとります。こういう意味を共有している世間様があって、世間様の一員として自分は見ている。どの範囲の世間かはいちがいに言えません。

案外、私と家内だけかもしれなくて、他の人には全く通じないのかもしれない。それを私が勝手に世間と思っているのかもしれない。そうかもしれないけれど、私の心の中では世間です。あるいは千人くらいの人かもしれない。では、なぜこんな世間があり、世間様が共有している意味を持つものとして、私たちはいろんなものを見ていくのか。これは、単に心の世界だけでは解けない問題です。そこに先ほどの図–1が再登場してきます。

３　「かや」と心……意味の源泉

左が集団、右が個人の心です。なぜ、自分の心の世界ではすべて意味を持つものとして、しかも自分は気の狂った変人ではなく、なんか世間様があって世間様のみんなが見るのと同じように、自分も世間様の一員としてそう見るのか、世間があるからなのです。どこかに世間があるのです。例えば、私がこれ（目の前の湯呑）を一升ビンとして見たく

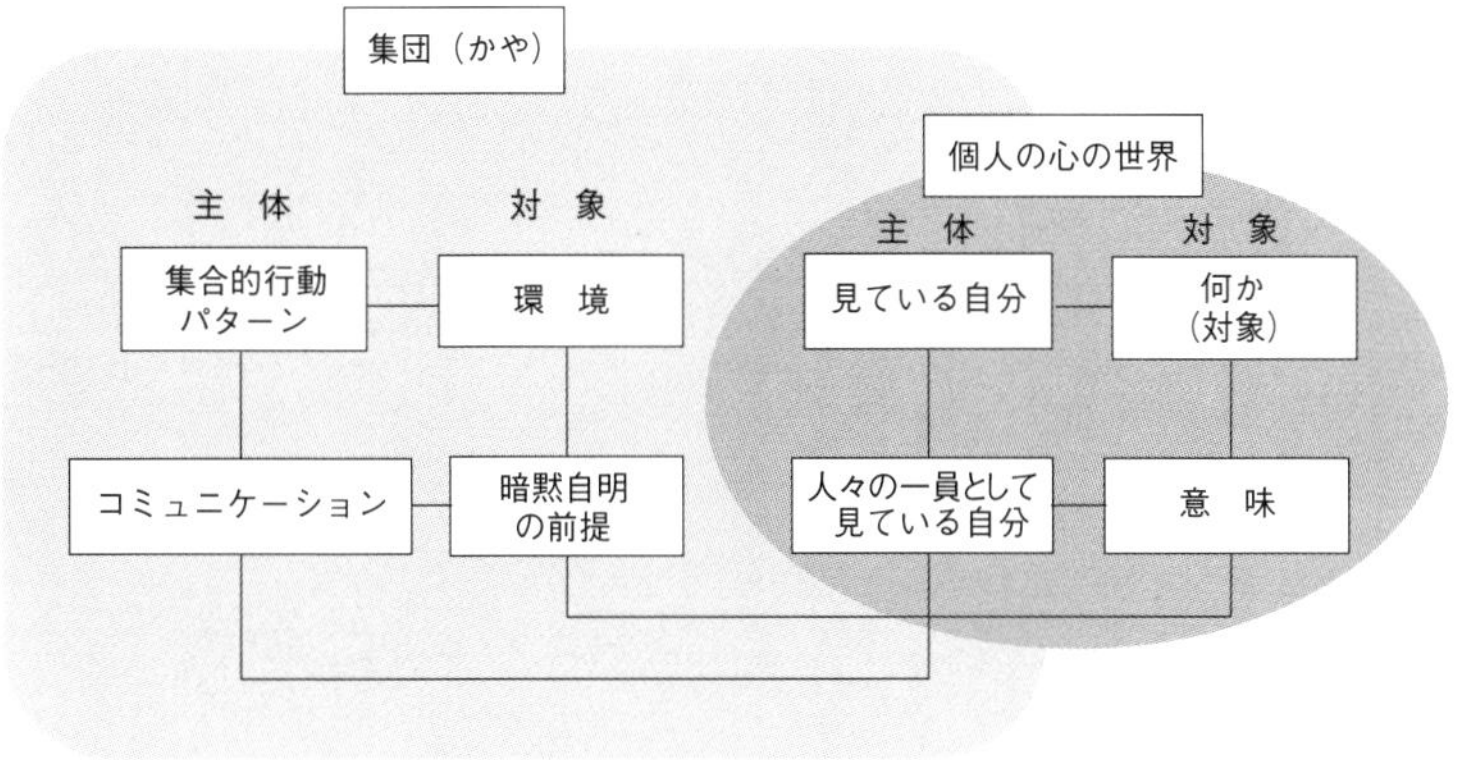

図３　「かや」と「心の世界」―合わせて８点セット

ても、それを許してくれる人は誰もいない。みなさん「冗談はやめてよ」と言います。私がこれを一升ビンと見る世間は、そう思いたくてもそんな世間は作りようがないのです。その一升ビンを取ってよと言っても、私がコミュニケーションを張れる相手は世の中に一人もいないのです。

しかし、ただ一人、私の妻だけでも、夫婦の暗号として一升ビンと言えば湯呑のことだとコミュニケーションしておれば、少なくとも夫婦二人の世間では、その一升ビン取ってよ、でお茶が飲めます。右の図（心の世界）の「人々の一員として見ている自分」は、左の図（かや）の「コミュニケーション」から出てくるのです。そして、この「コミュニケーション」の中で、これは一升ビンではない、湯呑なのだ。これは灰皿なのだ。これは記録冊子で過去の貴重な資料なのだと「暗黙自明の前提」が形成される。すなわち左の図（かや）の、「暗黙自明の前提」こそ、心の世界（右の図）の「意味」が出てくる場所なのです。そこから意味が出てくるのです。

コミュニケーションを張るためには、常に集合的行動パターンを張らなければならない。なんらかの集合的な動きが伴っているのです。じっと座っているというのも一つの動きです。しかしそれも、当事者の中ではすでにコミュニケーションとして織りなされている。コミュニケーションが織りなされているということは、ある言葉や表情が飛び交い得るということです。たばことってよ、と言えば、このたばこが手渡されるということです。灰皿とってよ、と言えば灰皿が来ます。この冊子は決して捨てることなど許されない貴重な資料集であり、「そこにあるつまらない雑誌をとってよ」と言っても、「そんなのどこにあるの」となります。そういう「コミュニケーション」が通じる範囲の人々が、世間を作っているのです。そして、「コミュニケーション」を張っている人たちの中で、「暗黙自明の前提」ができてきます。そこから意味が出てきます。なにかを見たら、その意味が、「暗黙自明の前提」から取り出されてきて、私たちの心の世界ができあがるのです。

今まで私は、一つひとつを分かりやすいように「かや」と呼んできましたが、これは常に、1つだけあって、あとの3つがない「かや」とか、これとこれがあってこっちとこっちがない「かや」とかはないのです。もしこの12人に今「かや」があるとしたら、この「環境」……テーブル、壁、「集合的行動パターン」、円座に座って私の話を聴く、「コミュニケーション」、そして、いろんな「暗黙自明の前提」があります。これはワンセットなのです。このワンセットで「かや」なのです。

私たちの心の世界というのは、「かや」からいろんなものをキャッチします。そして、私たちはいろんな「かや」をいろんな人と張っています。私と隣に座っている渥美先生で2人の「かや」を張る、あるいは寺谷さんとも張る。あるいはCCPT全員の人たちとの「かや」も張る。ここに集まっている人たちとも張る。京都大学の先生とも張る。いっぱい「かや」を持っているわけです。このようにワンセットの「かや」を何枚も何枚も持てるわけです。持てば持つほど、自分の心には井戸が何個もあるように、いろんな水を汲んでくることができるのです。豊かな意味を汲みとれる心をもつには、豊かな「かや」に包まれることをおいて他にない、というのが結論です。

寺谷　豊かな心は豊かな「かや」を何枚張れるか、前回ではもう一つ分からなかったという意見がありましたが、はっきり分かりました。私も10年間「かや」を張ってきたわけですね。「かや」によって、人間が意味づけされるということですね。人生の中で、集団とか教育とか環境とか、そういったものによって一つひとつ意味づけがされる。こういうときにはこういう見方をするのだとか、人生の過程の中でいろいろな出会いとかも、「かや」になるわけですね。そういうことによって人の人生が作られ、ものの見方や考え方が作られる。それを変えるということが非常に大切ではないかと思います。一般的なものの見方をしていたら、世間の一員としてのものの見方しかできなかったら、変わった見方というのはできない。ものの見方によって人生がものすごく変わってきたり、捉え方も変わってきたりする。「かや」の張り方も、いろいろな知識情報によって変わると思いました。

杉万　基本形として、「見る」という例が一番分かりやすいので例に引いたのですが、見るだけでなく触るものもあるし、耳を当てて聞くものもある。だから、決して見るものだけに限定する必要は全くない。価値を感じる。価値を見出すといった場合も同じことが言えます。私たちはすべてのものを、なんらかの価値を持つものとして見るのです。無価値だという価値として見る場合もあります。何かに価値を見出せば、私たちはそれに働きかけ（手にとる、買う）ます。しかし、そのときも、同じような価値を共有する人間の一員として働きかけるのです。たとえばこれが宝石の原石だとすると、働きかけてそれを磨くのだけど、決して自分は気がふれていてこれを磨くのではなく、この宝石の価値を共有する世間の人がみんなそうするように、世間の一員として磨くわけです。磨けば、「環境」が変わります。たとえば山林でも、それと同じような価値を見出す者の一員としてその価値を見出す。そうすると、それに対して当然働きかけます。すると「環境」が変わります。変わる時には、必ずなんらかの「集合的行動パターン」を織りなすことになります。そして集合的行動パターンを織りなすということは、すでに、「コミュニケーション」をも織りなすということですから、そこから新たな「暗黙自明の前提」、すなわち、意味や価値の源が創出されてくるわけです。

寺谷　私は今回気づいたことがあります。若い人たちと一緒にやりながら、「変えよう」とか「変化させよう」と、言葉だとか、表現も合わせてやってきたのですが、それ以上に、環境となる「かや」を変える。見る世界や感じる世界を増やしたら、必然的に変わるということですね。今までは相手の意志を変えようとしていた、これはとんでもないということだと分かりました。コミュニケーションの相手だとか、集団の行動パターンの状況を変えた方が、心が変わるということですね。「心」に取りついたら、つきものになります。山の陵線を変えることはできないが、その山に雑木を植えていくと環境が変化していくわけですね。

質問　正しく見ることによって、思い方も変わり、考え方も変わってくる。見るというのは非常に大切ではないかと思っております。「正しい」といったら何ですかというと、非常に難しくなってきます。

杉万　すべて、世間の一員として見ていますから、「かや」が非常に広範囲な人々、日本中全部とか、あるいは、国籍を超えて成り立つ一つの「かや」があって、そこで出た暗黙自明の前提からきている意味は、かなり正しいと思います。科学の強みというのはそこにあるわけです。日本人が、水素と酸素を混ぜたから水ができたというのではなく、エジプト人が混ぜようが、ロシア人だろうが、アメリカ人だろうが、水素と酸素を混ぜれば水ができるのです。多くの人を包む「かや」があるわけです。そこから汲み出された意味は、正しいのです。これを正しいと言わずして、他に正しいというものはむしろ考えようがないです。

『１９９４年版ＣＣＰＴ活動実践提言書』収録
浄書：立命館大学映像学部三回生　川合　光

参考資料

『よみがえるコミュニティ』編著：杉万俊夫　ミネルヴァ書房
『コミュニティのグループ・ダイナミックス』編著：杉万俊夫　京都大学学術出版会
『ＣＣＰＴ活動実践提言書』—１９８９年版〜１９９８年版—　智頭町活性化プロジェクト集団
『ひまわりシステムのまちづくり』日本・地域と科学の出会い館　はる書房
『日本・ゼロイチ村おこし運動活動記録集』２００３年3月20日発行　智頭町
『「地方創生」から「地域経営」へ』著：寺谷篤志 平塚伸治 編著：鹿野和彦　仕事と暮らしの研究所
『地方創生へのしるべ—鳥取県智頭町発　「創発的営み」』編著：寺谷篤志　澤田廉路　平塚伸治　解題：小田切徳美　今井出版
『南方熊楠・萃点の思想—未来のパラダイム転換に向けて』著：鶴見和子　藤原書店
『ＡＦＣフォーラム特集：農山村振興の未来を探る』２０１９年12月号
『アクションリサーチにおける質的心理学の方法によるセンスメーキング—町村合併で翻弄された過疎地域活性化運動の再定位—』東村知子 Japanese Psychological Review 2006. Vol.49. No.3. 530-545

ゼロイチ運動と「かやの理論」

―鳥取県智頭町：グループ・ダイナミックスの実践＆論文集―

2021年4月5日　発行

編著者　寺谷篤志

連絡先　山形地区振興協議会
〒689-1415 鳥取県八頭郡智頭町郷原238
電話 0858-75-0343　FAX 0858-75-3860
Eメール：yamagatashinko@town.chizu.tottori.jp
Facebook http://www.facebook.com/koiyamagata

発　行　今井印刷株式会社
〒683-0103 鳥取県米子市富益町8
TEL 0859－28－5551

発　売　今井出版

印　刷　今井印刷株式会社

ISBN 978-4-86611-234-3

編著者：寺谷篤志《地域経営実践士》

1948年鳥取県智頭町芦津生まれ。鳥取県立智頭農林高等学校卒。鳥取県那岐郵便局長2011年退職。1984年杉板はがき発案、1988年CCPT設立、1989年「地域経営」をテーマに杉下村塾を開講（～1998年）、小集団の合意形成技法の「四面会議システム」「ひまわりシステム」「日本・ゼロ分のイチ村おこし運動」など、社会システムを創作する。2010年４月腎臓がんで右腎臓摘出、2011年10月京都市に移住、2014年２月マンション管理組合臨時総会で自治会を設立。

著書に『「地方創生」から「地域経営」へ』（共著、仕事と暮らしの研究所、2015.03）、中国語翻訳、北京外国語大学宋金文先生（2017.06）。『定年後、京都で始めた第二の人生』（岩波書店、2016.05）。『地方創生へのしるべ—鳥取県智頭町発「創発的営み」』（共著、今井印刷、2019.10）、中国語翻訳北京外国語大学宋金文先生（2021予定）。他に『ひまわりシステムのまちづくり』（共著、はる書房、1997.06）

編集協力：平山京子

1958年大阪府生まれ。1984年奈良女子大学大学院修了。同年株式会社アール・アイ・エー建築綜合研究所（現株式会社アール・アイ・エー）入社、1990年退職。同年有限会社プランニング・オフィス・カーサを設立し、現在に至る。一級建築士。

主な智頭町関連業務に、1995年７月智頭町「杉トピア（杉源境）ちづ構想」策定業務、1997年３月「第４次智頭町総合計画」策定業務、2002年３月「第５次智頭町総合計画」策定業務、同年智頭町「みんなでつくろう源流の里　智頭町環境基本計画」策定業務（一部）。

書評：宋　金文

1965年中国山東省生まれ。1990年北京外国語大学北京日本学研究センター社会コース修士卒業、2000年日本・常磐大学人間科学研究科博士課程卒業。1990年北京外国語大学北京日本学研究センターに就職。助手、講師を経て、現在、同センター主任、社会学教授。主な研究領域は福祉社会学、農村研究及び災害社会学研究。主な業績は著書、訳書『中日農村経済組織の比較研究』（共著）经済科学出版社 1997年、『日本農村社会保障』中国社会科学出版社2007年など11冊、論文多数。

Ⅳ. 論文編

論文-1

過疎地域活性化のグループ・ダイナミックス
—鳥取県智頭町の活性化運動10年について

杉万俊夫[1]・森　永壽[2]・渥美公秀[3]
[1]正会員　学博　京都大学助教授　総合人間学部
（〒606-01 京都市左京区吉田二本松町）
[2]博士課程　京都大学大学院人間・環境学研究科（〒606-01 同上）
[3]Ph.D　神戸大学助教授　文学部（〒657 神戸市灘区六甲台町1-1）

Key Words: *rural activation, group dynamics, community*

鳥取県八頭郡智頭町において約10年間にわたって展開されてきた過疎地活性化運動を，①運動の推進主体の立場，および，②活性化運動のターゲットとなった村落住民の立場のそれぞれに立って記述し，その特徴をグループ・ダイナミックスの観点から考察した．村落住民の閉鎖性・保守性を克服する上において，住民の畏敬の対象となり得る外部者（外部からのイベント参加者，都市の大学人，外国人）が果たした役割の重要性を指摘した．また，活性化運動の成果を村落住民が自らの伝統性の中に土着化するプロセスを通じて，村落の変化がもたらされることを指摘した．

「人々が，それに共鳴して行動を共にするのは，豊かな人間性と類まれな発想を持つ情熱の人に対してだけである．熱い心しか人を動かせない．企業とはまた違う，「地域づくり」という膨大な創造の分野は，芸術的でさえある．」これは，ある山間過疎地域の活性化運動に心血を注いだリーダーたちの，常にかたわらにいた女性の言葉である[1)]．彼女が「芸術的でさえある」と表現する地域活性化というドラマ，それは，ごく少数のリーダーの熱意としたたかな戦略性，それに一人，また一人と合流していく支持者たち，そして，リーダーや支持者を「図」とすれば，それに対する「地」

とも言える一般住民が，地域という自然的，歴史的，政治的，経済的，文化的舞台の上で織りなすドラマである．本稿は，鳥取県八頭郡智頭町において約10年にわたって繰り広げられてきた地域活性化の「芸術性」の一端を，人間集合体が織りなすドラマに関する科学…グループ・ダイナミックス…の立場から抽出しようとする試みである．

以下，まず，(1) 智頭町において約10年間にわたって展開されてきた活性化運動を，主として，運動の推進主体の立場に立って記述し，(2) そのグループ・ダイナミックス的特徴を考察する．さらに，(3) 今度は，直接，活性化運動のターゲットとなった村落住民の立場に身を置いて，活性化運動が村落に与えたインパクトに関する記述を補足し，(4) そのインパクトを，再び，グループ・ダイナミックスの観点から考察する．なお，グループ・ダイナミックスの基本的な視座については，本特集の岡田・杉万論文[2)]，より詳しくは，杉万[3)]を参照していただきたい．

1．智頭町における活性化運動10年（1984-94年）の経緯

（1）核集団となる２人の出会い

ここに紹介する一連の地域活性化運動は，M氏（当時48歳）とT氏（当時36歳）という持ち味を異にする２人の偶然の出会い（1984年）に始まる．まず，出会いに先立つM氏とT氏の生い立ちについて簡単にふれておこう．

M氏は，中学卒業後，父親が始めた製材所の手伝いに加えて，炭焼き，山仕事，雑貨品行商に従事した．そのかたわら，青年団や消防団の活動にも参加し，バスケットボールや駅伝等に活躍，青年団長，子供会会長，町体育指導員にもなっている．このような青年時代の後，M氏30歳の時，父親が経営する製材所の倒産という苦難が訪れる．しかし，M氏は，この苦難を乗り越え，自らの製材所を起こし，現在に至っている．M氏の製材所は，関西に大口の納入先を持つため，M氏は，頻繁に関西と智頭を往復している．M氏は，製材所経営のかたわら，消防分団長，地域の公民館長，小学校PTA会長，町PTA連合会長，地区公民館長，財産区議員，等を歴任，スポーツ，祭り，PTA活動，等に企画力を発揮した．このように，M

氏は各種の伝統的地域活動団体の役職についてきたわけであるが，従来このような役職は，主として，地元の資産家，有力者によって占められてきた．そのような慣行にもかかわらず，資産家や有力者の家系ではないM氏が各種の役職に推されたことは，M氏の人望の厚さと行動力が地元住民に高く評価されていたことをうかがわせる．

一方，T氏は，高校卒業後，民間企業に１年勤務して，地区の郵便局に再就職，仕事のかたわら，青年団活動に参加，バスケットボールや演劇に活躍した．また，このころ，NHK「青年の主張」中国地方大会で優秀賞を受賞したり，総務庁第６回「青年の船」に乗船するなど，すでに，行動力と発表力の片鱗を発揮している．T氏は，25歳の時，自らの希望により中国郵政局（広島市）に転出，中国郵政局在任中，広島郵便貯金会館の運営，岡山郵便貯金会館の施設構想づくり，職員の教育訓練，コンピューター導入等に携わり，企画力，行動力に磨きをかけていった．しかし，転出後５年，突然，肝炎にみまわれ，仕事も思うようにできない焦燥感に駆られる日々が続くようになった．その後，T氏を故郷の特定郵便局長に迎える話がもちあがり，35歳の時，10年間の広島生活にピリオッドを打ち，局長として帰郷した．T氏は，帰郷直後から，広島時代に磨いた企画力と行動力を活かして，周囲の反対をも押し切り，自らの郵便局の業務改革，他の郵便局の職員をも巻き込む勉強会の開催，等を開始した．

M氏とT氏の偶然の出会いは，智頭町山形地区が鳥取国体（わかとり国体，1985年）の空手会場に選ばれ，智頭町全体が一種独特の興奮に包まれる中で起こった．当時，地区公民館長であったM氏は，国体参加選手および観戦者への土産品として，智頭町の名産品である杉の間伐材を利用した写真たてを制作中であり，他方，T氏は，郵便局業務改革の一環として，杉板葉書の制作，商品化を企画中であった．２人の出会いは，T氏が杉板葉書の制作業者を求めて，M氏宅を訪問した時に始まる．２人は，同じ地区の出身でありながら全くの初対面であり，M氏が長らく親しくしていた知人の子どもが実はT氏であるという関係を知り，２人は驚いたほどであった．２人が初めて出会ってから１週間ほど，T氏は，仕事そっちのけで連日M氏宅を訪れ，２人は自らの人生や智頭の現状と未来について語り合っ

た．その語り合いの中から,「ごく一握りの資産家や有力者に牛耳られるまま，新しい試みの一切を拒絶する旧態依然たる地域の体質に対する不満，そして，この体質を何とか打破しなければならないという熱い思いを共有していった.」（T氏）

（2）前期（1984-89年）

幸い杉板葉書や杉製写真たてが好評を博した国体の年（1985年），２人は，同じく杉を利用した杉名刺の開発に乗り出した．また，翌年に設立される智頭木創舎の準備段階として，智頭木創企画（M氏，T氏他３名による）を設立，杉名刺に続いて，杉の香はがきを開発，商品化した．1986年には，智頭木創舎が発足し，昆虫はがき，エト遊便などの木の葉書，木づくり絵本（杉板製の絵本），等の商品を送りだした．

ここで注目すべきは，いわばインフォーマルな地域活動によって得られた物的成果やノウハウをそのまま放置するのではなく，特化された目的遂行のために長期的に存続していくフォーマルな組織を設立し，その中に物的成果やノウハウを定着させていくというストラテジーがとられていることである．杉板葉書，杉製写真たて，杉名刺のいずれにしても，郵便局や製材所の本来の業務とはいわば別建てで，M氏とT氏を中心とするインフォーマルな活動によって開発された商品である．その商品そのもの，および，商品開発・販売のノウハウを，智頭木創舎という，木工品に特化した企業の中に定着させているのである．このストラテジーは，その後も，各種のイベントの成果や海外交流活動を定着させるために一貫して用いられていくことになる．

ここまでの活動によって形成されたM氏，T氏の核集団，および，その核集団に協力する少数の人たちは，1987年から1989年の３年間，智頭杉の高付加価値化を目的とする３つのイベントを次々に実現していく．その第１段は，1987年に行われた「木づくり遊便コンテスト」である．このコンテストでは，杉板葉書のデザインが全国から募られた．538件という多くの応募作品が寄せられ，特選入賞他約20点の入賞者とともに授賞式が行われた．コンテストに寄せられたデザインは，女性３名で発足した「智頭ウッ

ドクラフト研究会」の手によって商品化されていった．

３つのイベントの第２段は，1988年に行われた「智頭杉「日本の家」設計コンテスト」であった．このコンテストでは，杉の特長を活かし，日本人の生活様式の変化にも応え得る木造建築家屋の設計図を全国から募った．応募作品は148件に及び，著名な審査委員による審査を経て，特選作品（農山村用，都市部用各１件）他10件の入賞作品が選ばれ，盛大な授賞式が開催された．授賞式に出席した特選受賞者の一人は，「コンテストの主催者は，智頭町役場と林業関係者の代表と思っていた．まさか，住民主体の小集団組織が，これほど大規模なコンテストを企画し，仕掛け，実行し，成功させたとは想像もできなかった．」と記している[4)]．入賞作品をはじめとする設計図は，コンテストの翌年に設立された建築供給組合に貴重なノウハウとして蓄積されていった．

３つのイベントの第３段であると同時に，杉板葉書，杉製写真たてに始まる「智頭杉の高付加価値化」を軸とする前期の総決算とも言えるイベントが，1989年に行われたログハウス群の建設であった．また，後述するように，このログハウス群建設は，智頭杉の高付加価値化を軸とする活動が展開された前期（1984-89年）の最終段階であるとともに，学問・科学および異文化とのふれあいによる人づくりを軸に展開された後期（1988-現在）の初発段階としても位置づけることができる．ここでは，まず，前期の最終段階としてのログハウス群建設に焦点を当てる．

1988年，「智頭杉「日本の家」設計コンテスト」の推進中，M氏とT氏の核集団を中心として，智頭町の中でも最も山深いところにある村落，八河谷地区にログハウス群を建設しようという企画がもちあがった．ここで，八河谷地区が選定された理由を説明するには，若干の年月を遡らねばならない．1986年，智頭木創舎設立の同年，４人の町会議員とT氏も加わるかたちで，八河谷地区の一隅に「杉の木村」というイベント・ゾーンがつくられ，都市と農村の交流をテーマとする春秋のイベントが何回か行われた．過疎に悩む村落のシンボルとして，智頭町最深淵部の八河谷地区が選定されたのである．しかし，結果的に，この一連のイベントは，雨が降れば中止せざるを得なかったり，参加者も思うように集まらなかったりで，必ず

しも成功しなかった．このような過去の経緯があって，1986年当時の本来の目的…地域活性化のモデルとすること…を実現するために，八河谷地区がログハウス群建設の舞台として再浮上したのである．当時，鳥取県知事が提起していた「ジゲ起こし」[注1)] の具体例を作りたいというねらいもあった．

ログハウス群建設の企画，計画立案は，1988年半ばからスタートした．まず，ログハウス建設のノウハウを習得するため，２名の青年がカナダに１ヶ月派遣された．また，後に述べる経緯で準核集団の一員に加わるＯ氏の人脈により，カナダの高校教師でログビルダーでもある女性が，建設指導者の候補として浮かび上がり，懸命に来日交渉が行われた．実際の建設作業に当たる人々は，５日間の作業従事に対して，完成から向こう５年間，年３日，無料で利用することができるという条件で，全国から新聞により募集した．また，完成後のログハウスの管理・運営については，地元八河谷地区の住民に産業組合を結成してもらい，それに管理・運営を委ねるという方針が立てられ，八河谷地区住民代表者との折衝が行われた．

以上のような準備のもとに，1989年夏，朝日新聞の小さな紹介記事に心動かされた68人の参加を得，前述のカナダ人女性ログビルダーの指導，核集団および協力者の懸命の努力によってログハウス４棟が建設された．このログハウス群「杉の木村」は，紆余曲折を経ながらも，杉の木村産業組合（後述）による管理・運営に移行し，さらに，その後，ログハウス２棟も建設され，現在では，年間12,000人の来訪者を呼び込むまでに至っている．また，別荘としてログハウスを建築し，頻繁に「杉の木村」を訪れる人も数人現れた．今では,「杉の木村」は，八河谷住民の誇りにすらなっている．

(3) 後期（1989-94）

まず，後期においてM氏, T氏とともに準核集団を構成することになるＯ氏（当時41歳）が，前期の終わり頃，この地域活動に関わりを持つに至った経緯から述べよう．「智頭杉「日本の家」設計コンテスト」が行われた1988年，核集団は，地域活動の中に国際交流の要素を取り入れようと考え，

その手始めとして，地元の大学である鳥取大学の外国人留学生を智頭に招待し，地元の子供たちとの交流会を開催するという企画を立てた．そのために，T氏は，当時，資金面で助成を受けていたある財団の研究員と連れだって，鳥取大学を訪問した．しかし，数人の教官に留学生を紹介してくれるよう協力を依頼したものの，はかばかしい返事を得ることができず，最後の一人として訪れたのが工学部教授（社会システム開発論専攻）のO氏であった．O氏は，T氏の依頼に即座に賛同，協力を約束した．その時，T氏は，O氏が過疎地の地域計画をも研究テーマとしていることを知り，O氏に自らの地域活動のアドバイザーになるよう依頼した．

O氏は，その後，何度か智頭を訪れ，それまでの地域活動の実績を知り，また，当時，核集団とそのサポーター約30名によって設立された「智頭町活性化プロジェクト集団（Chizu Creative Project Team；CCPT）」のメンバーの熱気に触れる中から，次第にこの地域活動を指導するとともに研究フィールドとすることを決心していった．ただし，O氏の決心を躊躇させたものが一つあった．それは，核集団に見られた政治（町政）志向の側面であった．もちろん，このことは，それまでの地域活動が町政（例えば，町長選挙，町議会選挙）に打って出るための手段であったという意味では毛頭ない．ただ，都市とは違って，人口一万余りの小さな町村にあっては地域活性化を志すような人間にとって，町政への進出は，伝統的には，むしろ常識的な選択肢の一つであり，ここに登場する人々もその例外ではなかったというに過ぎない．しかし，O氏は，自らの参加が政治的に利用されることを断じて拒否，もし，政治志向を払拭しないならば自分は参加しないと，核集団に政治志向の放棄を迫った．これに対して，核集団は，政治志向の放棄を決断，以後，町政とは一線を画す形での純粋な住民運動路線を歩み続けることになる．政治的権力とは一線を画す住民による政治が志向されるようになったとも言えよう．

O氏参入後，M氏とT氏の核集団は，従前にも増して「核」集団として成熟していったが，同時に，O氏とT氏との学問・科学を仲立ちとする強い信頼関係も形成されていった．したがって，M氏とT氏の核集団にO氏を加えた，いわば準核集団が地域活動，すなわち，CCPT活動の中心となって

いったと言えよう．一方，Ｏ氏の参加直前のCCPT設立（1988年）によって，核集団ないし準核集団をサポートする約30名の人々は，個人的協力の域を越えて，一つの集団のメンバーとしての所属意識を持つに至った．

Ｏ氏は，まず，CCPTがログハウス群建設によって活性化しようとしていた八河谷地区の実態調査（1988年夏）に着手した．この実態調査は，八河谷地区住民はもちろん，八河谷地区から町外に離れていった元住民をも調査対象とする徹底的なものであった．調査には，Ｏ氏の研究室の学生が総動員で当たった．しかし，調査結果を一言で要約すれば,「八河谷地区を離れていった人々に，再び帰郷する意思はほとんどなく，放置する限り，八河谷地区は過疎化の一途を歩む」というものであった[5)]．地元住民に対する調査報告会（1989年）は重苦しい雰囲気に包まれたと言う．しかし，Ｏ氏は，とにもかくにも，これが現実であり，現実を認識することからすべてを始めなくてはならないと，主張した．また，前述のとおり，Ｏ氏は，すでに進行していたログハウス群建設計画に対しても，種々のアドバイスを与えるとともに，自らの人脈により，カナダ人女性高校教師のログビルダーの来日交渉に尽力した．

1989年のログハウス群建設以降のCCPT活動は，そのウエイトを物づくりから人づくりへと移行させる．とりわけ，異文化および学問・科学とのふれあいによる人づくりがクローズアップされてくる．まず，異文化とのふれあいについては，1988年のCCPT設立に引き続いて，智頭町活性化基金を設立し，それを財源とする青年の海外派遣を開始した．具体的には，ログハウス群建設のために来日したカナダ人女性高校教師の勤務校に，智頭町の高校生13名（1990-92年の３年間）を派遣した．この高校生派遣は，1993年より，地元の智頭農林高校が国際交流支援協議会を設置して継承，同校PTAや鳥取県教育委員会もそれを公認するに至っている．高校生と並んで，同期間に，智頭町出身の大学生５名，および，青年社会人11名を，欧米，オーストラリア，東南アジアに派遣した．とくに，最初の青年社会人２名の派遣は，地元住民やマスコミの脚光を浴び，体験談を聞くための講演会も多数開催された．彼ら２名は，その後，CCPTのメンバーに加わっている．また，青年社会人の海外派遣は，1993年に，青年海外支援協議会

に継承されている．さらに，海外派遣された青年５名は，1993年，智頭町未来人集団を結成，智頭町出身大学生の海外派遣を受け継ぐとともに，次第に，CCPTから親離れし，独自の活動を模索しつつある．

青年の海外派遣のみならず，CCPTメンバーを中心とする人々自身も海外との交流を進めている．彼らは,1989年より旅費の積み立てを開始,1992年には23人の一行がカナダを訪問，また，それに応えて，翌1993年には，カナダ人16人が智頭町を訪れた．彼らは，1996年のアメリカ訪問，2001年のスイス訪問，2006年のオーストラリア訪問を目標に，すでに旅費積み立てを開始している．さらに，前述した鳥取大学留学生を招いての子供とのふれあい（1988年）に続いて，1990年から，オレゴン大学学生４名を受け入れている．また，1991年にはオレゴン大学の学生や高校・大学の英語関係者の協力を得て，智頭の民話を英訳し，その英訳を用いた中学生のスピーチ・コンテストを実施，最優秀者をオレゴンに派遣している．このコンテストの実施は，1993年より，前述の智頭町未来人集団の手に委ねられている．

異文化とのふれあいによる人づくりと並行して，学問・科学とのふれあいによる人づくりも進められた．その最も顕著な活動は，1989年より毎年秋に開催されている２泊３日の「杉下（さんか）村塾」(吉田松陰の松下村塾の松を杉に置き換えた名称）である．この塾では，地域づくりに関連する多角的なテーマが取り上げられ，講師陣も,O氏らの人脈により，多彩な大学人，知識人が年々参加するようになり，1993年には，CCPTメンバーを中心とする受講者27名とほぼ同数の講師が参加するに至った．また，杉下村塾より規模は小さいが，地域の知的土壌づくりを意図した「耕読会」と呼ばれる半日程度の読書会が，1991年より，年４回のペースで，10年間継続の目標のもとに開催されている．1990年からの３年間，他の地域からの地域リーダーが一堂に会す地域リーダー養成講座も開催された．

このような学問・科学とのふれあいの中から，T氏は，自らの企画・計画立案の体験に基づき，一つの斬新なディスカッション手法…四面会議システム…を考案した．この手法については，すでに,「土木計画学研究・講演集」にも報告されているが[6)]，総合管理，人的支援，物的支援，広報・

情報という４つの役割を配置して企画を掘り下げていく参加型の計画手法である．この手法は，現在も，CCPTメンバーが各種の企画・立案を行うときに頻繁に用いられている．

以上述べたように，1988，89年以降の後期は，主として，物づくりよりも人づくりに重点を置いた活動が展開されたわけであるが，それと並行して，前期の物づくりに重点を置いた活動の成果を定着させるための活動も行われている．具体的には1989年に建設され，八河谷地区住民から成る杉の木村産業組合に管理運営が委ねられたログハウス群「杉の木村」をさらに整備充実するため，鳥取大学教官有志の出資によるセミナーハウスの建設（1990年），杉の木村を流れる河川の親水公園化（1991年），テニスコートの併設（1992年）が行われている．

1989年のログハウス群建設のノウハウは，その直後CCPTメンバーの一人を中心として企業化され，販売は順調に拡大しつつある．また，毎年夏，参加希望者を募って，CCPTによる１週間のログハウス制作講習会が開催されてきたが，1994年から，この講習会も上記企業に継承された．

最後に，最近２，３年の新しい動きについて，２点だけ紹介しておきたい．第１は智頭町全体に関わるCCPT活動の経験を踏まえて，T氏が，その特定郵便局を拠点に自らの居住地区において開始した活動である．具体的には，同地区の特産品を住民とともに開発し，郵便局を通じた商品として流通経路に乗せたり，同じく住民の協力のもとに，同地区に紫陽花１万本を植えたり，ボランティアの除雪隊を発足させたりしている．第２に，O氏らとその人脈による感化，あるいは，CCPTメンバーである鳥取県職員（河川担当）の影響を受けて，河川を中心とする環境問題に対する関心が高まり，1992年には，「ふるさとの川を育む会」が発足，1994年には智頭町・県土木部・住民の三者一体で組織する「親水公園連絡協議会」が発足している．

2．活性化運動の主体（CCPT）に関するグループ・ダイナミックス的考察

以上紹介した智頭町における約10年間にわたる活性化運動を，グループ・ダイナミックスの視点から考察してみよう．具体的には，10年間の活性化運動を前期と後期に分け，前期に関しては，核集団（という集合体）と大多数の地域住民から成る地域集合体の関係に焦点を当て，後期に関しては，核集団，CCPTという２つの集合体と地域集合体の関係に焦点を当てて考察する．図-1は，その概要をまとめたものである．

(1) 前期―M氏とT氏の出会いからログハウス群「杉の木村」建設まで

この時期，まず，M氏とT氏による核集団が形成され，数人の協力者とともに，一つの集合体として浮上してくる．その過程は，あたかも，深く大きな沼の静かな水面に，一つの気泡が出現し，その小さな気泡が，それを再び飲み込んでしまおうとする沼全体の力に抗して，一つの気泡としての存在を必死に維持していくかのようであった．実際，数百年の歳月の間に定着した地域の体質，すなわち，新しい変革の試みの一切を拒否する地域集合体の保守的集合性は，あたかも大きな沼のように，突如出現した集合体を再び自らの中に飲み込み，もとの静寂さを取り戻そうとした．ある者は無視することによって，ある者は冷ややかな眼差しを向けることによって，また，ある者は露骨な圧力をかけることによって，新しい集合体の出現を「一時の間違い」にしようとした．その中にあって，新しい集合体は，地域の伝統的体質に対する義憤を一層強くし，かつ，したたかな戦略性にも訴えながら，一つの集合体としての存在を強化していった．「(当時は)自分でも狂気を演じていたと思う」というT氏の回想は，そのような状況下の心情をよく伝えている．

この時期における核集団の集合的行動パターンの特徴として，彼らが行なった３つのイベントの最初の２つが，いずれも広く全国から応募者を募るコンテストであったことに注意したい．繰り返し述べるよう

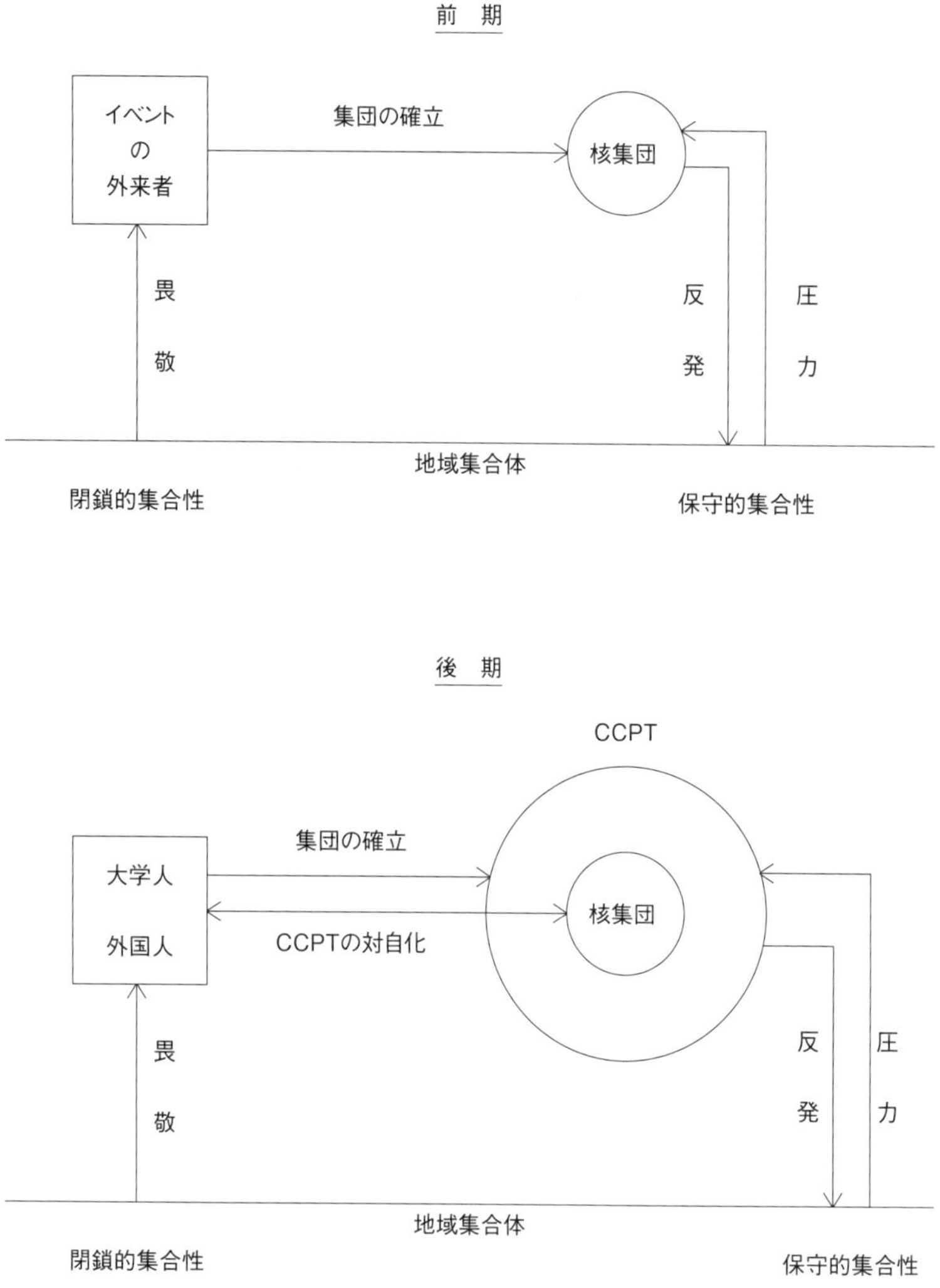

図1　智頭町における地域活性化10年にみられる集合性の構図

に，彼らを取り巻く地域住民のほとんどは，彼らを無視するか，冷ややかな目で見るか，あるいは，彼らの「傍若無人の奇行」を止めさせるべく圧力をかけるかのいずれかであった．おそらく，彼らにとって，地域住民は，「ぬかに釘」のことわざに言う「ぬか」，しかも，とげ混じりの「ぬか」に

も思えたのではなかろうか．そのような「ぬか」に釘を打ち込むためには，なまじっかの釘では通用しない．誰もが注目せずにはいられないような釘を打ち込まねばならない．そのような釘を打ち込んでこそ，自らの集合体の存在も強化される．その点，全国の多くの応募者の中から選ばれた「優れた」受賞者を，その「優れた」作品とともに一堂に集める授賞式，また，それに至る募集・審査の過程は，住民の注目を十分引きつける「釘」になり得る．マスコミの報道がそれに拍車をかけることは言うまでもない．

受賞者や多くの応募者は，閉鎖的な山間地の住民とって，いわば「外の世界」に住む人たちである．「外の世界」は，地域集合体にとっての環境的外部であり，すべての環境的外部がそうであるように，何らかの暗黙・自明の前提を担っている．では，地域集合体の環境的外部である「外の世界」は，いかなる暗黙・自明の前提を担っていたのだろうか．この質問に答える鍵は，地域集合体の「閉鎖的」集合性にある．狭い山間の地に自閉した集合的行動パターンを織りなすことが，地域集合体の日常であるということは，同時的に，自閉する地域の外に広大な「外の世界」があることを自明なものとしていく．さらに,「外の世界」が広大であれば，その世界には，おそらく，自らの地域ではとても出会えないような優れた人物もたくさんいるはずだということもまた，自明のこととなる．つまり，地域集合体の閉鎖的集合性は，その裏返しとして,「優れた人物もたくさんいるに違いない広大な世界」という暗黙・自明の「外の世界」観を構築する．その広大な「外の世界」に住む多くの人々の中から選ばれた優れた受賞者や，その選考に当たった著名な審査者が，自分たちの狭い地域に集まれば，それら受賞者や審査員は，一種畏敬の目で見られることになろう．したがって，このようなイベントは，いやが上にも注目の対象となる．引いては，そのようなコンテストを実現した核集団は，もはや否定しがたい存在として確立されていくことになる．同様のことは，２つのコンテストのみならず，多くの外来者や外国人指導者を巻き込んで実施されたログハウス群建設についても当てはまる．

翻って考えれば，このような「外の世界」を利用したイベントを企画し得たのは，おそらく，M氏，T氏のいずれもが，智頭の一般住民に比して，

「外の世界」に精通していたことと無縁ではあるまい．前述のとおり，M氏は，関西に仕事上の大口得意先を持ち，しばしば関西と智頭を往復しているし，T氏は約10年に及ぶ広島勤務の経験を持つ．両氏は，地域集合体に属するのと同時に,「外の世界」の人々との集合体にも属していた．したがって,「外の世界」の人々との集合体の一員として，地域集合体の集合性のあるものについては，それを外部者として認識することができたのであろう．地域集合体の「閉鎖的」集合性は，彼らが，外部者として認識することのできた地域集合体の集合性の一つであったに違いない．当時，M氏がT氏に語った言葉,「智頭の中だけを見て動かそうとしても智頭は動かない．智頭を囲む山々の稜線に，智頭をまたぐ「三叉」[注2)]を架けよう」という言葉は，核集団が，地域を活性化する上での「外の世界」の重要性を認識していたことを物語っている．この両氏に限らず，地域活性化運動のリーダーには，一旦都会に出て戻ってきた人，いわゆるUターン経験者が多いのも，地域集合体の集合性，とりわけ，その閉鎖的集合性を外部者の目から認識できることによると思われる．

以上，前期における核集団の確立にとって「外の世界」が有した意味について考察してきたが，前期における今一つのグループ・ダイナミックス的特徴として，核集団にとっての主要な環境的外部であった「杉」の意味について考察しておこう．そもそも，M氏とT氏は，その出会いに先だって，それぞれ杉を使った商品の開発に着手していた．また，既に述べたように，彼らの地域活性化運動は，ごく自然に，杉の高付加価値化を軸として開始されていった．つまり，杉は，彼らが何か事を起こそうとするとき，ごくごく自然に頼ることのできる，いわば無条件の与件であったと思われる．それは，幕末以来の植林に始まり，昭和初期にほぼ現在のような杉の山々の景観に至った長い歴史的伝統の産物である.智頭の人々は,文字どおり，四方八方を取り囲む杉の山々のふところに包まれて，その一生を送ってきた．

杉は,智頭の住民を包み込む伝統のシンボルであるとともに,地域の伝統的体質，すなわち，地域集合体の伝統的集合性のシンボルでもある．山々の杉も，国有林をのぞけば，一握りの山林所有者の所有物である．明治以

来，住民が生計を立てる上で，林業への依存度は，現在とは比べものにならないほど高かった．山林を所有することは，とりもなおさず，地域の支配的地位にあることを意味していたのである．この支配の構造は，農地解放こそあれ山林解放はなかった戦後も，根強く存続している．地域を牛耳る一握りの有力者，資産家と言う場合，そのほとんどは，多くの山林を所有する者と重複する．山を持つ者と持たざる者，したがって，杉を所有する者と所有せざる者，この区別は，木材不況と言われる今日でさえ，なお，その意味を失ってはいない．

核集団が能動的企画・経営の対象とした智頭杉は，地域集合体の伝統的集合性，とりわけ，その支配の構造のシンボルでもあった．M氏，T氏のいずれにしても，山を持たざる者であり，後にCCPTを形成する人々も，同じく，山を持たざる者たちである．そのような核集団にとって，地域を牛耳る山持ちの山から切り出された智頭杉に，新しい企画・経営の刃を入れることは，伝統的な支配の構造に刃を入れることをも意味しよう．しかし，それだけに，彼らの能動的企画・経営の姿勢は，有力者や資産家のみならず，伝統的集合性に包まれる地域集合体の人々にとっても脅威だったのである．

(2) 後期—ログハウス群「杉の木村」建設から1994年まで

後期においては，核集団が徐々に獲得してきた支持者約30名と共に，「智頭町活性化プロジェクト集団（Chizu Creative Project Team；略称CCPT)」を設立，一方では，各種の国際交流活動を推進しつつ，他方では，都会の大学人，知識人と学問・科学を通じた交流を展開していく．また，M氏とT氏の核集団に，社会システム論を専攻する大学人O氏を加えた準核集団が，CCPTという集合体のリーダー的役割を果たすようになる．以下，最初に，約30名から成るCCPT集合体について，この時期の特徴を考察し，引き続いて，核集団ないし準核集団について考察する．

まず，この時期におけるCCPT集合体と地域集合体の関係は，前期における核集団と地域集合体の関係に類似していることを指摘したい．ここで，この時期，一応，CCPTという「集団」が結成されたとはいうものの，そ

の構成メンバーは1992年に至ってようやく対外的に公表されたことに留意したい．それまでは，M氏やT氏の行動に賛同した人が，個別的なプロジェクト遂行のためにM氏やT氏と行動を共にするという形態であり，M氏・T氏を介して間接的に一つの集合体を形成していたとしても，自他共に認める顕在的な集合体ではなかったわけである．その理由は，へたに構成メンバーを公表することは危険だったからに他ならない．確かに，前期におけるいやが上にも注目せざるを得ない核集団の行動によって，核集団に関する限り，地域住民も，当初のような無視の態度はとり得なくなっていた．そのことは，核集団に対する反発が強くなってきたことをも意味している．しかし，すでに，核集団は直接反発を向けるにはあまりにも強くなっていた．その反動として，核集団を支持し，追随しようとするメンバーたち，とりわけ，年齢や資産の面で下位の立場にある者が，反発の矢面に立たされる危険性は高く，核集団は，メンバー・リストの公表に慎重にならざるを得なかったのである．つまり，後期，とりわけ後期の前半においては，CCPTという集合体のほとんどのメンバーには，核集団と行動を共にしたいという願いと地域住民から疎外されることへの不安が同居していたと言えよう．

この不安が払拭され，CCPT集団の確立が達成されるプロセスもまた，前期において核集団が集団としての確立を達成していったプロセスと類似している．ここで，前期のイベントにおいて，「外の世界」から訪れた優れた受賞者たち…地域住民が畏敬の念を抱くような人たち…のことを思い出してほしい．後期における外国（人）にしても，都会の大学人や知識人にしても，智頭の地域集合体にとっては，同じく，「外の世界」の人間である．しかも，テレビや映画でしか外国（人）を目にする機会がない．また，地元には大学もない地域集合体にとって，外国（人）や大学人・知識人はごく自然に，一種あこがれと畏敬の対象でもある．したがって，そのような外国（人），大学人・知識人と親しく交わることは，CCPTのメンバーに，自らがCCPTに所属することの正当性を見出し，自信を深めていくことを可能にしたと思われる．また，広範な地域住民も，畏敬の対象である外国（人）や大学人・知識人が，真剣かつ積極的に交流するCCPTを目の当たり

にして，CCPTという集合体に対する認識を変えざるを得なかったであろう．ここに，CCPTが，そのメンバー構成を公表し得るだけの強固な基盤が形成されていき，CCPT集団としての確立を実現するのである．

一方，核集団に注目すると，とりわけ，大学人との関係において，CCPTの一般メンバーに一歩先行する特徴を見ることができる．すなわち，この時期から，大学人O氏を含む準核集団の中での議論，あるいは，O氏らの人脈により智頭を訪れる大学人・知識人との対話を通じて，核集団は，CCPTという集団自体のあり方を対自化するという集合的行動パターンをとるようになる．それを最も良く示しているのが，T氏によって1990年に始められた「CCPT活動実践提言書」の制作である[7)]．毎年約200頁に及ぶ提言書の中には，前年度の活動内容が詳細に記録されているのみならず，その巻頭には，CCPTの活動に関する総括と展望が，M氏やT氏によって記されている．ちなみに，平成４年度提言書のタイトルは，「新・地域リーダー考「エディター」の提案」[注3)]，平成５年度提言書のタイトルは，「ゴールは近づきゴールは遠のく…新しい助走にむけて」であり，まさに，核集団のリーダーシップのあり方，CCPT集合体そのもののあり方が対自化され，議論と分析の俎上にのせられている．

３．ログハウス群「杉の木村」の地元村落へのインパクト

ログハウス群「杉の木村」建設の経緯については，第１節において，主としてCCPTの視点から記述したが，本節では，「杉の木村」建設が八河谷村落の住民集合体に与えた影響を考察する資料として，同じ建設プロセスに関する八河谷住民の視点に立った記述を追加しておく．それによって，CCPTによる能動的な活性化運動が，その舞台となった村落に住む人々に，どのように受け入れられていったかが明らかになる．

八河谷村落は，智頭町の北東端に位置し，山間の地，智頭の中でも最も山深いところにある．冬は雪深く，交通も途絶えがちである．過疎化は顕著であり，1960年頃250人以上だった人口は，1994年現在，61人にまで減少，そのほとんどが60歳以上の高齢者であり，小中学生はわずか一人しか

いない.

先にも述べたとおり，八河谷村落を地域活性化のモデル・ゾーンに選定し，そこを活性化しようとする最初の試みは，1986年，４人の若手町会議員によってなされた．八河谷村落住民は「杉の木村連絡協議会」を結成，町会議員の一人の紹介によって,関西のある都市の生協とつながりができ，都会の人を村落に招いてさまざまな交流イベントを催した．しかし，当初は，村落住民ほとんどの協力も得て,「村おこし」関連の賞を受賞するほどであったが，２年も経たないうちにマンネリ化し，また，屋内施設がないにもかかわらず雨が多いという当地の気候的悪条件も重なり，活動はしりすぼみになっていった.

そのような中,CCPTのM氏とT氏が，八河谷村落の有力者の一人A氏を訪れ，ログハウス群建設の計画をもちかけた．M氏とA氏は，木材取引を通じて長年の知り合いであり，T氏は，A氏の知人の子供であり，T氏を幼い頃から知っていた．また，1986年の智頭木創舎設立に伴い，M氏とT氏が，八河谷村落の人たちに，杉製の葉書や絵本を制作するための糸のこ作業を紹介し，A氏，S氏ら５名が「杉の木村木工組合」を設立して糸のこ作業に従事するようになったという経緯もあった．A氏，S氏は，それぞれ，前述した「杉の木村連絡協議会」の会長，副会長でもあった.

最初，A氏は，ログハウス群建設の計画を聞いても，その実現性には半信半疑であったが，それまでの活性化イベントがしりすぼみになり，その打開策もなかったところから，M氏とT氏の申し入れを了承した．その時，M氏とT氏は，ログハウス群が建設された後は，たとえ村落が二分されようとも，その管理・運営に携わる意欲のある八河谷住民だけで「杉の木村産業組合」を作ってもらい，その産業組合にログハウス群を無償譲渡するという方針を伝えた．併せて，今後，A氏がCCPTに対する八河谷住民の窓口となることを要求，A氏もそれに同意した.

前述のとおり，ログハウス群は，CCPTの懸命な努力によって1989年の一夏をかけて建設された．また，カナダ人ログビルダーが建築指導者として来村，村落住民の家にホームステイをしたり，全国からログハウス建設のために多数の人々が来村するなど，村落は多大のインパクトを受けた.

ログハウス群完成後は，A氏ですら予想もしなかったような多数の人々がログハウスを利用に来村する，マスコミでも大きく報道されるなど，もはや，「杉の木村」を抜きにしては八河谷を語り得ないまでになった．

ログハウス群建設後，ようやく産業組合が結成され，ログハウス群の管理・運営に当たったが，産業組合に名を連ねたのは，A氏，S氏をはじめ，村落の役職経験者を中心とする八河谷住民の約半数であった．つまり，ログハウス群をめぐって，村落が２つに割れたわけである．ただ，産業組合に入らなかった半数の人にとっても,「杉の木村」の持つ勢いは如何ともしがたく，表だった対立には至らなかった．

このように，CCPT主導で建設されたログハウス群を，産業組合を結成した八河谷住民が譲渡してもらうというように，八河谷住民のログハウス群に対する姿勢は，受け身のそれであった．また，多数の外来者を相手にするような事業は，八河谷住民にとって全く初めての経験であり，その運営・管理も, CCPTからみれば，満足できる水準にはほど遠かった．実際，CCPTは，ログハウス群建設に続く「杉の木村」の拡充計画を提案するとともに，ログハウス群の管理・運営についても，ことあるごとに注文を付けざるを得なかったようである．

しかし，建設後４年目の1993年，八河谷住民の中に，初めて，積極的な動きが生じた．それまで「杉の木村」に食堂施設はなかったが，農業改良普及所の人から，食堂施設を作ってはどうかとのアイデアと，もし，村落住民全員がそれに賛同するのであれば補助金ももらえる可能性があるという示唆を得た．そこで，これを機に, A氏とS氏は，未加入だった世帯を精力的に説得，村落のほぼ全戸の産業組合加入を達成，資金を供出しあって食堂施設を建設した．その背景には,「杉の木村」が多くの客を呼び続けているという動かしがたい現実，自分たちが管理・運営しているとは言え，「杉の木村」の中に自分たちの手によって作られたものは何もないという物足りなさ，CCPTからの注文を排除して，自分たちだけで管理・運営をしたいという希望，などが交錯していた．

4．活性化運動の対象となった村落に関するグループ・ダイナミックス的考察

以上述べたように，現在では，ログハウス群「杉の木村」の管理・運営は，地元八河谷村落のほぼ全戸が加入する産業組合によって行われている．では，いかなる集合体のいかなる集合性を媒介とすることによって，このような現状に至ったのか，また，現在，「杉の木村」は，村落集合体の集合性においていかなる位置を占めているのか，これら２つの点について考察してみよう．

CCPTによるログハウス群建設の申し入れから，その建設，譲渡を経て，村落住民による運営・管理に至る過程において，専ら顕在化したのは，村落集合体の血縁的・地縁的集合性であった．ちなみに，八河谷村落の血縁関係は，A氏の属する家系とS氏の属する家系の２つに分かれるが，両家系の間にも婚姻関係があるので，村落全体が一つの血縁関係にあると言ってもよく，その意味で，村落の血縁関係と地縁関係は，ほぼ重なり合っていると言える．ログハウス建設後に産業組合を設立し，その管理・運営に当たったのは，A氏やS氏をはじめとする血縁的・地縁的集合体のリーダー的人物であった．

血縁的・地縁的集合性への依存は，村落住民が食堂施設の自力建設に至るプロセスでも，再び顕在化する．CCPTの経営的手腕により，「杉の木村」は村落住民が予想もしなかったような多くの人々を吸引する場となった…もう，後戻りすることなど考えようもない，前向きの大きな流れが出現してしまっていた．A氏やS氏は，産業組合に未加入の住民を加入させるべく，精力的に説得活動を展開する．A氏の言葉を借りれば，「なだれ現象」…影響力のある未加入者の賛同を得ることによって，それ以外の人々を一気に賛同者とすること…を起こしたわけである．つまり，産業組合の立ち上げ，産業組合の村落全体への拡大という２つの段階の両方において採用されたストラテジーは，まさに村落集合体の血縁的・地縁的集合性に基づくそれであった．

では，現在，「杉の木村」は，村落集合体の集合性の中に，どのように位

置づけられているのだろうか.「杉の木村」を訪れる多くの人々の目には,村落住民が行なっていることは,民宿経営—年間12,000人もの来訪者を呼び込むまでに成功し,かつ,村落住民の誇りにもなっている民宿経営—と大差ないものに映る.実際,筆者も,当初はそう思っていた.しかし,彼らが,「杉の木村」の管理・運営に費やす労力の代価として得ている収入を調べるうちに,その額が,民宿経営という営利行為と呼ぶにはあまりにも少ないことに気づかされた.村落住民の中には山林所有者もいれば,村落の共有林もある.かつての木材景気のときに得た収入で関西に賃貸マンションを所有する者もいた.第一,彼らには,農業という,それだけで生計を立てることのできる本業があり,その本業から得られる収入に比べれば,産業組合を通じて得られる収入は,あまりにも少ないアルバイト代としか言いようがないほどであった.

実は,「杉の木村」で住民が行なっていることを端的に指す言葉が,村落住民自身のボキャブラリーの中に発見された.それは,「総事（そうごと)」という言葉であった.総事とは,村落の住民が総出で行う,無償の共同作業である.例えば共有林の手入れ,村落の掃除,道路の補修,村祭り,葬式,等が,従来行われてきた総事の代表的な例である.かつては,これらの総事に参加できなかった人に対しては,別途労働作業への参加が要求されたり,罰金が課せられたりもした.しかし,過疎化の進行に伴い,八河谷村落では,1980年代の中頃から,総事はほとんどとりおこなわれることがなくなっていた.

筆者らが,総事という言葉に注目したのは,「杉の木村」での作業を村落住民がそう呼んでいたからではない.「杉の木村」における作業を総事と呼んでいた人は,誰もいなかった.住民のほとんど全員とのインタビューを含む数ヶ月に及ぶ現地調査において,筆者らが耳にした数多くの語彙の中で,「杉の木村」における彼らの活動をイメージさせる言葉として,筆者らが,いわば偶然に注目した言葉が,総事という言葉であったのである.「杉の木村」における作業は総事ではないのか,という仮説をもって,A氏から再び話を聞いたときのセリフは,われわれの仮説を支持するものであった…「そう,今の八河谷にとって,総事と言えるのは「杉の木村」だけか

もしれない」.

ここに, CCPTによる能動的な活性化運動の成果である「杉の木村」が,その舞台となった地元村落の住民によって,彼らの伝統的な集合的行動パターンである総事として取り込まれていったことが明らかになった. O氏の言葉を借りれば,「地域活性化のモニュメント」として建設された「杉の木村」は,「総事」を行う場として,村落集合体の中に土着化していったのである. したがって,八河谷住民がログハウス群に対して示す反応や,産業組合の運営・管理の現状は, CCPTが期待したものとは言い難い. 例えば,前述のCCPTによる「杉下村塾」,「耕読会」といった学問・科学とのふれあいは,「杉の木村」を開催場所として行われるにもかかわらず,八河谷村落からの参加者は皆無である.

しかし,忘れてならないのは,「杉の木村」で行われている総事は,あくまで,「新しい」総事であるという点である. その総事は, CCPTという能動的な経営感覚の持ち主によって創出された総事であり,また,年間1万人を越える外来者を相手にした総事でもある. それは,単に,消滅しかけていた総事の復活にとどまらない. それは,従来の総事が,村落「内部」における共有財産の維持・管理,あるいは,村落住民「内部」における互助のための総事であったのに対して,はるかに村落「外部」に開かれている. 八河谷の村落集合体もまた,その伝統的体質としての閉鎖的集合性を有している. そうだとすれば,「杉の木村」をめぐる新しい総事には,その閉鎖的集合性にいささかでも変化のきっかけを与え得る可能性が秘められていると考えることはできないだろうか.

5. 結語

地域活性化という(地域全体の)集合性の再構築過程には,あまりにも対照的な2種類の集合性の相剋が必要条件であるように思われる. 一つには,少数の人間からなる集合体の先鋭的な集合性,もう一つは,多数の人間からなる集合体の,長い歴史に裏打ちされた集合性である. 智頭町活性化の10年は,前者が後者の力に抗して,その存在を確立していった過程で

あった．しかし，同時に，前者は，非常に緩慢ではあるが，確実に，後者の変容をもたらしつつある．10年という時間は，日々先鋭化を突き詰める前者の集合性を記述するにはあまりにも長く，その影響を受けて変化する後者の集合性を記述するにはあまりにも短い時間なのかもしれない．

智頭町の地域活性化は，現在なお進行中である．それどころか，本稿執筆現在（1995年夏），明らかに新しいフェーズに突入しつつあるように見える．それは先に図示した集合性の構図の延長では，もはや描ききれない新しいフェーズのようにも思われる．すなわち，CCPT集合体と地域集合体の圧力・反発の構図は，そのウェートを下げつつある．また大学人・知識人にしても，「外の世界」の人間としてのウェートを減じ，（たとえ，身近な内部にいてもなお）広範な人々に対自化の場を提供し得る存在として再定義されつつある．

これらの変化は，おそらく，CCPT集合体の集合性の変化と相即的に進行するだろう．あくまでも一つの可能性に過ぎないが，CCPT集合体が，一つの可視的「集団」としての様態から，より境界があいまいな，より緩やかな連結によって維持される様態へと変化するかもしれない．しかし，仮に，「集団」としての可視性を減じたとしても，あたかも変幻自在の軟体動物のように，地域コミュニティのひだの中にしみ込み，そして，岩をもうがって伸びる木の根のように，縦割り行政システムの壁を突き崩して，その中に浸食していくならば，そこには，新しい住民自治に向けての一つの具体的な方向性が提示されてくるであろう．もし，そうなれば，それは一山間過疎地の現象と言うにとどまらず，現在の日本社会が直面している大きな課題の一つ，すなわち，新しい政治・行政システムの構築にとって，一つの先駆けをなすものとさえ言えるのではなかろうか．

注

1） ジゲは，自分たちの土地という意味．

2） ２ｍくらいの３本の棒の片方をくくって，三角錘状に立てたもの．通常，二つの三叉（さんまた）に横棒を渡して，刈り穂や衣類を干すのに用いる．

3） ここに言う「エディター」とは，陣頭指揮型のリーダーではなく，人々のさまざまな活動をエディット（紡ぐ）するリーダーという意味である．

謝辞：本稿執筆のための資料収集には，智頭町活性化プロジェクト集団の方々，および，八河谷村落住民の方々から多大な協力を得た．ここに，感謝の意を表する次第である．

参考文献

1）溝口喜代子：いい宿の前にいい町を！（大分県湯布院町），全国町村会・町村研究フォーラム（編著）：地域を担う人材，千里，pp. 288-289，1993.
2）岡田憲夫，杉万俊夫：山間過疎地域活性化の分析アプローチ，土木学会論文集，1996.
3）杉万俊夫：グループ・ダイナミックスと地域計画，土木学会論文集, No.506/Ⅳ-26，pp. 13-23, 1995.
4）河原利和，石川雅典：ふるさと生活の再構築…鳥取県智頭町における地域活性化のケーススタディ，㈶環境文化研究所，1990.
5）岡田憲夫，高野博司：鳥取県智頭町八河谷地区実態調査報告書，智頭町活性化プロジェクト集団，1989.
6）寺谷　篤，岡田憲夫：地域活性化活動から生まれたプロジェクト企画のシステム法…四面会議システム法，土木計画学研究・講演集，No.14（1)，1991.
7）鳥取県，智頭町活性化プロジェクト集団：1989-94CCPT活動実践提言書，1990-95.

（1996.1.23受付）

【土木学会論文集No.562/Ⅳ-35，27-36，1997.4
特集論文（土木計画学におけるリスク分析と応用)】

【1994年版 CCPT活動実践提言書収録】

論文-2

山村過疎地域における活性化運動が住民に与えた影響について

○森　永壽（Mori Hisatoshi）（京都大学大学院人間・環境学研究科）
渥美公秀（Atsumi Tomohide）（神戸大学文学部）
杉万俊夫（Sugiman Toshio）（京都大学総合人間学部）
岡田憲夫（Okada Norio）（京都大学防災研究所）

1　はじめに

本研究は過疎地活性化事業の事例として、鳥取県八頭郡智頭町八河谷村落で行われた「杉の木村ログハウス群」の事業を取りあげる。特に、活性化事業が行われたことによる村落の変化を、村落住民の視点から検討し、過疎地活性化の事業が住民に与えた影響を考察する。

近年、とみに過疎村落の活性化が叫ばれ、様々な文化活動や特産品づくりなどが盛んに行われている。しかし、その問題は単に「もの」を求めるものではなく、住民の「自己実現」を求めるものとなってきている。70年代前半までは人口流出に伴う生活基盤の崩壊の対策として情報や交通をはじめとする物質的な過疎対策が行われた。その結果、70年代後半にはこれらの対策は完成し、社会の豊かさは隅々まで行き届くようになった。と同時に、住民の能動性に基づいた「自己実現」である「活性化運動」が求められ、全国各地でさまざまな試みが行われるようになったのである。

しかし、こういった事業を直接受入れる側の住民からみると「活性化運動」とは何であったのだろうか。本研究は活性化事業を住民の視点から捉える。

2　調査対象地について

智頭町　鳥取県八頭郡智頭町は鳥取県東南部に位置する人口11,000人ほどの山村過疎地である。町面積の90%を山林原野が占めており、「智頭杉」で全国的に有名な林業の町でもある。また、智頭町は古くから山陰と山陽を結ぶ宿場町として栄え、この1994年12月には智頭急行が開通し、関西の都市圏とのつながりもより深くなっている。

八河谷村落　八河谷村落は智頭町の北東部に位置するほとんどが山林の山村過疎の村落である。冬季には雪のため交通も途絶えがちになる。

一時は200人以上だった村落の人口も、平成６年５月末には人口61人にまで減少した。現在では、村落住民の過半数が60才以上の老人で、20才台30才台の人は７人、小学生・中学生はあわせてもわずか１人しかいない。

この八河谷村落は林業を主産業としており、最近ではリンドウの栽培も行われている。しかし、全国的な木材の価格の下落のため、現在では林業に力は入れられなくなった。村落内には小さな繊維工場があるが、他にこれといった産業もない。付近に硅石の採石場があったが、すでに閉山している。

CCPT　さて、この智頭町における、住民自治による地域活性化の有志の集団、「智頭町活性化プロジェクト集団（Chizu Creative Project Team；略称CCPT）」を紹介する。

このCCPTは地域活性化を目標にした智頭町内の有志の集まりである。昭和63年の設立以来、「木づくり郵便コンテスト」や「日本の家設計コンテスト」、カナダをはじめとする諸外国との交流など実に様々な活動をしている。現在では、大学教授などの研究者や企業コンサルタントなどの専門家との交流を広めながら活動をしており、新しい学習施設も着工している。

CCPTの活動の際立っている特徴として、自らの力で企画運営を行う能動的な住民自治の集団であること、さまざまな事業やイベントを継続して行ない、かつ、これら行なってきた事業やイベントを企業化し地域に定着す

るようにしていること、外国人やマスコミ、また学者・研究者などの専門家との交流を持ち、アドバイスを得ていること、一年間の活動を振り返った「提言書」の形で大量の文書記録を残していること、などが挙げられる(岡田, 1994)。

「杉の木村ログハウス群」 このCCPTの最初の取組の一つであり、またもっとも深く関ることになった事業がこの「杉の木村ログハウス群」事業であった。この「杉の木村」とは行政単位としての村落ではなく、交流の「場」であり、同時にこの場を舞台に行われたさまざまな「事業」を指していることに留意されたい。

この事業は、山村生活者と都市生活者との交流の場として、昭和61年に八河谷村落の外れにて始められたものである。この八河谷村落の地が選ばれた理由は、土地の提供があった以外に、当時もっとも過疎化の進んでいた村落でイベントを行うことで智頭町全体の活性化運動の底上げをすることにあった。

元来は人口減少への歯止めと村落の活性化をめざして、町会議員の発案で設立された。活動としては、大都市の生協などとともに、山菜料理などの郷土料理でのもてなしや、雪遊びなどのイベントが催された。しかし、これらのイベントには、期待ほどには都市からの参加者もなかった。また八河谷村落の住民にとっては労力的にも金銭的にも負担が大きく、さらには天候の不順などにも影響されて、まもなく行きづまりを見せることになった。しかし、平成元年からは町会議員に代わってCCPTが企画運営をするようになった。このCCPTの介入には、古い「かや」(杉万, 1995)からの脱却・住民の自発性の育成の２つの目標の下で活動が計画された。こうして、「杉の木村ログハウス群」の活動は再び活発になり、これに付随して八河谷村落にもさまざまな動きが起こったのである。

まず、カナダから講師を招いてログハウス建築のイベントが行われた。この時には全国からのべ350人の参加者があり、参加者のうちの何人かはログハウスを「杉の木村ログハウス群」に別荘として建てている。

また、CCPTの指導の下で、八河谷村落有志14戸により「産業組合」が

設立され、「杉の木村ログハウス群」の管理・運営を村落住民が主体的に行なうようになった。しかし、この管理・運営は村落の一部の住民だけであり、どれだけ「儲かる」かわからない「杉の木村ログハウス群」事業に対して、村落の間で積極派と消極派の分裂が生じた。

幸い、「杉の木村」を訪れる人も次第に増え、平成５年には、食事を提供するログハウス「杉の木茶屋」が建設された。この「杉の木茶屋」はCCPTの指導ではなく、「産業組合」独自の発案で建設された。この建設を機に村落のほとんどが「産業組合」に参加するようになった。その背景には、村落の全員が事業に参加すると国からの補助が受けられるということがあったのだが、「産業組合」が作られて以来の村落の分裂状態が一応終結した。

現在では「杉の木村ログハウス群」は「産業組合」によって村落住民による運営・管理が行われている。特に「産業組合」設立当時からのメンバーが「杉の木村ログハウス群」活動のリーダーグループとなっている。活動の内容は、ログハウスでの宿泊の管理や、草餅や柿の葉寿司などの特産品の製造販売などである。雪のため５月から11月までしか営業していないにもかかわらず、毎年多くの人が訪れ、年間500万円以上の収入を得るまでになっている。

ところで、CCPTは「杉の木村ログハウス群」に対してさまざまな提案や援助を何度も行なってきたが、実際の事業に関しては「杉の木茶屋」ができるころからCCPTからの提案も減り、現在ではCCPTと「杉の木村ログハウス群」との結び付きも薄れてきている。

3　視点

この10年にわたる八河谷村落および「杉の木村」の動きを住民はどのように見ていたのか。八河谷村落住民が何を前提にしてきたのかに着目することによって、村落における「杉の木村ログハウス群」に対する意識の変化を追う。

村落の意識の変化をとらえることは非常に難しく、単なる質問紙調査や実験では捉えられるものではない。というのも、質問紙の回答も実験室実

験の反応も、その実験者と被験者を取り巻く前提や意識に基づいているためである。コミュニケーションや行動などは目に見えるものであるのに対し、これらの前提や意識は目に見えない。その上、その前提や意識の中にいつづける限り、あまりにも当然のものと見なすがために、普段はその存在にも気付くこともないからである。

そこで、八河谷村落住民の「杉の木村」に対する意識を知るために、１ヶ月の間フィールドワークを行った。「フィールドワーク」は研究対象の村落の人々からの視点と研究対象の外部者としての視線とを交互にとることになる。この異なる二つの視点を比較し、対象地内で何が語られ何が語られないのかを検討することによって、住民が何を前提として「杉の木村」をどのようなものとしてみてきたのかを知ることができる。

4　調査

1994年９月16日から10月15日までの30日間、鳥取県八頭郡智頭町八河谷村落に入り、フィールドワークを行なった。この時には「杉の木村ログハウス群」のリーダー宅に滞在して、八河谷村落の全戸を訪問し、「杉の木村ログハウス群」に対する語りを求め事実を確認し、八河谷村落の人間関係や村落の雰囲気にふれ、同村落に存在する「暗黙かつ自明の前提」を明らかにすることをめざした。また、同年12月17日18日にも、再び八河谷村落を訪れた。この時には「杉の木村ログハウス群」と特に深く関ってきた中心的リーダー２人にインタビューを行なった。その目的は、より深い八河谷村落からの視点をとることであり、またその確認の作業であった。

5　結果および考察

これらの調査の結果、八河谷村落における「杉の木村ログハウス群」をめぐる集合性が明らかになり、あわせて「杉の木村ログハウス群」という過疎活性化事業が八河谷村落に与えた影響と、その変化のしくみが明らかになった。結論を先に述べると、CCPTが旧来の集合性の打破をめざした

「杉の木村」も、結局は八河谷村落の住民にとっては従来の集合性の中でしか捉えられなかったのである。

そこで「杉の木村」の捉えられ方について述べる前に、まず「杉の木村」以前から八河谷村落に存在した集合性「総事《そうごと》」について紹介する。「総事」とはこの地方における「村仕事」をさす言葉である。具体的には共有林の手入れ、村落の掃除、道路の補修、村祭りや葬式などの村落単位で行なわれた作業があげられる。これら「総事」に参加しなかった場合には後日の労働への参加、あるいは罰金などの制裁が加えられてきた。しかし、人口が減り、林業も低迷した昭和60年ごろからは「総事」が行なわれることもほとんどなくなっていた。

さて、「杉の木村ログハウス群」事業が八河谷村落住民に、古くからの集合性「総事」にどのように取込まれていったのかを検討する。当初は村落住民にとって「杉の木村ログハウス群」は関ることもない余計な仕事として見られていたものが、継続して積極的にかかわるべき村落の仕事としての意識が村落全体に広まり、「杉の木村ログハウス群」を自分の活動として認識するようにまでになったのである。この一連の変化の推移を図１で示す。この図の構造は、八河谷村落が「杉の木村ログハウス群」をとりこむ際に、変化の核となる集合性が古い集合性を利用することによって「変化のシンボル」となるものができ、その「もの」をめぐる後追い的な「語り」によって古い集合性が変動することを示している。

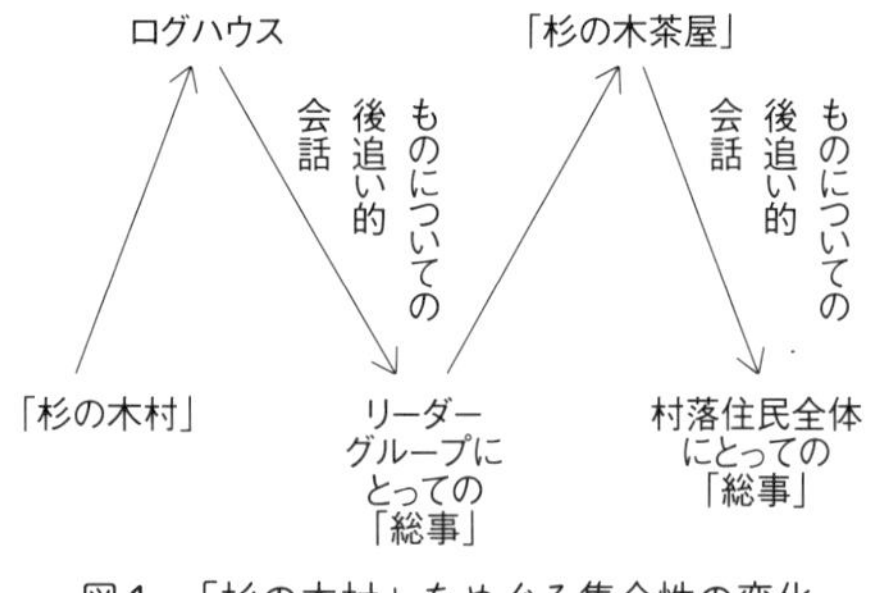

図１　「杉の木村」をめぐる集合性の変化

この図式にあてはめながら「杉の木村ログハウス事業」がいかに八河谷

村落へ取込まれてきたのかを示す。この事業を「杉の木村」開村当時・ログハウス建設以降・「杉の木茶屋」建設以降の３つの時期に分けて分析する。

「杉の木村」開村当時　まず､「杉の木村」開村当時は人口減少からの脱却を目的に、町会議員主導で事業が始まった。八河谷村落住民は町会議員との地縁・血縁もあって、「議員さんから話があって」という旧態然とした「祭り」としての「総事」として「杉の木村」を見ていた。したがって、村落のほとんどが、利益が少なくても事業に協力した。しかし、天候不順などもあって、苦労の割には来村者も少なく､「杉の木村」事業には語られるべきものもなくなり、人々から疎んじられるようになった。

「杉の木村ログハウス群」建設当時　次に、ログハウス建設以降、すなわちCCPTからの協力があった頃には新たな動きが起こった。CCPTは、住民自治・主体性を持った活動をめざし「産業組合」を発足させ、村落住民を意欲あるものとないものとに二分した。この結果、産業組合加入者には自発性が芽生え、自分達で事業を管理するようになった。その時、変化のシンボルとして「ログハウス」という「もの」が建てられ、この「ログハウス」に対して後追い的に「語り」がおこった。リーダーグループの中では、作られたログハウスについて、あるいはログハウスを訪れる客の数の増大などについて、自分達が肯定的に関っていくものとして語られるようになった。興味深いことに、CCPTの能動的な企画力がそのまま八河谷村落に染み込んだのではなく、語りを通じて村落住民なりの能動性を得たのである。しかし、同時に、村落内からは冷ややかな反応も存在し続けた。この状態は村落全体で見れば､「産業組合参加者」という一部集団のみが関るべき「総事」と見なされたと言えよう。

「杉の木茶屋」建設当時　ところが「杉の木茶屋」建設の際、村落全体が「杉の木村」に関ることになった。リーダーグループら一部住民の努力の結果、ログハウスの運営が軌道に乗りはじめ、また来訪者からの要望もあって､「杉の木茶屋」の建設がされた。しかし、建設のためには村落住民全員

の同意がないと国から補助が出ないとのことで、「産業組合」参加住民が非参加住民の同意を取り付け、「杉の木村」に村落全体が協力するようになった。当時、八河谷村落全体としては、古い集合性におおわれており、「村の仕事だから」「村落の他のものもやるから」などと、仕方無しに「杉の木村ログハウス群」に関りはじめた。その時、変化のシンボルとして「杉の木茶屋」という「もの」が設立された。そして「杉の木茶屋」についての後追い的に肯定的な「語り」が村落内でおこるようになった。例えば、「杉の木村ログハウス群」を訪れる客や「杉の木茶屋」を訪れる人、また「杉の木茶屋」の活動についてである。こうして、村落全体に「杉の木村ログハウス群」に対する集合性が変わり始め、リーダーグループの集合性が村落全体に広がったのである。現在では「杉の木村ログハウス群」の開村式や閉村式には村中が参加して「杉の木村」の清掃などに当たり、また、「杉の木茶屋」の運営も住民女性のほとんどが当番制で行っている。

このような過程を経て、村全体の「総事」としての「杉の木村」になった。ただし、以前からの「総事」そのままの形ではなく、活動に参加しない場合の制裁がない、ゆるやかなものとなっている。若干の修正があったものの、こうして、「杉の木村ログハウス群」事業は、村としては「総事」という昔の集合性で定着したのである。なお、この動きの背景には「総事」が昭和60年代を最後に行われなくなり、求心力を失っていた八河谷村落で、その働きを「杉の木村ログハウス群」に求めていった面もあることを付記しておく。

まとめ　以上を要約すると「杉の木村ログハウス群」事業による八河谷村落の変化は「杉の木村ログハウス群」を八河谷村落内部へとりこんで、積極的にかかわるようになったことであると言えよう。しかし、その取込は、旧来の集合性「総事」の中での取込であり、決して新しい集合性をそのまま受け入れたものではない。新しい動きを旧来の集合性「総事」の中で再解釈し、「杉の木村」を「総事」の一つとして見なすことによって、新しい動きを取り入れ、定着させていったのである。

これらの変化は次のような過程を踏んでいた。すなわち、変化の核とな

る集合性が古い集合性を利用することによって「変化のシンボル」となるものができ、その「もの」をめぐる後追い的な「語り」によって古い集合性が変動する。例えば「ログハウス群」や「杉の木茶屋」といった「もの」について後追い的に語ることによって意識に変動がもたらされたのである。これは集合性の変動の過程を示す好例である。

最後に、この「杉の木村ログハウス群」と八河谷村落は現在も変化し続けている。これら一連の事業で、村落住民の能動性を鼓舞することはつながったが、これらの活動がどのような帰結を生むのかは今後の推移を見守らなければならない。

6　文献

岡田憲夫　1994「杉の木村の活性化プロセス」日本グループ・ダイナミックス学会第42回発表論文集p.p.30-33
杉万俊夫　1995「グループ・ダイナミックスと地域計画」土木学会論文集No.506/IV-26p.p.13-23

【第43回日本グループ・ダイナミックス学会大会発表論文集（1995）】
【1994年版CCPT活動実践提言書収録】

論文-3

住民自治を育む過疎地域活性化運動の10年
—鳥取県智頭町「日本・ゼロ分のイチ村おこし運動」—

高尾知憲（京都大学）[1]・杉万俊夫（京都大学）[2]

要　約

本研究は、ある過疎地域で集落の自治力を高めるために10年にわたって展開された運動が、集落や住民の生活にどのようなインパクトを与えたかを、同運動の発足初期と９－10年目に実施した２回のアンケート調査をもとに考察したものである。鳥取県智頭町では、1997年から、最小のコミュニティ単位である集落ごとに、長らく根づいた保守性、閉鎖性、有力者支配を打破し、地域を経営の視点で見直し、集落外と積極的に交流しつつ、住民自治を育む運動が開始された。智頭町にある89集落のうち15集落が、この運動に参加した。具体的には、従来の集落運営方式（世帯主だけが参加できる寄り合いで意思決定をし、それを住民全員の参加を義務とする総事で実行するという方式）は残しつつ、個人の資格でだれでも参加できるボランティア方式を新しく導入した。新しい方式の推進組織として集落振興協議会が設置され、行政（町役場）は、集落を代表する機関として協議会を認知し、支援することになった。

同運動に参加する集落の全住民を対象に、発足初期の2000年と９－10年目に当たる2006年にアンケート調査を実施した（同運動は、10年を期限とする運動である）。その結果、①同運動は初期の段階で集落に浸透し、終始６割の住民が同運動に参加したこと、②同運動の理念を最も実現した集落では、伝統的な寄り合い組織と新しい集落振興協議会を、車の両輪のように使い分けていたこと、③伝統的な寄り合い組織が、同運動の民主的性格を帯びるに至った集落も存在すること、④２－３割の人が、同運動によって新しい自己実現の場を得、また、少子高齢化が進む集落にあっても明る

い将来展望を持つようになったこと、⑤同運動によって、女性の発言力が増したことが見出された。同時に、10年間エネルギーを発揮し続けた裏返しとして、「この辺で一服」という正直な気持ちもあること。また、集落レベルでは、潜在的なリーダー的人物もかなりの程度出尽くしたことも見出された。今後の展望として、すでに智頭町で始動している新しい運動、すなわち、地区（10集落程度で構成する：昭和の大合併以前の旧村に相当）単位で住民自治力を再生させようとする運動について言及した。

キーワード：地域活性化、過疎地域、住民自治、ボランティア活動

1．智頭町の「日本・ゼロ分のイチ村おこし運動」

（1）過疎問題

わが国の過疎問題は、1960年代の高度経済成長期における田舎から都会への大量かつ急速な人口流出によって発生した。中学校を卒業したばかりのあどけなさを残す青年たちが、集団就職列車に乗って故郷を後にした。その背後には、「このままここに残っても、うだつの上がらない人生しかない。都会に行って羽ばたいてくれ」という親の願いもあった。生産の多くを人力に頼っていた当時、若くて安価な労働力は、高度経済成長に大きく貢献した。彼らは、まさに「金の卵」だった。その後、高校進学率の上昇に伴い、「金の卵」の中心は中卒者から高卒者へと推移したが、人口流出はさらに続いた。

今から村を背負ってくれるはずの若者を失い、田舎の生活基盤は崩壊の一途をたどった。当初は「高度経済成長とは、そんなものだ。いい生活がしたければ都会に出てくればよい」（安達，1973）と冷ややかだった国も、過疎対策に乗り出した。その対策は、崩壊しつつある生活基盤（インフラ）を立て直す経済対策だった[3]。

高度経済成長の果実は、まずは都市部に、そして、1970年代になると田舎にも及ぶようになった。しかし、1960年代よりペースダウンはしたものの、人口流出に歯止めはかからなかった。日々の生活に関する限り、別段困ることはない。都市部と変わらぬ電化製品や車もある。豊かな自然、お

いしい水、新鮮な野菜。それに、車を小一時間も飛ばせば、地方都市があり、大都市には及ばないにしても、ほどほどのレジャーやショッピングも楽しめる。しかし、若者は故郷を捨て続けた。

1980年代からは、国の過疎対策の法的基盤である過疎法も、性質を変える。「振興」、「活性化」、「自立促進」という過疎法の名称が表すように、もはや、経済対策ではなく、「地域に暮らす人々の社会心理的問題」がクローズアップされるようになった。1960年代から70年代初めまでの「貧しさの中の過疎問題」から「豊かさの中の過疎問題」へと変遷したのである。本研究で取り上げる過疎問題も、豊かさの中の過疎問題であることに注意されたい。

国の過疎対策が始まって半世紀が経つ、2003－2005年をピークとする平成の大合併以前には、約3,200の市町村があったが、その３分の１に当たる約1,000の市町村（主として町村）は過疎地域に指定されていた。平成の大合併によって、市町村の数は1,700にまで減少したが、それでもなお３分の１は過疎地域に指定されている。

(2)「過疎問題」再考

前項では、人口が過度に減少することをもって過疎問題とする常識的な定義を受け入れた上で、過疎問題の変遷について述べた。しかし、そもそも人口の過度な減少をもって「問題」と見なす、その問題意識それ自体に問題はないのだろうか。本項では、若干過激にも見える立論を通じて、わが国には、人口の過度の減少という意味での過疎問題は存在しないことを主張してみたい。その主張は、後述する「日本・ゼロ分のイチ村おこし運動」の価値評価と密接に関係している。

ここで、可住地面積（総面積から山野や湖沼の面積を除いた面積）の人口密度を考えてみよう。現在、日本の可住地１平方キロ当たり人口密度は996人。ちなみに、欧州主要国では、英国267人、フランス145人、ドイツ337人、イタリア253人で、日本の１／７から１／３である（米国40人、中国152人、インド406人）（日本都市計画家協会, 2004)。現在の人口予測によると、今世紀末の日本の人口はほぼ半減すると言われているが、それで

も現在の欧州レベルには至らない。つまり、日本は、可住地人口密度で見るかぎり過密であり、今の人口が今世紀末に半減しても、なお過密なのだ。つまり、わが国に過疎はない。

以上のことから、日本にとって人口減そのものは問題ではないことがわかる。つまり、過疎問題を定義どおりに人口減の問題ととるのは単純すぎる。欧州の農山村を見ても、過疎におびえる姿はほとんど見当たらない。日本の過疎地域は、もっともっと人口が減っても、それ自体は問題たりえない。

では、過疎地域に問題があるとしたら、その問題の本態は何なのか。筆者は、もし過疎問題なるものがあるとしたら、それは、自らの地域の将来に向けて夢を描くことが忘れられ、夢に向かって協働することも忘れられることではないかと考える。前述したように、過疎地域といえども、日々の生活に差し迫った問題はない。いやそれどころか、都市部に住む筆者にはうらやましいくらいの自然に囲まれている。しかし、みな、日々の惰性の中に生き、自ら積極的に夢やビジョンを描くことを忘れつつある。このままいけば、もう夢やビジョンを描くことなど完全に忘れられ、夢なき生活が当たり前になってしまう。これこそ、問題ではなかろうか。それは、「ビジョン喪失」問題とでも言える問題である。

「ビジョン喪失」問題が、過疎地域に固有の問題ではなく、都市部にも共通する問題であることは言うまでもない。では、なぜ過疎地域で、「ビジョン喪失」問題を切実な問題として取り上げねばならないのか。それは、過疎地域には、住民が夢やビジョンを創出することを阻み、「ビジョン喪失」を慢性化する地域体質があるからだ。

過疎地域の多くには、保守性、閉鎖性、有力者支配という昔からの地域体質が色濃く残っている。新しい試みの一切を拒否する保守性、地域外からの刺激に耳をふさぐ閉鎖性、昔からの有力者が首を縦に振らなければ何も決まらない体制が、今なお残存している。一言で言えば、田舎のいやらしさである。その田舎のいやらしさを嫌って、若者はふるさとを捨てる。

過疎地域の「ビジョン喪失」問題を見据え、それに挑戦しようとすれば、まずもって、地域の保守性、閉鎖性、有力者支配に立ち向かわねばならな

い。惰性のぬるま湯（保守性）と内輪の心地よさ（閉鎖性）に安住せず新しいことに挑戦する。そして、有力者への依存を断ち切り住民が自分の頭で考え動く。このような地域活性化運動が必要である。

（3）ゼロ分のイチ村おこし運動

本稿では、地域の保守性・閉鎖性・有力者支配に抗して展開されてきた地域活性化運動の事例として、鳥取県智頭町において展開されてきた「日本・ゼロ分のイチ村おこし運動」に注目する。

a．智頭町

鳥取県智頭町は、典型的な中山間過疎地域である。鳥取県の東南部に位置し、西と南は岡山県に隣接する。周囲は1,000メートル級の中国山地の山々が連なり、その山峡を縫って流れる川が智頭で合流し、千代川（せんだいがわ）となり日本海に注いでいる。面積は225平方キロ、その約90%以上を山林が占める（図１参照）。

江戸時代から杉の植林が盛んであったが、1960年代に著しく進行した人口流失に加え、折からの林業不況も重なり、町の活力は著しく低下していった。この結果、1955年には、約15,000人あった町の人口は、ゼロ分のイチ村おこし運動が開始された1997年には10,000人に減少、高齢化率も約26%と全国平均を大きく上回っていた。

智頭町は、1914年に町制を施行し、戦前に隣接する４つの村を合併、さらに戦後にはもう一つの村を合併し、現在に至っている。それらの旧町村は現在でも６つの地区として、なごりをとどめている。各地区には、大体10から25ぐらいの集落があり、一つの集落は数10戸の世帯からなる。一つの集落の家々は、軒を並べて、あるいは、一つの明らかなまと

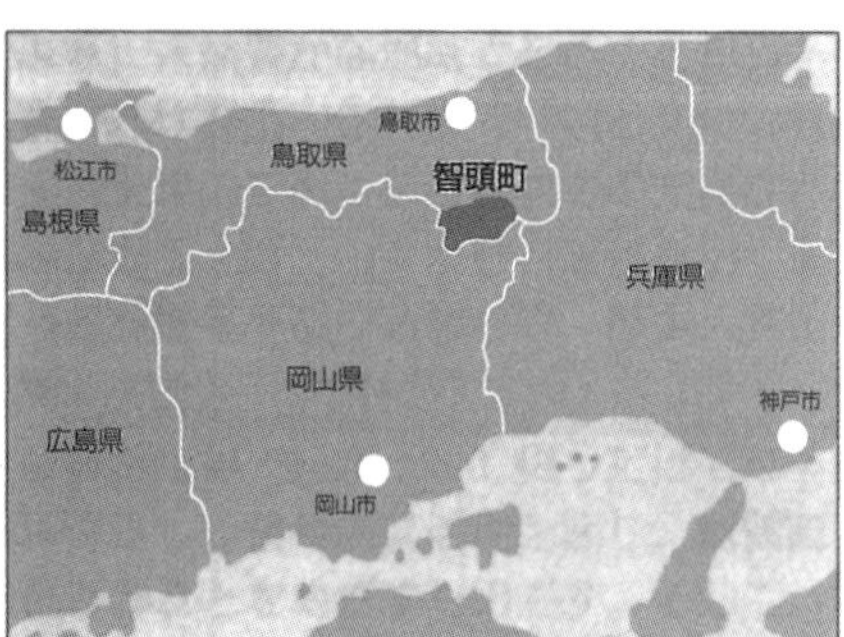

図１　智頭町の位置

写真１　典型的な智頭の集落

まりをもって並んでいる。それは、昔ながらの村落共同体を想像させる風景である。智頭町には89の集落がある。従来、集落は、文字どおり、一つの共同体として機能してきた。道、田、畑、山林等の維持・管理や、祭り、結婚式、葬式などは、集落総出で行われた……それは、総事（そうごと）と呼ばれた。そこには、単に、村人総出で作業をするというだけではなく、日々の生活を営む上で欠くことのできない集落の存在、住民が一体感を分かち合える集落の存在があった（写真１参照）。

しかし、戦後の経済成長の過程で、集落は、村落共同体としての性格を失っていった。過疎化が進行する中で、集落に住み続ける人々も、近郊都市（智頭の場合は、約40キロの距離にある鳥取市など）や町の中心部に通勤するようになり、いわゆる兼業農家が増えた。今や、集落は、所得を得る場としても、また、人間関係を得る場としても、以前のような重みを持たなくなった。確かに、現在でも、いくつかの総事は続いている。しかし、その総事は、副次的な地位に格下げされた集落の総事に過ぎない。昔ながらの「一軒一人役」(各世帯から１人が総事に参加しなければならないとするルール）も、その義務感だけが重くのしかかる。

このような集落の現状に、くさびをうちこみ、集落を住民自治の場としてよみがえらせようとする運動こそ、「ゼロ分のイチ村おこし運動」である。ちなみに、「ゼロ分のイチ」とは、筆者（杉万）を智頭に導いてくれた岡田憲夫教授（京都大学防災研究所）が考案した標語であり、無から最初のイチを創出すること、すなわち、無限の跳躍を意味している。

b．日本・ゼロ分のイチ村おこし運動

「日本・ゼロ分のイチ村おこし運動」（以下、ゼロイチ運動）は、住民

自治を育む運動である。具体的には、同町の最小コミュニティ単位である集落ごとに、住民が10年後の集落ビジョンを描き、住民が汗と智恵と金を出し合ってビジョンを実現しようとする運動だ（写真２参照）。行政（町役場）は、あくまでもわき役として運動をサポートするのみ。1997年以降、智頭町内にある89集落のうち15集落がゼロイチ運動に参加した。

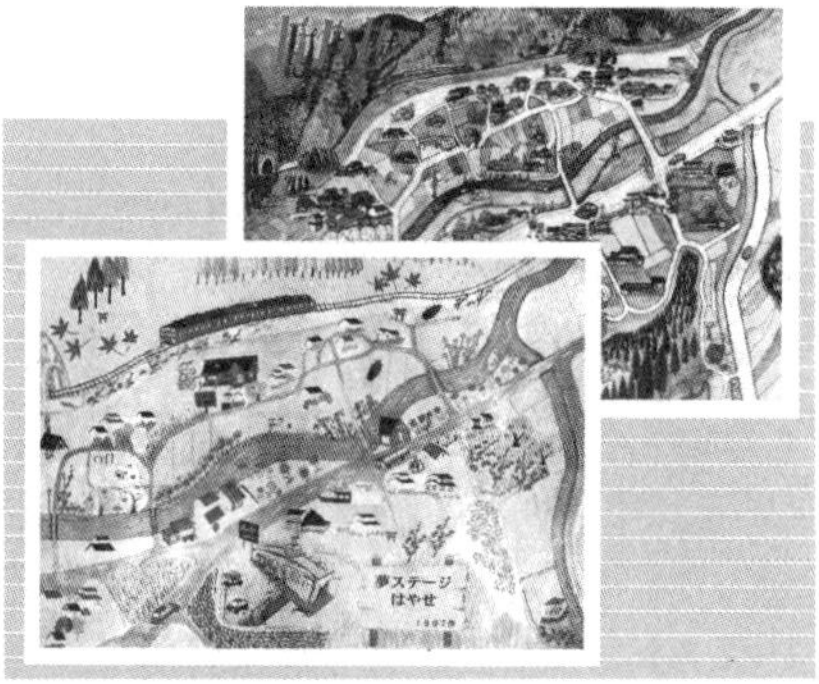

写真２　ある集落で描かれた運動発足時の集落（右上）と10年後のビジョン（左下）

ゼロイチ運動には、

①地域経営…地域を経営の眼で見直し、地域の宝をつくる
②交流………集落外、町外、海外と積極的に交流する
③住民自治…行政や有力者への依存から脱し、住民が自ら計画を立て、実行する

という三本の柱がある。そこには、保守性・閉鎖性・有力者支配という旧来からの地域体質を打破しようという意図が込められている。すなわち、①地域経営によって保守性を打破する、②交流によって閉鎖性を打破する、③住民自治によって有力者支配を打破する、という意図が込められている。

ゼロイチ運動の最大の特徴は、住民主導による徹底したボトムアップの運動であるという点にある。まず、ゼロイチ運動には、1984年にさかのぼる10年以上の前史がある。すなわち、1984年以来、２人のリーダーを中心に、旧態依然の地域体質に対する苛烈とも言える挑戦が展開され、杉の高付加価値化、国内外との交流など、目を見張る実績が積み重ねられた。ゼロイチ運動の企画は、それまでの２人を中心とした活動を、集落ベースの運動として拡大・浸透させるために、２人によって作成され、行政に突き付けられた。それに対して、「物言わぬ住民」を好む行政も、「物言わぬ住民と行政の間で利害をとりもつ」ことを存在価値とする町会議員も、ゼロ

イチ運動の企画を何とか握りつぶそうと最後まで抵抗した。ゼロイチ運動は、「物言わぬ住民」を「物言う住民」に転換する運動だからだ[4]。

1997年、ゼロイチ運動がスタートして以来、同運動に参加する各集落では住民主導の姿勢が貫かれた。確かに、町役場には、ゼロイチ運動をサポートする部署が設けられ、１－２名の職員が配置されたが、そのサポートが軽微の域を出ることはなかった。

以下、ゼロイチ運動として行われた活動の具体例を、上記の①－③の柱ごとにいくつか紹介しておこう。

①地域経営

地域を経営の視点で見直すと、地域には結構な資源を見出すことができる。ある集落では、かつて集落で栽培されていたギボシという山菜の栽培を復活させた。「20－40歳代の女性を中心に」ということにはなったものの、いかんせん、ギボシ栽培などやったことがない。そこに登場したのが、70歳以上の女性たち。昔とった杵柄（きねづか）が発揮されるとともに、それまであまり接点がなかった高齢女性と若年女性の間に交流が始まり、高齢女性もゼロイチ運動に参加しだした。この集落以外でも、竹炭、餅、地酒など、それぞれの集落の資源を活かした特産品づくりが行われた。

集落で古くから行われてきた伝統行事も、集落の貴重な資源になる。ある集落では、集落の寺にある地蔵（何か考え込んでいる風情の地蔵）の祭り「考え地蔵祭り」を地域経営の起爆剤に選んだ。集落内部の祭りを集落外にも開放し、積極的に集落外・町外からの参加を呼びかけた。今では、よその集落も出店を出すなど、当初は考えられなかった人数が祭りを訪れるようになった。祭りの最後には、盛大な打ち上げ花火も行われるようになった。

能動的に地域を経営していくという姿勢は、昔からのしきたりをも改革の俎上に載せた。ある集落では、ゼロイチ運動を通じて、葬儀の見直しが行われた。智頭町では、今だに葬儀屋を使うことなく、葬儀は、総事の一つとして集落住民の手によって行われる。葬儀に使用する伝統的な小道具・大道具は、葬儀のたびごとに手作りされ、葬儀が終わると焼却されていた。また、葬儀の参列者には、手厚く料理や酒がふるまわれ、多くの女性がそ

の準備に当たっていた。

しかし、すでにして超高齢化社会となっているため、ある年、その集落では4回もの葬儀を行うことになった。しかも、若い人手は少なく、高齢者が老骨に鞭打ってやらざるをえない。皆、音を上げたくても、いつかは自分が葬られる側になることを考えれば、音を上げるわけにはいかなかった。それ以上に、死者を葬る儀式は、伝統の最も中核的な部分であり、それに異を唱えることは伝統をないがしろにすることを意味していた。

その葬儀のやり方に対して、ゼロイチ運動が問題提起を行った。葬儀のやり方について、真剣な議論がなされ、何をどう守っていくか、どこをどう簡素化するかが決定された。用意する小道具も、一つ一つについて図解入りで、簡素化の詳細が定められた。また、参列者に振舞う料理についても、喪主が気兼ねをしなくてもよいように、品目と量の目安が定められた。こうして、数ある伝統の中でも、まさにアンタッチャブルと信じられてきた葬儀さえ、ゼロイチ運動によって再創造された。再創造されることで、葬儀屋に依存することなく、「集落住民の手によって葬る」という伝統が守られたのだ。

②交流

集落外との交流には、積極的に情報発信していくことが必要だ。ある集落では、集落のゼロイチ運動をインターネットで発信するために、ホームページを作ろうということになった（当時、ホームページ作成は一般のパソコンユーザに普及していなかった）。そこで一躍中心になったのが、電気関係の会社に勤める一人の人物だった。その人物は、集落にもゼロイチ運動にも、さしたる関心をもっていなかった。しかし、ホームページ作りという舞台が用意され、その舞台の上で自らの持ち味を活かしたすばらしいパフォーマンスを発揮した。その人物は、後に集落振興協議会の会長にもなっている。

集落を越えた交流は、集落間の協同にもつながった。ある地区（旧村の一つ）では、4つの集落がゼロイチ運動に参加していた。ゼロイチ運動を開始して数年が経過した頃から、これら4集落が互いに連携し、ネットワーク組織を形成した。互いに集落のイベントを手伝い合う、毎月一度、隣接

する岡山県との県境にある峠のドライブインで各集落の特産品を持ち寄って朝市を開催するなど、ネットワークの強みを遺憾なく発揮した。また、それによって、高齢者が多い集落は、他の集落の中堅層のサポートを得ることができる、各集落独自の持ち味を組み合わせてイベントを開催できるといったメリットが生まれ、単一の集落では見られない相乗効果が発揮された。

自らの集落を考える上で、他の地域の取り組みは参考になる。ほとんどの集落では、おもしろい取り組みを行っている地域を訪問し、自らの糧とする視察旅行が行われた。また、都市部の住民との交流、近郊都市の大学生との交流、あるいは、外国人との交流も行われた。

③住民自治

従来の行政（町役場）依存、有力者支配の体質を脱して、住民自治を育むには、伝統的なリーダーに代わる新しいリーダーの登場が必要だ。ゼロイチ運動という追い風を得た50歳代（運動発足当時）の人たちが、集落のリーダーとして成長するか否か、また、当初のリーダーグループの範囲を超えて（リーダーとなりうる）人材の裾野が広がるか否かは、運動開始から数年間の大きな課題であった。リーダーは集落に登場するのではなく、集落が育むものである。大きくても数10世帯という集落は、いわば固定メンツの世界である。その固定メンツの中から一人でもリーダー候補者を育むことができるかどうかは、運動の推移を大きく左右する。

まず、ゼロイチ運動以前から集落活性化を模索していた団塊世代グループは、同運動を追い風にしつつ、リーダーとして成長していった。ここ数年、それらのリーダーから町会議員も誕生した。彼らは、それまでの議員とは異なり、まさに、ゼロイチ運動が育んだ議員、住民自治のすばらしさと難しさを熟知した議員である。

当初のリーダーグループの範囲を超えて、徐々に新しいリーダーも育まれつつある。高度経済成長の過程で、集落は、生計を立てる場としての重みを失ったが、それにもかかわらず総事に代表されるノルマだけは存続している。そのような集落にあっては、集落内のつき合いは必要最低限にとどめ、町外（たとえば鳥取市）でのつきあいや活動を生き甲斐にしてい

る人も少なからず存在していた。しかし、ゼロイチ運動によって、そのような人たちの中から集落の活動にも参加する人、さらには、リーダー的な役割を担う人が登場した。今までの義務的な一軒一人役とは異なり、個人の立場でやる気のある人間が活躍できるゼロイチ運動が、彼らの関心を引きつけたのだ（写真３参照）。

写真３　自ら建設した東屋（あずまや）で自らの集落を語る

写真４　女性たちの活動も活発になった

一方、従来からの男性優位の集落運営に対して、ゼロイチ運動によって女性たちも集落の活動に参加し始めた。その中からは、女性グループで行う活動のリーダーが生まれ、彼女たちの中からは、男性とともにゼロイチ運動のリーダー的役割を担う人も登場した（写真４参照）。

ゼロイチ運動では、「既存の伝統的集落組織を捨てて、ゼロイチ運動の組織（集落振興協議会）に移行する」という発想ではなく、「あえて新旧両方のわらじを同時に履いてもらう」という戦略がとられている。すなわち、新システムの集落振興協議会は、決して伝統的システムを排斥することなく、伝統的組織（公民館、婦人会、青年団、老人クラブなど）をも包摂する形をとっている。住民が、新旧両方のわらじを経験した上で、自らがはきたいわらじを選んでもらう（場合によっては、新旧両わらじの経験から第三のわらじを作ってもらおう）という意図が込められていた。

２つの集落では、ゼロイチ運動が開始されてほどなく、婦人会が消滅した。婦人会は、全国組織として、都道府県単位、市町村単位に設けられ、集

落婦人会はその末端に位置している。その運営は、基本的に、上位機関からのトップダウンによって行われ、イベントごとに動員がかけられる。上からの動員には辟易させられつつも、やはり女性が活動できる数少ない場として、婦人会活動は継続されてきた……少なくとも、脱退を考えるなど皆無であった。そこにゼロイチ運動。女性も、男性と平等に、しかも個人の資格でやりたいことを仲間と考え、実行に移せる。そこには、上位機関から動員されて、たまたま時間をともにする活動では得られないおもしろさがある。もちろん、意見が対立する場合もあるが、それでも、一方的な動員による活動とは比べようのない魅力がある。なぜ、婦人会などに加入し続けねばならないのか……そんな疑問が生じても無理からぬことであった。ゼロイチ運動で育まれた積極性は、長いものに巻かれるのではなく、「いやなものはいや」という意思表明をも可能にした。

伝統的組織の最たるものは、古くからの集落の最高意思決定機関として機能してきた寄り合いである。世帯主のみが参加でき、有力者の意向に添って根回しがなされる寄り合いでの決定事項は、まさに集落の憲法であり、それに背くことは、即、村八分を意味していた。寄り合いで決定したことを総事で実行する……これが、伝統的な集落運営の鉄則であった。

ある集落では、ゼロイチ運動によって、寄り合いに劇的な変化が生じた。その集落では、ゼロイチ運動への取り組みが評価され、県の補助事業をうけることができた。その補助事業によってボロボロだった公民館を新築し、ソーラーシステム完備の公民館を建築することができた。この新しい公民館を維持管理していくために、地方自治法第260条（地縁団体による集会施設等の不動産保有に関する権利と義務を規定した法律）に基づく自治会が結成された。そして、ゼロイチ運動10年目を迎えた2006年、同集落は、集落振興協議会と寄り合いを合体させ、自治会に一本化することを決定した。ゼロイチ運動の成果である公民館を維持管理するために設立された自治会が、集落を代表する組織となったことは、ゼロイチ運動が寄り合いを換骨奪胎し、自治会として発展したことを物語っている。

2．10年間の運動のインパクト

(1) 2回のアンケート調査

筆者らは、ゼロイチ運動の立ち上げ期から、各集落を頻繁に訪れ、同運動に外部者として協力しながら、その推移を観察してきた。しかし、各集落で顔を合わせる人は、同運動に参加している人に限られがちだ。そこで、同運動が、各集落にどの程度浸透しているかを把握するために、2000年、同運動に参加していた14集落の全住民を対象にアンケート調査を実施した（河原・杉万，2003）[5]。

また、ゼロイチ運動の初年度（1997年度）ないし次年度から参加した8集落が、当初の目標である10年目を迎えた（あるいは、迎えつつあった）2006年、10年にわたる同運動が集落や住民に与えたインパクトを調べるために、2回目のアンケート調査を実施した。第1回調査の対象とした14集落のうち同運動を継続していた13集落、および、2001年から同運動に参加した1集落を合わせた14集落の全住民を対象にした。その調査結果は、各集落が同運動を振り返り、今後の活動を考える参考にしてもらうため、各集落に報告した。

表1　分析対象にした8集落の概要

集落	人口		世帯数		対象者数（19歳以上）		回収率（有効サンプル数）	
	2000	2006	2000	2006	2000	2006	2000	2006
A	124	103	33	32	108	91	86%（93）	70%（64）
B	80	67	19	20	66	60	65%（43）	77%（46）
C	56	55	18	18	48	44	71%（34）	66%（29）
D	113	103	26	25	84	78	89%（75）	82%（64）
E	124	117	33	31	103	94	73%（75）	73%（69）
F	159	143	53	48	139	127	72%（100）	62%（79）
G	70	74	14	14	45	52	84%（38）	63%（33）
H	297	290	81	81	244	245	79%（193）	66%（161）
合計	1023	952	277	269	837	791	78%（651）	69%（545）

（注）2000年調査の人口、世帯数、対象者数は、河原・杉万（2003）に拠る。
回収率は、対象者数に占める有効サンプル数の割合。

以下、本稿では、ゼロイチ運動の初年度・次年度（1997・1998年度）から参加し、その後も同運動を継続した８集落、すなわち、2006年に９年目ないし10年目を迎えた８集落の調査結果を用いて、同運動のインパクトを考察する。これら８集落のデータの概要は、表１に示すとおりである。

（2）質問項目の意味連関

a．数量化Ⅲ類による分析結果

本稿では、まず、質問項目の相互関係を「林の数量化Ⅲ類」(岩坪, 1987) で分析し、２回の調査で質問項目の意味連関に変化が生じていないかどうかを確認する。かりに、２回の調査で質問項目の意味連関に大きな違いがあれば、それを十分考慮した上で単純計算の結果（第３節）を考察する必要が生じる。

数量化Ⅲ類に投入したカテゴリーは、表２のとおりである。カテゴリーは、おおむね質問項目の選択肢と同じであるが、カテゴリーB2のように、回答頻度が少ない選択肢を隣接の選択肢と併合して一つのカテゴリーにしたものもある[6]。

図２（2000年調査)、図３（2006年調査）は、数量化Ⅲ類の結果得られた第１根・第２根の数量を用いて、各カテゴリーをプロットしたものである。投入カテゴリーの記号は、表２の「記号」の欄に記載のとおり。図２・３には、サンプルスコア（回答者に対する数量）の属性別平均値もプロットした（ただし、属性平均値を５倍した値を用いてプロットした)。属性別平均値の性別・年齢については、例えば、「男20.30」は、20・30歳代の男性を示す。また、A-Hは、８つの集落を示す。

図２・３から、２回の調査を通じてカテゴリーの相互連関に大きな違いは生じていないことがわかる。すなわち、第１根（横軸）によって、旧来の集落運営、ゼロイチ運動を問わず、集落運営に無関心な人たちを特徴づけるカテゴリー（横軸のプラス側）と集落運営に関心のある人たちを特徴づけるカテゴリー（横軸のマイナス側）が分離されている。次に、第２根（縦軸）によって、第１根マイナス側に位置したカテゴリー群（集落運営に関心ある人たちを特徴づけるカテゴリー群）が、ゼロイチ運動に対する態

度によって３つに分離されている。具体的には、第２根のマイナス側から順に、ゼロイチ運動に積極的な人たち、中間的な人たち、批判的な人たちを特徴づけるカテゴリー群が分離されている。

サンプルスコアの配置を見ると、性別・年齢の回答傾向は両調査で変化していないことがわかる。すなわち、男女を問わず、若年層（20・30歳代）と後期高齢者層（80歳以上）は、集落運営に無関心な傾向があり、それに対して、中年層（40・50歳代）と前期高齢者層（60・70歳代）は、集落運営に関心が高い傾向がある。ゼロイチ運動への態度については、若干ながら、中年層よりも前期高齢者の方が積極的な傾向がある。集落については、両調査でほぼ同じ位置を保っている集落が多いが、B集落のように大きく位置を変えた集落もある。集落ごとの変化については、本稿末尾の付録を参照されたい。

ｂ．ゼロイチ運動に対する態度と定住意識・生活不安の関係

2000年調査、2006年調査とも、「あなたは、今住んでいるところに今後もずっと住み続けたいと思いますか」という定住意識に関する質問、「あなたは、将来の生活に不安（危機感など）がありますか」という生活不安に関する質問を設定した。では、前項で述べた４群（集落運営無関心派、ゼロイチ運動積極派、中間派、批判派）と定住意識・生活不安の関係は、両調査で変化していないのだろうか。

その分析結果を表３、表４に示す。まず、両調査とも、サンプルスコアが第１軸−0.5以下、第２軸−0.5以下の回答者をゼロイチ運動積極派、第１軸−0.5以下、第２軸−0.5以上0.5未満の回答者をゼロイチ運動中間派、第１軸−0.5以上0.5未満、第２軸1.5以上の回答者をゼロイチ運動批判派、第１軸1.0以上、第２軸0.5未満の回答者を集落運営無関心派とした。

2000年調査では、定住意識（「住み続けたい」に回答した割合）はゼロイチ運動積極派で最も高く、それに中間派が続き、集落運営無関心派と批判派で低いという傾向があった。（河原・杉万,2003）。また、生活不安（「不安がある」に回答した割合）については、ゼロイチ運動批判派が最も不安が強く、それに中間派が続き、集落運営無関心派・積極派は不安が少ない

という傾向があった。

2006年調査を見ると、定住意識では積極派・中間派が高く、それに集落運営無関心派が続き、批判派が低い傾向がある。積極派の定住意識が最も高く、批判派は最も低いという点では、2000年調査と同じであるが、中間派が積極派とほとんど並んでいる。また、生活不安では、批判派の生活不安が最も強く、それに集落運営無関心派が続き、積極派・中間派の生活不安が少ない傾向がある。積極派の生活不安が最も少なく、批判派が最も強いという点では、2000年調査と同じであるが、定住意識と同様、中間派が積極派と並んでいる。

以上のように、2006年調査では、定住意識、生活不安の双方において、中間派が積極派に並ぶようになったという変化はあるが、積極派で定住意識が最も高く、生活不安が最も少ない。そして、批判派で定住意識が最も低く、生活不安が最も強いという傾向は、両調査で共通している。したがって、数量化Ⅲ類によって見出された４群と、定住意識・生活不安の関係は、概ね両調査で類似しており、このこともゼロイチ運動に関する質問項目の意味に、両調査で大きな変化は生じていないことを示している。

（3）2000年と2006年の単純集計による比較

前項までの分析により、ゼロイチ運動に関する質問項目の意味は、2000年調査と2006年調査でほぼ同じであることが確認された。そこで本節では、両調査の単純集計（表２）を比較することによって、ゼロイチ運動10年間の変化を探ってみよう。以下は、その主要な結果である。

ａ．参加者は６割を維持

「ゼロイチ運動に参加していますか」という質問に対して「参加している」と回答した人の割合は、両調査とも約６割であり、７年間にわたって高い割合が維持されたことを示している（表２のB1－B3）。この点は、10年間を振り返ってゼロイチ運動に参加した年を尋ねた質問項目（2006年調査のみ）の結果とも符合している（図４）。すなわち、ゼロイチ運動発足の年（1997年）に参加したと回答した人は32％だったが、その翌年には48％

となり、それ以降は50%前後で安定している。しかし、両調査を詳細に比較すると、同運動に参加する集落が一堂に会して、毎年３月に開催される活動発表会の認知度（「発表会を知っているし、出席したこともある」と回答した割合）は、2000年の26%が、2006年には44%に上昇している（表２のC1－C3)。

b．新しいリーダーの台頭と世代交代は一段落

ゼロイチ運動によって、集落で新しいリーダーが育ったことは、同運動発足から２－３年後に行われた2000年調査で、すでに35%の人が「リーダーが育っている」と回答した事に現れている（表２のD1－D4)。しかし、人口が限られた集落からリーダーが無尽蔵に出現するわけではない。実際、2006年調査では、「リーダーが育っている」と答えた人は23%に減少しており、一応、新しいリーダーが出尽くした（あるいは、出尽くしつつある）ことをうかがわせる。それと同時に、長年にわたってゼロイチ運動のリーダー的存在であり続けることもまた、容易ではない。「リーダー的な人は全住民の何%くらいいると思われますか」という質問に対して、「10%未満」という最小の選択肢を選んだ人は、16%（2000年）から28%（2006年）に増えている。この結果は、おそらく、新しく出現するリーダー的人物が減少するとともに、リーダーとしての活動が維持できなくなった人もいたことを示唆しているのかも知れない（表２のJ1－J4)。

以上のことは、世代交代に対する認識にも現れている。すなわち、「世代交代が進んでいるか」という質問に対して、2000年には30%の人が「進んでいると思う」と答えていたが、2006年には17%に減少しており、逆に、「進んでいないと思う」の回答が11%（2000年から）30%（2006年）に増加している（表２のE1－E4)。

c．変化した伝統的集落運営方式と集落振興協議会の関係

前述のように、ゼロイチ運動が導入されるまでの伝統的な集落運営方式は、「各世帯の世帯主のみが参加する寄り合いと呼ばれる会合で意思決定がなされ、それを原則として住民全員の強制参加である総事（そうごと）

表２　単純集計の結果とパタン分類の数量化に投入したカテゴリー

質問項目	カテゴリー	記号	単純集計（%） 2000年調査	2006年調査
あなたが住んでいる集落の寄り合いや総事に関心がありますか。次の中から１つだけ○をつけてください。	1．関心がある	A1	22	19
	2．どちらかといえば関心がある	A2	30	31
	3．どちらかといえば関心がない	A3	18	21
	4．関心がない	A4	9	10
	5．わからない	A5	13	14
	不明・未回答		8	4
あなた自身は「ゼロ分のイチ村おこし運動」に参加していますか。次の中から１つだけ○をつけてください。	1．参加している	B1	60	61
	2．参加していない	B2	20	22
	3．参加したくない	B2	4	5
	4．わからない	B3	6	5
	5．その他		1	2
	不明・未回答		10	4
あなたは毎年度末（３月第１日曜日）に開催される、智頭町総合センターを会場に年間活動発表会を知っていますか。またその活動発表会に出席したことがありますか。次の中から１つだけ○をつけてください。	1．知っているし、出席したこともある	C1	26	44
	2．知っているが、出席したことはない	C2	35	32
	3．知らない	C3	26	22
	不明・未回答		13	2
あなたが住んでいる集落では、「ゼロ分のイチ村おこし運動」の取り組みによって、リーダーが育っていると思われますか。次の中から１つだけ○をつけてください	1．育っていると思う	D1	35	23
	2．どちらともいえない	D2	22	32
	3．育っていないと思う	D3	8	17
	4．わからない	D4	19	20
	5．その他		0	0
	不明・未回答		16	9
あなたが住んでいる集落では、「ゼロ分のイチ村おこし運動」の取り組みによって、世代交代が進んでいると思われますか。次の中から１つだけ○をつけてください。	1．世代交代がすすんでいると思う	E1	30	17
	2．どちらともいえない	E2	24	27
	3．世代交代が進んでいないと思う	E3	11	30
	4．わからない	E4	19	17
	5．その他		1	1
	不明・未回答		16	9
あなたが住んでいる集落では、寄り合い組織と集落振興協議会について、どのような関係にあると思われますか。次の中から１つだけ○をつけてください。	1．寄り合い組織が集落振興協議会より上意関係にある	F1	18	27
	2．寄り合い組織と集落振興協議会は対等の関係にあると思う	F2	24	22
	3．集落振興協議会が寄り合い組織より上位関係にあると思う	F3	5	5
	4．わからない	F4	32	32
	5．その他		1	2
	不明・未回答		20	13

あなたは「ゼロ分のイチ村おこし運動」と総事・寄り合いの考え方の主な違いについて、どのように思われますか。次の中から１つだけ○をつけてください。	１．ゼロイチ運動は総事や寄り合いの一部だと思う	G1	12	17
	２．ゼロイチ運動は義務的な活動で一軒一人役の参加だと思う	G2	9	6
	３．ゼロイチ運動はボランティア的な活動で全住民の参加だと思う	G3	39	44
	４．わからない	G4	20	19
	５．その他		1	2
	不明・未回答		19	12
あなたは「ゼロ分のイチ村おこし運動」の取り組みによって、それまで発言力があった人の発言力が少なくなった、と思われますか。次の中から１つだけ○をつけてください。	１．そう思う	H1	7	11
	２．以前のままだ	H2	19	21
	３．そうは思わない	H3	21	24
	４．わからない	H4	35	33
	５．その他		1	1
	６．不明・未回答		19	0
あなたはもしも仮に、町役場からの補助金が無くなった場合でも、「ゼロ分のイチ村おこし運動」を行いたいと思われますか。次の中から１つだけ○をつけてください。	１．行いたい	I1	14	17
	２．どちらともいえない	I2	28	24
	３．行いたくない	I3	14	23
	４．わからない	I4	27	25
	５．その他		1	3
	不明・未回答		17	9
あなたは住んでいる集落の「ゼロ分のイチ村おこし運動」では、リーダー的な人は全住民の何パーセントくらいいると思われますか。大体で結構ですので書いてください。	１．０－９％	J1	16	28
	２．10－19%	J2	16	23
	３．20－39%	J3	7	10
	４．40%－100%	J4	4	6
	不明・未回答		58	33
あなたが住んでいる集落の「ゼロ分のイチ村おこし運動」に参加している人は、全住民の何パーセントくらいいると思われますか。大体で結構ですので書いてください。	１．０－19%	K1	8	11
	２．20－39%	K2	8	14
	３．40－59%	K3	12	16
	４．60－79%	K4	13	13
	５．80－100%	K5	24	17
	不明・未回答		36	29
あなたが住んでいる集落の「ゼロ分のイチ村おこし運動」では、無関心の人は全住民の何パーセントくらいいると思われますか。大体で結構ですので書いてください。	１．０－19%	L1	27	28
	２．20－49%	L2	23	23
	３．50－100%	L3	11	17
	不明・未回答		39	32
あなたが住んでいる集落の「ゼロ分のイチ村おこし運動」では、反対や批判的な人は全住民の何パーセントくらいいると思われますか。大体で結構ですので書いてください。	１．０－９％	M1	19	23
	２．10－29%	M2	23	22
	３．30－49%	M3	6	6
	４．50%－100%	M4	9	11
	不明・未回答		43	38

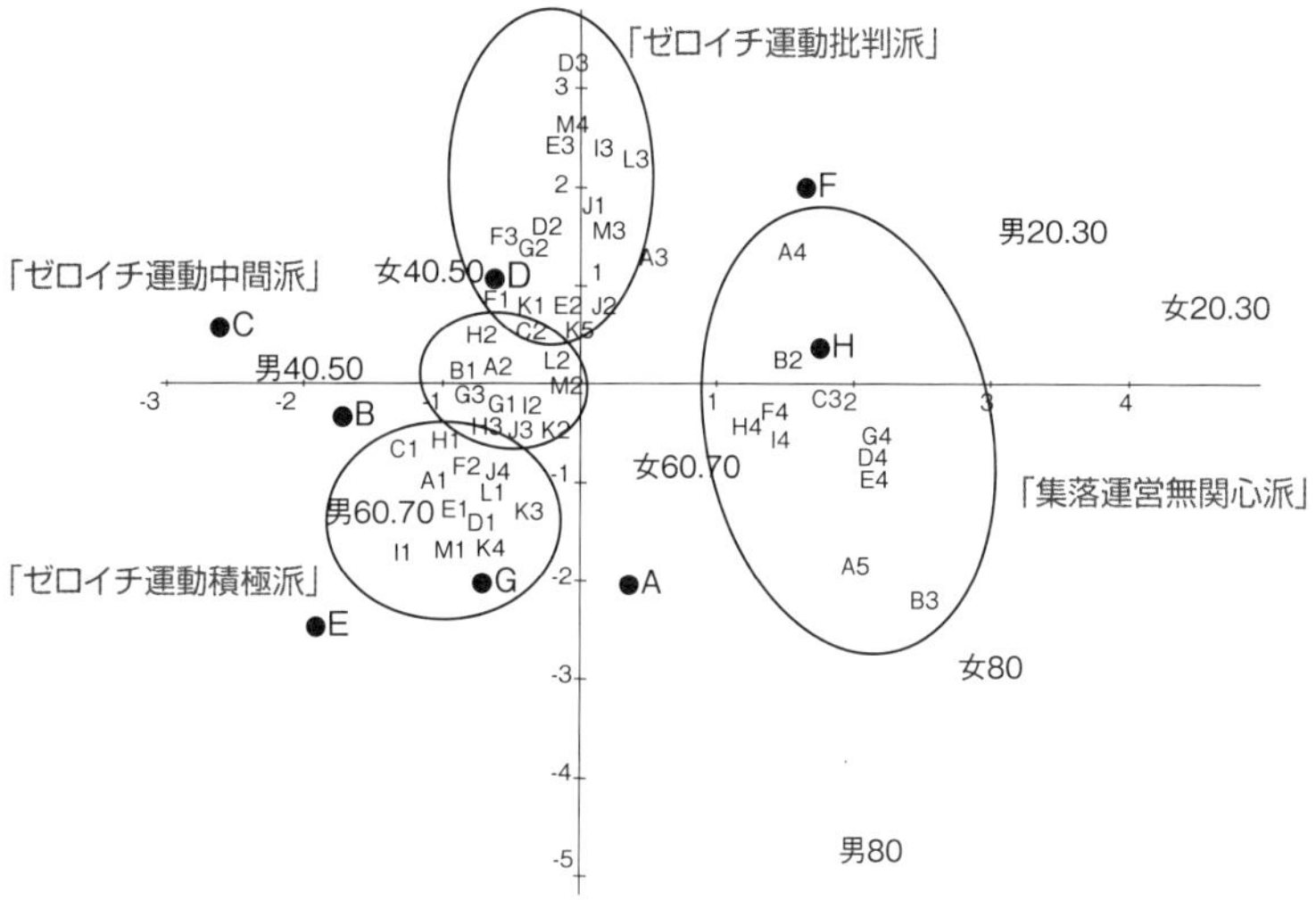

図２　「パタン分類の数量化」の結果（2000年調査）

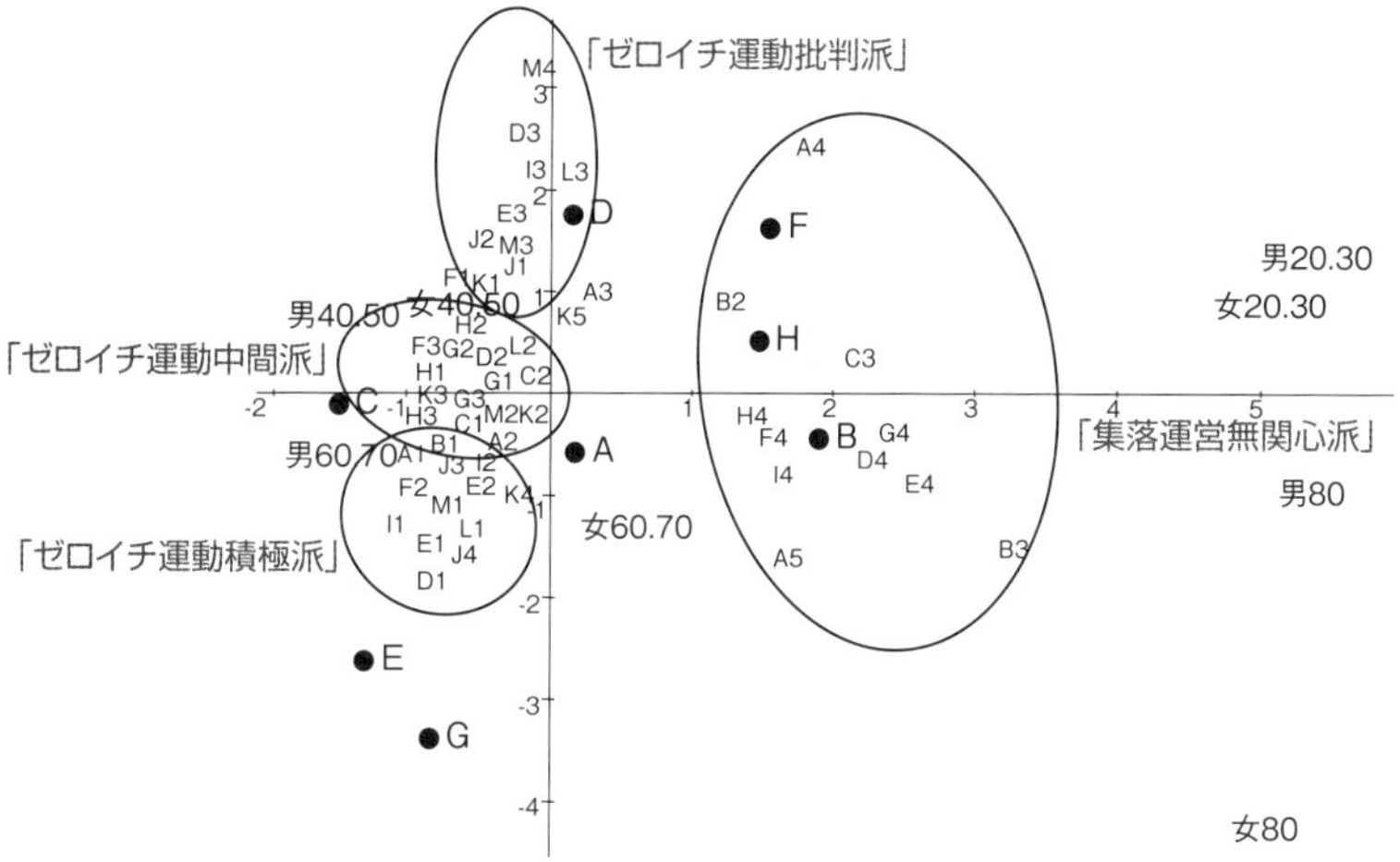

図３　「パタン分類の数量化」の結果（2006年調査）

表３　ゼロ分のイチ運動と定住意識の関係

2000年

	1．住み続けたい	2．できれば住み続けたい	3．できれば移り住みたい	4．ぜひよそへ移り住みたい	5．わからない	無回答	合計
全体	45(295)	23(147)	9(58)	2(12)	13(83)	9(56)	100(651)
Aゼロ分のイチ積極派	73 (79)	20 (22)	2 (2)	0 (0)	2 (2)	4 (4)	100(109)
Bゼロ分のイチ中間派	54 (54)	29 (29)	4 (4)	1 (1)	7 (7)	6 (6)	100(101)
Cゼロ分のイチ批判派	26 (11)	24 (10)	29(12)	5 (2)	10 (4)	7 (3)	100(142)
D集落運営無関心派	30 (24)	15 (12)	15(12)	4 (3)	32(26)	5 (4)	100 (81)

2006年

	1．住み続けたい	2．できれば住み続けたい	3．できれば移り住みたい	4．ぜひよそへ移り住みたい	5．わからない	無回答	合計
全体	47(256)	25(134)	13(73)	2(10)	12(64)	2(8)	100(545)
Aゼロ分のイチ積極派	61 (60)	29 (28)	6 (6)	1 (1)	3 (3)	0(0)	100 (98)
Bゼロ分のイチ中間派	60 (50)	32 (27)	5 (4)	0 (0)	2 (2)	1(1)	100 (84)
Cゼロ分のイチ批判派	24 (7)	38 (11)	28 (8)	3 (1)	7 (2)	0(0)	100 (29)
D集落運営無関心派	40 (24)	17 (10)	17(10)	2 (1)	22(13)	2(1)	100 (59)

表４　ゼロ分のイチ運動と生活不安の関係

2000年

	1．不安がある	2．どちらかというと不安がある	3．どちらかというと不安はない	4．不安はない	5．わからない	無回答	合計
全体	24(159)	32(211)	9 (56)	12(80)	13(82)	10(63)	100(651)
Aゼロ分のイチ積極派	19 (21)	32 (35)	13(14)	26(28)	6 (7)	4 (4)	100(109)
Bゼロ分のイチ中間派	26 (26)	45 (45)	6 (6)	9 (9)	8 (8)	7 (7)	100(101)
Cゼロ分のイチ批判派	41 (17)	36 (15)	12 (5)	2 (1)	2 (1)	7 (3)	100 (42)
D集落運営無関心派	22 (18)	30 (24)	6 (5)	9 (7)	24(19)	10 (8)	100 (81)

2006年

	1．不安がある	2．どちらかというと不安がある	3．どちらかというと不安はない	4．不安はない	5．わからない	無回答	合計
全体	35(188)	37(200)	9(47)	8(45)	9(51)	3(14)	100(545)
Aゼロ分のイチ積極派	25 (24)	39 (38)	12(12)	15(15)	8 (8)	1 (1)	100 (98)
Bゼロ分のイチ中間派	25 (21)	52 (44)	12(10)	5 (4)	2 (2)	4 (3)	100 (84)
Cゼロ分のイチ批判派	69 (20)	17 (5)	7 (2)	7 (2)	0 (0)	0 (0)	100 (29)
D集落運営無関心派	34 (20)	22 (13)	5 (3)	12 (7)	24(14)	3 (2)	100 (59)

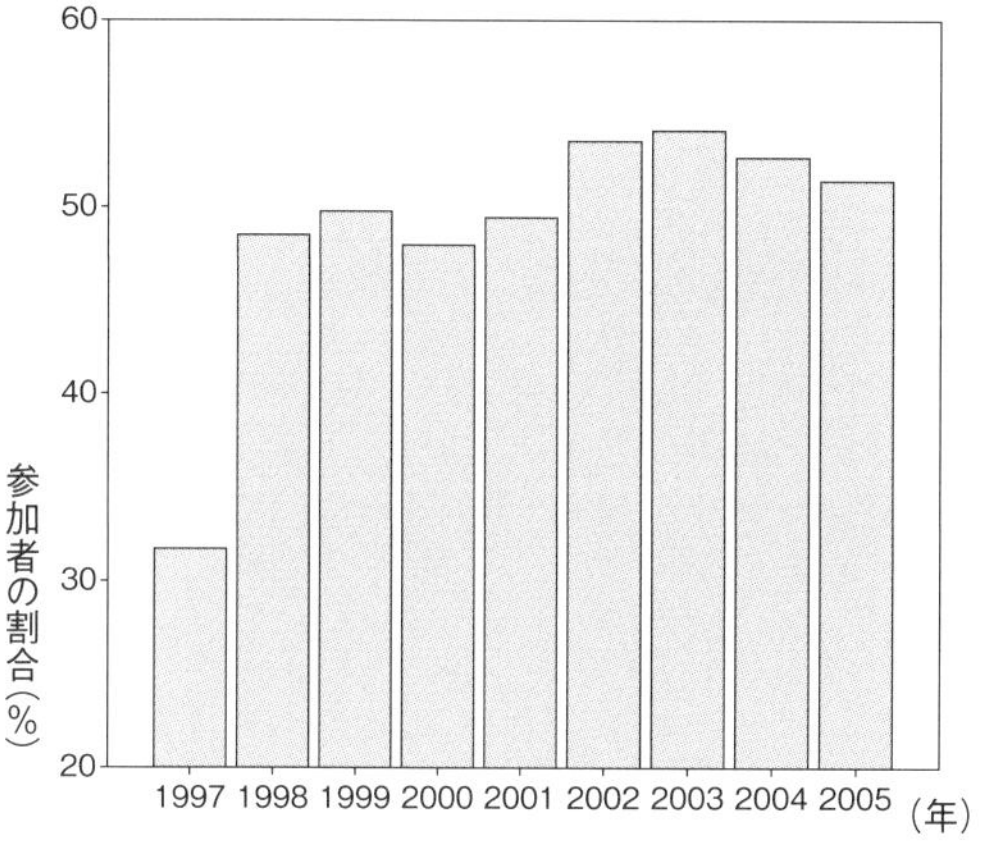

図４　参加者の割合の推移

で実行する」という方式であった。そこに、ゼロイチ運動という「老若男女だれでも意思決定に参加できるボランティア活動」が開始された。しかし、そこでは、伝統的方式からゼロイチ運動への変更がなされたのではなく、あえて両者を併用するという戦略がとられた。

「あなたが住んでいる集落では、寄り合い組織と集落振興協議会について、どのような関係にあると思われますか」（選択肢は、「寄り合い組織が上位」、「対等」、「集落振興協議会が上位」）という質問に対する回答に注目してみよう（表２のF1－F3)。まず、図２（2000年調査）の数量化Ⅲ類の結果を見ると、ゼロイチ運動批判派は集落振興協議会上位（F3)、中間派は寄り合い組織上位（F1)、積極派は対等と答える傾向があることがわかる。批判派と中間派の違いはそれほど大きくないが、積極派が対等と答える傾向ははっきりと見て取れる。次に、図３（2006年調査）の結果を見ると、積極派が対等と答える傾向は依然明確であるが、批判派が寄り合い組織上位、中間派が集落振興協議会上位と答える傾向があるというように、批判派と中間派の傾向が2000年調査と逆転している。単純化すれば、「批判派→中間派→積極派」となるにつれて、2000年調査では「集落振興協議会上位→寄り合い組織上位→対等」と回答する傾向が見られたのに対して、2006年調査では「寄り合い組織上位→集落振興協議会上位→対等」と回答する

傾向が見られるようになったのである。

以上の変化は、次のように解釈できるかもしれない。まずもって銘記しておくべきは、ゼロイチ運動（集落振興協議会）は、伝統的に寄り合い組織オンリーだった集落に、いわば突然導入された運動であったということである。そこには、新しい運営方式であるゼロイチ運動に対する反発もあったであろう。おそらく、同運動が始まって２－３年しか経過していない2000年の時点では、そのような反発が「集落振興協議会が上位になりかねない、そして、伝統的な集落運営方式を取って食うかもしれない」という批判派の不安と結びついていたのではなかろうか。また、積極派は、早くも、2000年時点で、ゼロイチ運動を伝統的な寄り合い・総事体制と肩を並べるところまで推進し、両方の方式を使い分けるまで至っていたのだろう。実際、われわれの見聞したところでも、たとえば、多額の金や土地がからむ案件には従来の寄り合い方式で対応する一方、特産品の開発、イベントの開催、集落外との交流などはゼロイチ運動として実施するといった使い分けを見ることができた。しかし、ゼロイチ運動を積極派ほどには推進しえていなかった中間派は、「寄り合い組織上位、つまり、まだまだ寄り合い組織にはかなわない」という認識があったのだろう。

では、ゼロイチ運動を９－10年連続した2006年時点の結果は、どのように解釈できるだろうか。この時点において、批判派が寄り合い組織上位と答える傾向は、ゼロイチ運動が、10年間の活動をもってしても寄り合い組織と肩を並べるには至らなかったという認識を示しているのではなかろうか。つまり、同じ批判派でも、運動発足初期のゼロイチ運動に対する不安や反発ではなく、自らの集落におけるゼロイチ運動の不十分さの認識が、批判的態度につながっているのではなかろうか。

次に、2006年調査で、中間派が集落振興協議会上位と答える傾向があった点を解釈してみよう。ここで、注意すべきは、中間派や積極派が多い集落では、10年間のゼロイチ運動によって伝統的な集落運営方式にも変化が生じたということである。実際、本稿第１節（3）b項（③地域経営）で述べたように、ある集落では、ゼロイチ運動の成果として建設された新しい公民館を維持・運営する組織として、地方自治法第260条に基づく自治会

組織を設立し、さらには、その自治会に、従来の寄り合い組織の機能を吸収することになった。この事例は、ゼロイチ運動の成果である自治会組織が従来の寄り合い組織を飲み込んだとも言える事例であり、伝統的な集落運営方式が激的に変化したことを物語っている。この事例ほど劇的ではないにしても、積極派や中間派が多数存在する集落では、寄り合いにおける意思決定のやり方が､「ゼロイチ運動的」すなわち、民主的な住民参加型になった例がある。

寄り合い組織の変化を考慮するならば、中間派が集落振興協議会上位と答える傾向も、寄り合い組織そのものが「ゼロイチ運動的」に変容したことの認識を反映しているのかもしれない。もし、この解釈が当たっているとしたら、積極派が多数を占める集落のように、寄り合い組織と集落振興協議会を車の両輪のように使い分けるのとはまた違った、同運動による集落体質の変化を示唆していると言えよう。

以上の数量化Ⅲ類の結果を念頭に、単純集計による両調査の変化に目を転じよう。表２（F1－F3）から、寄り合い組織と集落振興協議会を対等とする回答は、両調査でほとんど変化していない。しかし、寄り合い組織の方が上位とする回答は、18%（2000年）から27%（2006年）に10%近く増加している。また、2006年では、寄り合い組織上位という割合が、対等という割合（22%）よりも若干上回っている。

しかし、この単純計算の結果は、上に述べた数量化Ⅲ類の考察を十分踏まえて読む必要があるだろう。第１に、2006年における寄り合い組織上位と言う回答は、自らの集落におけるゼロイチ運動に対する厳しい批判的な評価でもある。それは、同運動初期のような新しい運動に対する単なる不安や反発ではない。10年近くの間、自らの集落のゼロイチ運動を間近に見たり、あるいは参加した上での評価なのだ。第２に、寄り合い組織上位と言っても、その寄り合い組織自体が「ゼロイチ運動的」になっている可能性も考慮しなければならない。

d. 短くもあり、長くもあった10年間

「あなたは、もしも仮に、町役場から補助金が無くなった場合でも､「ゼ

ロ分のイチ村おこし運動」を行いたいと思われますか」（選択肢：「行いたい」、「どちらともいえない」、「行いたくない」）という質問に対する回答を見てみよう（表２のI1－I3)。前述のように、ゼロイチ運動は、10年間を区切りとする事業であり、10年で役場からの補助金はなくなってしまう。したがって、10年が経過しようとする2006年時点での質問は、補助金がなくなっても同運動を継続したいかどうかという問いと同じである。

まず、行いたいと答えた割合は、14%（2000年）から17%（2006年）に微増している。おそらく、そう答えた人は、集落のゼロイチ運動を中心的に担ってきた人、あるいは、同運動が大きな生活の励みになった人たちであろう。そのような人たちにとって、ゼロイチ運動で得ることのできた活動が、もはや補助金云々とは関係なく継続していきたいほど価値あるものになったのだろう。

一方、上の質問に「行いたくない」と答えた人が、14%（2000年）から23%（2006年）に10%近く増加したことも見逃せない。過ぎてしまえば短かった10年も、いろいろな努力と苦労があったはずだ。たかが10年、されど10年。「ここらで一息」という気持ちも当然だろう。

（4）10年を振り返っての感想……2006年調査のみの項目

前節では、2000年調査と2006年調査に共通する質問項目を用いて10年間の変化を考察したが、本節では、2006年調査のみの質問項目、とりわけ、10年間のゼロイチ運動を振り返っての感想を尋ねた質問項目を用いて、同運動が住民に与えたインパクトを考察してみよう。

a．２－３割の人が実感した自己実現と手ごたえ

「あなたは、ゼロイチ運動の取り組みによって、仕事や家事の他に、自分を生かせる新しい場ができたと思われますか」と言う質問（選択肢：「そう思う」、「どちらかといえばそう思う」、「どちらかといえばそう思わない」、「そう思わない」）に対して、「そう思う」（４%)、「どちらかと言えばそう思う」（17%）と答えた人を合わせると20%を超える。この２割強という数字を見て、「たった２割か」と思われる読者がいるかもしれない。しか

し、いわゆるコミュニティの活性化に少しでも取り組んだ経験のある人ならば、何らかの活動によって２割の人が新たな自己実現の場を得ることの難しさとすばらしさを理解していただけるはずである。

そのような新しい自己実現の場を得た経験は、集落の将来展望を明るくしているようだ。すなわち、

智頭町は、他の過疎地域と同じように、少子・高齢化が進んでいます。それについてあなたはどのように思われますか。

1．少子・高齢化が進み、住民が努力しても集落はさびれるしかないと思う（30％）
2．少子・高齢化など気にならない、なんとかなると思う（４％）
3．少子・高齢化の対策は、行政（役場）が中心になって行うのがよいと思う（11％）
4．少子・高齢化が進んでも、住民が努力すれば、それなりに充実した集落にすることができると思う（35％）
5．その他（具体的に記入）（２％）
6．わからない（14％）

という質問に対して、「住民が努力すれば、それなりに充実した集落にすることができると思う」という回答が35％で、「住民が努力しても集落はさびれるかもしれない」という回答（30％）を上回っている。また、これと同様の傾向は、次の質問に対する回答にも現れている。

あなたは住んでいる集落は、10年後、どのようになっていると思われますか。

1．よくなっていると思う（10％）
2．今と変わらないと思う（29％）
3．悪くなっていると思う（16％）
4．わからない（25％）
5．その他（具体的に記入）（３％）

超少子・高齢化に加えて、限界集落[7]の出現も身近な出来事である地域であることを考えるならば、この質問に対して、10%の人が「よくなっていると思う」と明るい将来展望を有していることは驚異的とさえいえよう。

以上のように、ゼロイチ運動によって新しい自己実現の場を獲得し、さらには、明るい将来展望をもつに至ったことは、同運動の集落、各家庭への浸透と密接に関係している。それは、「あなたの家では、家族の皆さんでゼロイチ運動について話をすることがありますか」（選択肢：「よく話す」、「時々話す」、「たまに話す」、「まったく話題にのぼらない」）という質問に対して、よく話す（６%）、時々話す（34%）、たまに話す（36%）を合わせると約75%に達することに現れている。

b．強くなった女性の発言力

2006年調査では、ややもすると男性の陰に隠れがちな女性の発言力に関する質問項目を、いくつか設定した。まず、「あなたが住んでいる集落では、ゼロイチ運動の取り組みによって、女性の発言力が強くなったと思われますか」（選択肢：「かなり強くなった」、「ある程度強くなった」、「変わらない」、「弱くなった」、「わからない」）という質問に対しては、かなり強くなった（５%）、ある程度強くなった（29%）を合わせると、約35%の人が、女性の発言力が強くなったと回答している。もっとも、次の質問項目に対する回答が示すように、依然、男性の発言力の方が強いようではあるが、24%が、男女の発言力の差はないと答えたことは、ゼロイチ運動によって女性が発言する機会が多くなったのではないかと思われる。

あなたが住んでいる集落のゼロイチ運動で、何かを決めるときの発言力は、男性と女性で差はありますか。

１．男性の方が女性よりもはるかに発言力が強い（16%）

２．男性の方が女性よりも発言力が強い（24%）

３．男性も女性も発言力に差はない（24%）

４．女性の方が男性よりも発言力が強い（３%）

5．女性の方が男性よりもはるかに発言力が強い（０％）
6．わからない（24％）

3．考　察

以上の分析を通じて、ゼロイチ運動が開始初期の２－３年で集落に定着し、その後７－８年間、過半数の住民を巻き込みながら継続されていったことがわかる。また、その過程で、集落運営に関心を持つ人々の中にも、同運動を積極的に推進しようとする意見、同運動に批判的な意見、両者の中間的な意見が形成された。積極派、中間派、批判派、無関心派という４群が、どのような割合で存在するかは集落ごとに異なっているし、2000年から2006年にかけての変化の仕方も集落ごとに異なっている。これまで分析対象とした８集落を含む計12集落が、2000年から2006年にかけてどのように変化したかは、本稿末尾の付録に報告している。

伝統的な集落運営方式である寄り合い組織と、ゼロイチ運動のための組織である集落振興協議会の関係も興味深い。積極派が多い集落では、両組織を車の両輪のように使い分けていた。また、集落によっては、伝統的な寄り合い組織が「ゼロイチ運動的」な性格を帯びるようになった。

このような10年間に、２－３割の人は、ゼロイチ運動によって新しい自己実現の場を手にした。それとともに、明るい将来展望も芽生えつつある。女性たちも徐々に発言力を増しつつある。別に少子・高齢化に歯止めがかかったわけではない。今後も少子・高齢化、人口減が続いていくことは、誰の眼にも明らかだ。もし、人口減をもって過疎化と呼ぶならば、過疎化は今後も進む[8]。

そもそも、2004年をピークに日本全体の人口が減少に転じ、今世紀末には人口がほぼ半減するという予測もある。もはや、人口の増加を繁栄のメルクマーク、人口減少を衰退のメルクマークとする時代は過ぎたのである。では、何をもって「地域力」のメルクマークとすべきなのか。ゼロイチ運動が住民の自己実現や将来展望に与えたインパクトは、それを考える貴重なヒントとなろう。

10年間という期間設定は重要だったし、10年間という区切りは適切でも

あったようだ。この期間設定がなかったら、あれほどのエネルギーを動員することなど不可能だっただろう。われわれ筆者は、ゼロイチ運動という舞台が設営されたことによって多くの役者が登場するのを目の当たりにしてきた。よく人材不足を嘆く声を聞くが、「よい舞台さえ用意すれば、結構、予想もしなかった役者が出現する」というのが、われわれの実感である。

しかし、10数戸からせいぜい数10戸、人口で言えば、50人からせいぜい300人という小さな集落から、無尽蔵に役者が登場することは不可能である。本稿で紹介したアンケート調査の結果は、10年間で、もちろん全部とは言えないまでも、リーダーとなりうる役者は、かなり出尽くしたことを示唆している。

では、ゼロイチ運動によって育まれた住民の能動性をベースに、今後、どのような展開が考えられるだろうか。実は、３年前（2007年）から、智頭町では新しい動きが始まっている。それは、戦前の昭和の大合併から終戦直後にかけて、現在の智頭町を構成するに至った６つの旧村を、住民自治のユニットとして再生させようという動きである。旧村は、現在でも、地区という名称で機能している。小学校、公民館なども地区単位に設置されているし、運動会や祭りなど、地区単位の行事も行われている。この旧村を、徹底的に草の根ボトムアップで住民によって再生しようというわけだ。本稿の冒頭で、ゼロイチ運動には前史があり、それは、２人のリーダーが立ち上がって活性化運動を開始した約10年であることを述べた。ゼロイチ運動は、その前史の実績を背景に、２人のリーダーの運動が行政を突き動かす形で開始された。ゼロイチ運動の前史を活性化運動の第１幕、ゼロイチ運動の10年を第２幕と呼ぶならば、今、智頭の運動は、第３幕を迎えつつあるように思われる。

付　録

2000年から2006年の７年間で各集落がどのように変化したかを検討するために、２回の調査データを合体し、あたかも単一のデータセットのように見なして数量化Ⅲ類に投入、サンプルスコアの集落別平均値によって

各集落の変化を分析した（図５参照）。実際に研究者が集落に入り込んで、研究者としての貢献をなすためには、このような方法で各集落の特徴を把握しておくことは有益である。

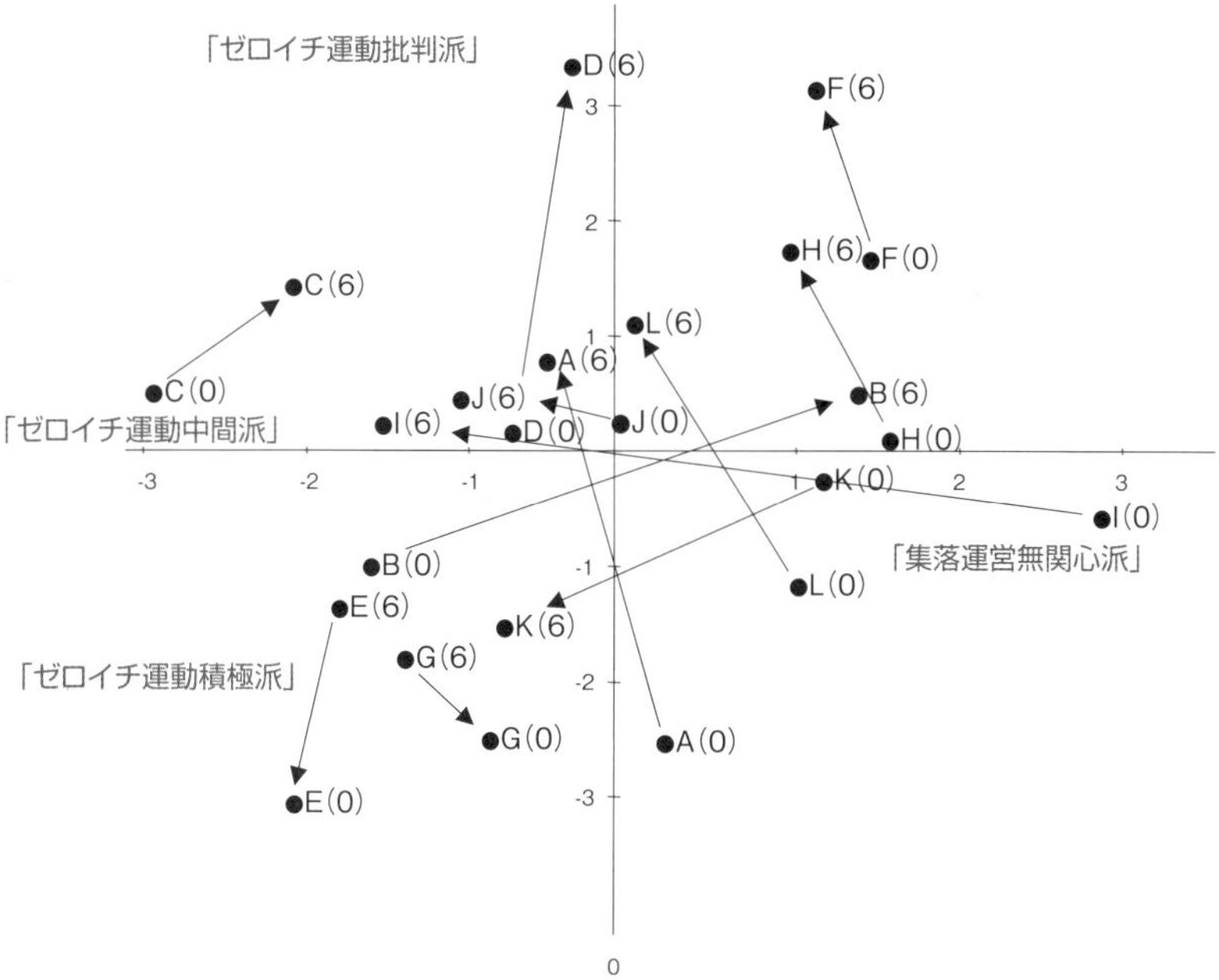

図５　2000年から2006年にかけての12集落の変化

注）各集落のサンプルスコアの平均値を５倍した値によって、プロットした。例えば、A(0)は2000年のA集落を示し、A(6)は2006年のA集落を示す。
2000年に調査した14集落のうち、１集落は途中で運動をやめ、１集落は2006年調査で十分なデータを収集できなかったため、合計12集落をプロットした。

注

1　京都大学大学院人間・環境学研究科　tomonori.takao@gmail.com

2　京都大学大学院人間・環境学研究科　sugiman@toshio.mbox.media.kyoto-u.ac.jp

3　「過疎」という言葉が、最初に公式の場で使われたのは、経済審議会地域部会が1966年に出した中間報告書「日本経済の地域的変化」においてである。その後、過疎地域対策緊急措置法（1970年）、過疎地域振興特別措置法（1980年）、過疎地域活性化特別措置法（1990年）、過疎地域自立促進特別措置法（2000年）、という一連の過疎法が施行された。

4　ゼロイチ運動の前史である1984年以来の活性化運動、および、ゼロイチ運動開始から３－４年の各集落の活動については、日本・地域と科学の出会い館（1997）、岡田ほか（2000）、杉万（2000第２章）、杉万（2006第２章）、Sugiman（2006）を参照されたい。

5　前述のとおり、ゼロイチ運動には合計15集落が参加した。そのうち、2000年調査では、同年に運動を開始したばかりだった１集落を除く14集落を調査対象にした。

6　表２の単純集計の％の合計が100％にならないのは四捨五入の誤差による。本稿の他の表についても同様。

7　限界集落とは、人口の50％以上が65歳以上の高齢者になり、冠婚葬祭など社会的共同生活の維持が困難になった集落のこと。

8　ちなみに2008年１月１日現在の人口は8,749人、高齢化率は約33％である。前述のとおり、ゼロイチ運動が開始された1997年の人口は約１万人、高齢化率は26％であった。

引用文献

安達生恒（1973）．“むら”と人間崩壊、三一書房．

岩坪秀一（1987）．数量化法の基礎、朝倉書店．

河原利和・杉万俊夫（2003）．過疎地域における住民自治システムの創造：鳥取県智頭町「ゼロ分のイチ村おこし運動」に関する住民意識調査、42（2）、101-119.

日本・地域と科学の出会い館編（1997）．ひまわりシステムのまちづくり：進化する社会システム、はる書房．

日本都市計画家協会（2004）．少子・高齢化研究会の活動状況報告（2004年10月31日）http://jsurp.net/jsurpimages/jimukyoku/archives/041101shousi.pdf（2008年10月31日）．

岡田憲夫・杉万俊夫・平塚伸治・河原利和（2000）．地域からの挑戦：鳥取県・智頭町の「くに」おこし、岩波ブックレット．

杉万俊夫（2000）．フィールドワーク人間科学：よみがえるコミュニティ、ミネルヴァ書房．

杉万俊夫（2006）．コミュニティのグループ・ダイナミックス、京都大学学術出版会．

Sugiman, T. (2006). Theory in the context of collaborative inquiry. *Theory & Psychology*, 16(3), 311-325.

—2010.1.8受稿，2010.5.6受理—
【集団力学2010年第27巻pp.76-101
集団力学研究所ホームページ2010年掲載
https://www.group-dynamics.org/journal】

論文-4

「風景を共有できる空間」の住民自治
―鳥取県智頭町山形地区の事例―

樂木章子（岡山県立大学）[1]・山田奈々（岡山県立大学）[2]・杉万俊夫（京都大学）[3]

要　約

農山村の多くでは、昭和の大合併以前の旧村が、旧村単位の小学校や、旧村単位で行われる運動会や祭りなどに見られるように、今なお一つのまとまりを維持している。それは、住民が「風景を共有できる空間」である。この旧村を単位にした住民自治システムを構築しようとする運動が、鳥取県智頭町で開始されている。それは、行政（町役場）の支援はあるものの、基本的に、住民主体の草の根ボトムアップの運動である。

新しい運動は、少数の人間が立ち上がらずしては始まらない。しかし、少数の人間たちにとって、それは必ずしも容易なことではない。とくに、過去にそのような経験のない人たちが、新しい運動に立ち上がるのは至難の業と言ってもよい。全国的に見ても、実際、新しい運動の必要性は認識しながらも、自ら立ち上がれない状況にある人々は少なくないだろう。本論文は、そのような人々への智頭町山形地区（旧・山形村）からのメッセージである。

本論文では、山形地区で住民自治システムを構築する運動が、いかなる経緯を経て開始されたか、また、その後４年間どのような道のりを今日まで歩んできたかを、当事者の言葉に耳を傾けながら紹介する。その中には、同運動に批判的な人たちの声も含まれる。それらを通じて、今後の運動をどのように進めていくかについて、当事者と筆者らが議論した結果を述べる。本論文は、同運動の現時点における速報である。

キーワード：住民自治、旧村、エスノグラフィ

1．風景を共有できる空間

「地方分権を超えて地域主権を」という政府の掛け声とは裏腹に、中央政府から地方への権限・財源の移譲は遅々として進まない。権限・財源の既得権益を保持しようとする霞が関官僚の抵抗は根強い。しかし、それだけではない。地域主権のもとでの地域づくりについて大胆なビジョンを描き、その実現のために中央の権限・財源を奪取しようとする気構えにおいて、地方の側も及び腰である。ひと言でいえば、明治以来の中央集権・中央依存の惰性は、中央の側にも地方の側にも根強く残っているのだ。大阪市・大阪府を始めとするいくつかの自治体首長による強硬な主張は、そのような惰性に業を煮やした結果である。

しかし、地域主権については、国と地方自治体（市町村、都道府県、あるいは、府県の広域連合）の関係以外に、もう一つ重要な論点がある。それは、市町村よりももっと小さな地域で、いかにして住民自治の姿勢を育むかという論点だ。たとえば、「あの路地を入ったところのお地蔵さま」と言えば、皆がその風景をイメージできるくらいの小さな空間、つまり、「風景を共有できる空間」での住民自治を、いかにして育むかという論点である。この小さな住民自治なしでは、いかに市町村以上の主権を拡大しても、地に足が着いた地域主権は実現できない。それは、砂上ならぬ空中の楼閣になるだけだ。

風景を共有できる空間は、多くの農山村では、戦前ないし昭和の大合併（1953－61年）以前の旧村が、それに当たる。また、都市部では、おおむね小学校校区が、それに当たる。農山村の多くでは、今なお、旧村が一つのまとまりを維持している。近年、過疎化で統合されつつある小学校も、ついこの前までは旧村単位に置かれていた。また、旧村単位の運動会や祭りが続いている地域も多い。

旧村には、合併までは、村長も村議会もあった。村役場もあった。しかし、その制度は、明治以来の中央主導のもと、トップダウンでつくられた。その村長、村議会、村役場に当たるものを、今度は、徹底的に住民主導のボトムアップでつくれないものか……これが、本論文で紹介する運動であ

る。もちろん、正式な行政組織は町役場である。役場と旧村単位の組織は、いわば対等な関係（イコール・パートナーシップ）に立ち、意見を擦り合わせていく……そんな行政と住民の関係を構築しようというわけだ。

旧村単位の住民自治に限らず、新しい運動は、ごく少数の人たちによって創出される。大多数の人々は無関心。中には、「出る杭」を打とうとする人もいる。この構図は、本論文で紹介する事例にも、みごとに当てはまる。

本論文の事例は、以上のような構図の中で何とか起ち上がり、４年の時間を経て、今ようやく地域の中での存在感を獲得しつつある。本論文は、この苦難の４年間の記録と現状を、当事者の声をもとに、そして、その運動に外部者として参加しつつ筆者が経験したことをもとにまとめたものである。当事者の中には、 この運動に批判的な人も含まれる……その批判にも耳を傾けるべきである。

全国を見渡せば、都市でも農村でも、自らの地域を何とかしたいと願う人は少ない。できれば自ら立ち上がりたいと思う人も少なくない。しかし、わが身を呈して、惰性の流れに掉さすのは必ずしも容易ではない。何と言っても、自らが居を構える地域である。家族も友人もいる。「出る杭」になるには、それなりの勇気と決断が必要だ。本論文は、そのような人たちに対する智頭町山形地区からのメッセージである。

2．旧村単位の運動の前史

(1) 智頭町

智頭町は、鳥取県の南東隅に位置する中山間地である。面積は224.61㎢だが、その93%を山林が占める。人口は、1995年の14,632人をピークに減少を続け、2012年10月 現 在、7,913人である。平成の大合併（2005−

図１　智頭町の位置

2010年）では、鳥取市に合併する動きもあったが、最終的には単独を守った（杉万，2008）。

図２　智頭町の北東に位置する山形地区

智頭町は、戦前から終戦直後の「昭和の大合併」で、当時の智頭町に６つの村が合併して形成された。それらの旧村は、現在、地区と呼ばれ、ある程度のまとまりを維持している。また、一つの地区は、10から25の集落（写真１）に分かれている。智頭町には、全部で89の集落がある。

（2）集落単位の活性化運動

本論文で紹介する旧村単位の活性化運動に直接連なる動きは、1989《（ママ）》年、M氏とT氏（写真２）が開始した運動に始まる。両氏は、惰性のぬるま湯に浸り続ける「保守性」、外部からの刺激を拒否する「閉鎖性」、長年の林業を背景に形成された「有力者支配」という地域体質に対する過激な挑戦を開始した。約30人の仲間と「智頭町活性化プロジェクトチーム」（Chizu Creative Project Team；以下、CCPT）を結成、役場を含む全町を相手に、猪突猛進の活動を展開した。

写真１　山に囲まれた集落風景

写真２　M氏（右）とT氏（左）：1990

最初の５年間は、智頭を取り囲む山々の杉を使った３つの「物づくり」を行った。すなわち、第１に、杉

の端材を使ったウッドクラフトのコンテスト（写真３）、第２に、杉を使った日本風住宅の設計コンテスト（写真４）、第３に、智頭の最深淵部にある集落におけるログハウス群建設（写真５）を、矢継ぎ早に実施した。これら３つの事業は、杉の付加価値化を意図した点で共通している。それまで、多くの山林を所有する有力者は、端材を焼却していた。

また、上記の設計コンテストで「智頭杉」というブランドが誕生するまでは、良質な智頭の杉は吉野杉のブランドで出荷されていた。当時、ログハウスは、全国的にも珍しかった。このように、杉の高付加価値化は、有力者に牛耳られるまま、新しい試みを拒否してきた保守的な地域体質への挑戦を意味していた。また、第１、第２の事業

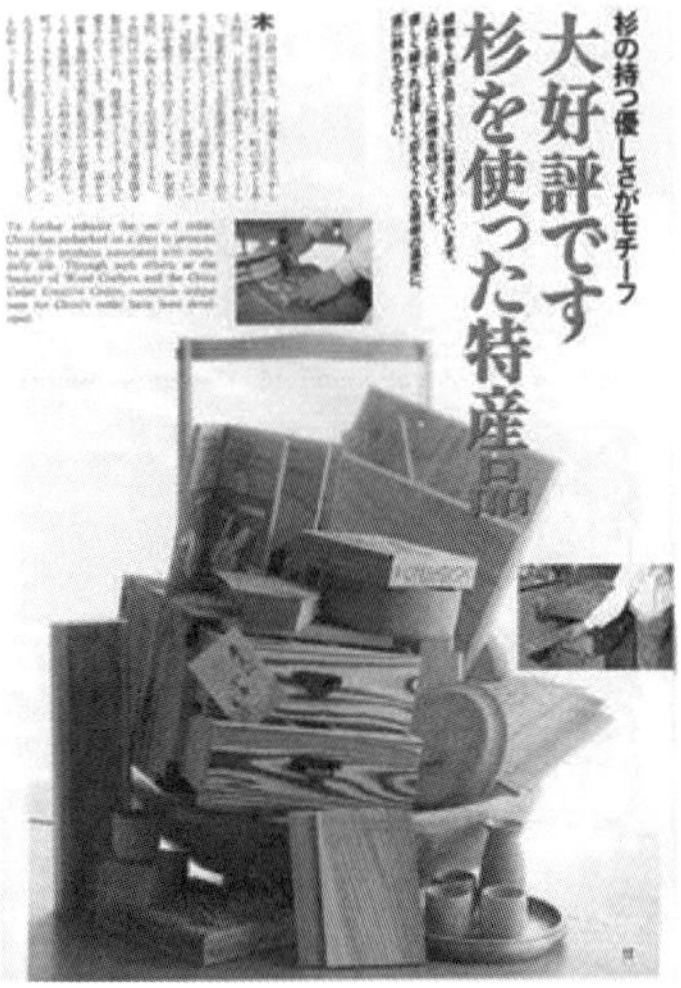

写真３　杉の端材を使ったウッドクラフト

写真４　杉を使った日本風住宅の設計コンテスト

写真５　ログハウス群

写真６　杉下村塾

がいずれも全国規模のコンテストの形をとったことには、地域の閉鎖性を打破しようという意図が込められていた。

続く５年間は､｢人づくり」にウエイトが置かれた。具体的には、都市部の研究者や地域プランナーを智頭に招き、CCPTのメンバーと地域づくりについて語り合う場を創った[4]（写真６）。また、智頭在住の若者や智頭出身の大学生を海外派遣したり、CCPTのメンバーもカナダを訪問するなど、異文化との交流による人材育成も行われた。これら一連の交流が、地域の閉鎖性に風穴を開けたことは言うまでもない[5]。

(3) ゼロ分のイチ村おこし運動

M氏とT氏が立ち上がって、10年が流れた。CCPTのメンバーは、10年間に何ができて、何ができなかったのか、また、今後はどうすべきかをめぐって激論を交わした。その結論は､｢これ以上活動を拡大するには、役場を変えねばならない」ということだった。

幸い、CCPTのメンバーの中には、何人かの役場職員もいた。また、10年間にCCPTが残した実績は、だれの目にも否定しようのないものであった。その実績を追い風に、CCPTの精神が役場の中に浸透していった。

CCPTと役場が協力することによって、いくつかの新しい事業が誕生したが、その中でも、本論文で紹介する旧村単位の活性化運動に直接連なっていくのが、「ゼロ分のイチ村おこし運動」だった。同運動は、先の10年間、CCPTが全町を相手にやってきたことを、集落単位でやってみようという運動と言える。つまり、集落単位で、保守性、閉鎖性、有力者支配を打破していく運動だ｡「ゼロ分のイチ」という言葉には、日本一や世界一のような相対比較ではなく、まったく事例のないところに新しい最初の事例を創出すること、つまり、ゼロから最初のイチを創出することを意味する

標語だった。

具体的には、同運動をやりたい集落は、全戸の賛同のもとに、集落振興協議会を設立する。集落振興協議会の総会やイベントには、だれでも参加できる。もちろん、役員は、総会で選出される。町役場は、集落振興協議会を、集落を代表する組織として認知し、必要なサポートを行う。

同運動は、10年単位のプロジェクトであった。同運動の開始時点で、10年後の集落ビジョンを描き、住民が知恵と汗とお金も出し合い、また、町役場の支援も受けつつ、ビジョンを実現していくのだ。

同運動は、以下の意味で画期的だった。従来の集落運営は、寄合（よりあい）と総事（そうごと）を２本柱になされてきた。寄合とは、各世帯から１名（原則として世帯主）が集まり、集落運営の意思決定をする会合である。また、総事とは、強制参加の共同作業である。集落の共有林の手入れ、用水路の掃除、祭りの準備などの作業は、一軒一人役という言葉のとおり、各戸から１名の強制参加で遂行される。このように、「寄合で決めたことを総事で実行する」というのが従来からの集落運営だった。

それに対して、同運動には、だれでも個人の資格で総会（意思決定の場）に参加できる。しかも、決定されたことは、義務ではなく、ボランティア活動で実行される。集落振興協議会で認められれば、やりたい者がやりたいことをやれる……当たり前に聞こえるかもしれないが、従来の寄合・総事体制、そして、有力者の顔をうかがわざるを得ない地域体質の中では、それができなかったのだ。

同運動は、1996年度を準備期間として、1997年度から本格スタートした。1997年度から５年間の間に、計15集落が同運動に着手した[6]。

３．山形地区振興協議会：これまでの道のり

（1）構想と助走

ａ．瓢箪から駒

きっかけは、まさに「瓢箪から駒」だった。2007年３月25日、卒業旅行でゼミの学生と智頭に来ていたS氏が帰路に就こうとしたとき、T氏が訪

ねてきた。T氏とM氏は、その日の午前中、上記のログハウス群「杉の木村」を約20年にわたって運営してきた八河谷集落の代表者と会合を持っていた。その会合で、八河谷集落の代表者から、「寄る年波にはどうしようもない。（無償譲渡を受けた時の約束にしたがって）杉の木村をCCPTに返還したい」という申し出がなされたのだ。「やっぱり、地域を活性化しようとしても、どうしようもない壁があるんですね」……T氏は、S氏に、こうこぼした。

S氏、「杉の木村をどうしますか」

T氏、「町（町役場）に引き取ってもらうしかないでしょうな。」

S氏には、CCPTの汗の結晶でもあり、活性化運動のシンボルでもある杉の木村が、こうもあっさり崩れ去るのが、ただただ忍びなかった。

S氏、「何とかできないものでしょうか。協力しますよ。」

T氏の目が輝いた。「先生、今から杉の木村に行ってみませんか。」

車を飛ばして、杉の木村に向かった。S氏は、その日の午前にT氏と会ったばかりの八河谷集落の代表者を訪問し、「何か方策を考えてみたいので、少し時間が欲しい。何とか今年一年だけは、杉の木村の運営を続けてください」と約束した。

これが、「瓢箪から駒が出た」瞬間である。しかし、ここからが速かった。約２週間後、S氏は智頭を訪れ、M氏、T氏と話し合った。「杉の木村をわれわれ３人で何とかしよう。」、３人の意思が固まった。具体策を議論する中で、T氏から、「役場にもかんでもらい、山形地区の活性化のために、杉の木村を位置づけてはどうだろう。」と提案があった。これに対して、山形地区に住み、事情をよく知るM氏は、「（深淵部にある）杉の木村を単独で考えるのではなく、山形地区の中心部にあり、ちょうど閉園となった山形保育園を活動のセンターにし、杉の木村を、その付帯施設として位置づけた方がよいのではないか」と提案し、S氏もT氏もこれに賛同した。同時にM氏は、「山形地区の気質は『おとなしい』からね。」と、活性化運動の立ち上げが容易ならざることも匂わせた。

たしかに、「瓢箪から駒」ではあったが、駒が出る素地は十分にあった。10年をかけて集落単位の活性化運動を行う「ゼロ分のイチ村おこし運動」

は、1997年度開始７集落、1998年度２集落、1999年度１集落、2000年度４集落、2001年度１集落と推移し、2002年度以降は同運動を開始する集落はなくなった。一方、1997年度に同運動を開始した７集落は、10年間を経て同運動の「卒業」を迎え、同運動を継続していた集落は７集落（１集落は同運動の途中で継続を断念）だけになっていた。同運動に参加した（あるいは、参加している）集落の住民にとっても、また、同運動を支援してきた町役場にとっても、同運動の「今後」は大きな課題となっていた。同運動を企画したT氏とM氏にとって、「今後」が大きな課題であったのは言うまでもない。

実は、同運動の企画には、次なる段階として、地区単位の活性化運動についての企画も添えられていた。それは、町役場の企画書としても残されていた。その企画書には、地区単位で地区振興協議会を設立することがうたわれていた。ただ、「まずは集落単位」であり、それも10年という長丁場の運動であったため、その企画は、忘れられた存在になっていた。それが、いよいよ日の目を浴びることになった。

町役場（副町長）との交渉は、交渉相手を明確にするために、S氏が前面に立ち、M氏とT氏は後方支援にまわるという形をとった。役場の内部では、CCPTのメンバーでもあり、地域活性化を担当する部署の課長、しかも、山形地区在住のY氏が重要な役割を果たした。

T氏の働きかけで、山形地区に隣接する山郷地区でも地区振興協議会を設立する機運が高まってきた。山郷地区では、研究者としてO氏が支援することになった。

b．山形地区振興協議会の設立に向かって

2007年夏ごろから、M氏、T氏、Y氏、S氏の間で、地区振興協議会の具体案を練り上げていき、副町長とも意見を擦りあわせていった。住民全員が総会に出席できる地区振興協議会の下に、実働部隊として「共育センター」を置くことになった。「共育」という造語には、地域内外の人が共に育みあう場にしようという意図が込められている。また、具体的な活動の軸として、高齢者福祉と交流（狭義の共育）という２つの軸を掲げること

にした。

上記のビジョン策定と並行して、実際に、地区振興協議会の中心となるメンバーをどうするかが最重要課題であった。これには、M氏が慎重に慎重を重ねながら根回しを行っていった。とりわけ、かつてCCPTのリーダーとして猪突猛進した自分に、抜けがたい反発を覚えている人もいることを考え、M氏自身は裏方に徹した。

M氏が目をつけたのは、地区の財産区議員だった。その理由は、財産区議会は、旧村が保有していた財産を管理・運営する組織であると同時に、事実上、地区の最高意思決定機関とみなされていたからである[7]。さらに、2004年～2005年に山形地区全体の区長会が設立され、その代表を財産区議が担うことになった。当時の区議会議員の人間関係が良好で、かつ、地区に対して前向きな姿勢のメンバーが多かったことも、山形地区をまとめるのに適しているとM氏は考えた。

2007年９月28日、M氏の呼びかけで財産区議員の会合が持たれた。この会合への案内状は、本論文末尾の資料１－１のとおりである。その議題の中心は、山形地区振興協議会の設立に向けての「山形地区の将来を考えませんか」というテーマであった（資料１－２）。それは、下からの盛り上がりによって地区振興協議会を立ち上げたいというM氏の姿勢の表れだった。

M氏の提案に、12名の財産区議員のうち５名が賛同した。この５名は、M氏やY氏とともに、地区振興協議会の立ち上げに向かって進んでいく。しかし、その道のりは険しかった。

まずは、いかにM氏の提案に賛成ではあっても、自分たちが中心になって本当に大丈夫なのか、自信がなかった。M氏やY氏が支えてくれることはわかっていても、自分たちが前面に出ることへの不安は拭えなかった。

大きなハードルは、地区住民の合意を得ることだった。10月には、町議会の承認を経て、町役場が「地区振興協議会事業概要」（資料２）を発表。11月には、上記の財産区議員５名、M氏、Y氏、それに山形地区在住の町会議員K氏も加わり、計８名で設立準備会を設立した。

準備会メンバーは、説明に集落を回った。各集落の財産区長に集まってもらい、説明会も開催した。しかし、なかなか順調には行かなかった。

第１に、住民の中には、地区振興協議会の設立によって、新たな負担を強いられるのではないかという危惧があった。前述のように、集落には総事というノルマ仕事がある。また、総事以外でも、少子高齢化する集落にあって、従来からの集落運営を維持しようと思えば、一人当りの負担は増えざるをえない。「そこに持ってきて、また新しいことを」という負担増に対する危惧があった。

第２に、地区振興協議会設立の動きが、少数の人間による独断専行であったことに対する反発もあった。いかに地域のことを考えたればこその動きだったにせよ、独断専行のそしりは免れない。とりわけ、CCPTのリーダーとして「独断専行の前科」があるM氏、それと長らく行動を共にしてきたS氏に対する反発は、大勢が参加する会合の場でも表明された。S氏には、「地区と関係のない人間が、町の金を使ってくるな」という声も突きつけられた[8]。

第３に、既存の地域団体の抵抗もあった。農山村では、都市部よりも多くの地域団体がある。山形地区にも、地区社会福祉協議会（地区社協）、公民館、老人会、婦人会、消防団、財産区などの諸団体がある。前述のように、地区振興協議会が活動の柱として掲げる高齢者福祉は、従来、地区社協の守備範囲の一部であったし、「共育」は公民館の守備範囲の一部であった[9]。わけのわからない新しい組織である地区振興協議会によって、今までの領分が侵されるのではないか……既存団体には、そんな不安があった。

以上のような強い向かい風にも、準備会メンバーはひるまなかった……向かい風に怒りや憤りも感じたが、「地域のために何が何でもやってやる」、「負けるもんか」という気概を共有し続けた。

2007年９月から2008年２月にかけて、山形地区の各集落は、地区振興協議会の参加を議論した[10]。2008年２月の会議では、地区振興協議会の設立について、各集落の最終的な確認が行われた[11]。その結果、12集落のうち８集落は集落をあげて地区振興協議会への参加を決めた。しかし、４集落は、集落としては参加しないこと、ただし、個人の参加は容認することを決めた。

このような各集落の動きを受けて、2008年２月、準備会は山形地区振興

協議会の設立要望書を町役場に提出。翌３月には、要望が認められ、協議会（写真７）が発足することになった。

写真７　山形地区振興協議会・共育センター
として生まれ変わった旧山形保育園

c．当時を振り返って

「活性化チーム」以前から長らく地域づくりに取り組んだ経験があるＭ氏は、次のように当時を振り返った。

「（準備会の）メンバーのほとんどにとって、これが（地域づくりの）初めての体験だった。だから、新鮮な思いでやったし、それだけに腹が立つことも多かっただろう。「このままじゃ、眠れない」と言うから、酒を飲みに行って、憂さ晴らしもした。……でも、（今回の地区振興協議会立ち上げを通じて、メンバーは）周りの反発があっても前進するすごい力と知恵を得たんじゃないかな。」

また、準備会メンバーの一人も、以下のように当時を回想している。

「今から思えば、（地区振興協議会の）立ち上げは難産だったなあと思う。でも、かえって、それが励みになって、『今にみていろよ』いう気持ちがあった……反対している人が、『協議会に入れてくれないだろうか』という気持ちになるようにしてやると思いながら、がんばった。自分は、『今、参加しない人は、放っておけばよい。いつか参加したいと思うようになってくれたらいい』と思う。」

前述のように、地区振興協議会には批判的な人もいた。その人たちの声も紹介しよう。

「少数の人だけで強引に立ち上げた。絶対にそうだ。はっきり言えば、見切り発車したんだろうな。……『反対の人もいるけど、とにかく走り出して、あとは、ついてきてください』という見切り発車のように思える。（既存団体）」

（2）発足して４年間の活動（2008－2011年度）

a．2008年度

2008年３月、山形地区振興協議会が町役場から認定され、４月には設立総会が開催された。設立総会（出席者約40名）では、まず設立までの経緯が説明されたのに続いて、規約[12]が承認され、役員として、会長１名、副会長３名、理事17名、事務局１名、会計１名、監査２名の25名が選出された。協議会の拠点は、旧山形保育園の中に置くことになった。設立総会に続いて、山形地区の全戸にチラシを配布し、2008年度事業計画案、予算案、役員紹介を説明した。

８月までは、今後の活動計画の策定が、主たる課題だった。７月には、住民のニーズを把握するために、全戸を対象にアンケート調査を実施した。アンケートは、福祉、治安、教育、教育《（ママ）》、山形地区振興協議会という５つのテーマに関する質問が含まれていた。アンケートの集計結果[13]は、９月、全戸にフィードバックされた。

アンケートの結果を、図３に示すような高齢者福祉と交流（狭義の共育）という２つの軸にそって取りまとめ、いざ具体的な活動を始めようにも、いかんせん、地区振興協議会と一般住民の距離はあまりに大きかった。「地区振興協議会とかいうのができたらしいが、一体何だろう」……これが、大多数の住民の気持ちだった。国内外の大学人を招いての講演会も開いたが、住民との距離感はなかなか縮まらなかった。

2009年２月、「まずは、振興協議会の拠点（旧保育園）に足を運んでもらえるようにしよう」という意図で、週２回の「山形いきいきサロン」を開始した。とにかく、住民の憩いの場として拠点を活用してほしいという願いからだった。２月７日の初回には、オープニングイベントとして智頭病院長を招き、「健康づくりと町づくり」という講演をしてもらった。

福祉と共育という少々硬い言葉を、もっと自分たちの言葉にしようという発想も飛び出した。福祉は、「まめなかえ」。「まめ（元気）ですか」という挨拶、気遣いの方言である。「ぼつぼつ」（まあまあですよ）と返されることが多い。一方、共育は、「言うてえな、聞いてえな、教えてえな」(何か言ってよ、私の言うこと聞いてよ、これ教えてよ）という言葉を交わすことだと、身近な言葉に「翻訳」された。

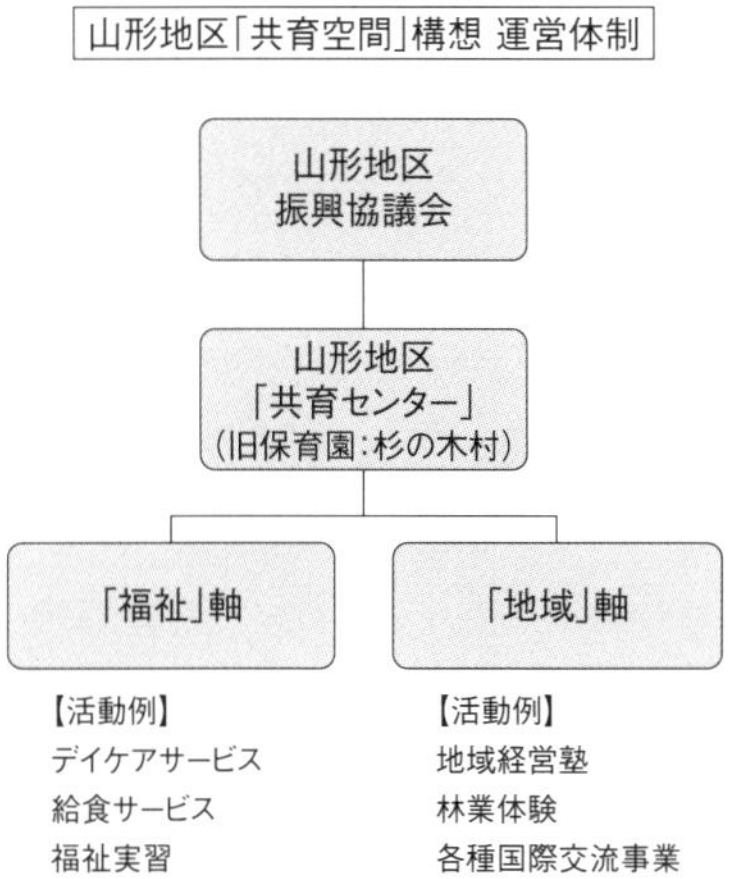

図３　地区振興協議会の２つの軸

b．2009年度

地区振興協議会の住民への浸透は、まだまだだった。何はともあれ、拠点である旧保育園を、住民が気軽に足を運んでくれる場所にすることが、依然、最大の課題だった。その課題に対して、前年度に開始した「いきいきサロン」に加えて、毎月の「地域で祝う誕生日会」を始めた。その中身も、ケーキづくり、流しそうめん、炭火でのパンづくりなど、工夫をこらした。また、地域の子どもたちと触れ合う機会をつくろうと、山形小学校の児童とともに、生物と触れ合う学習の場をもったり、水鉄砲やどんぐり人形など、昔懐かしい遊び道具を作ったりする機会をつくった。

他の地域との交流として、兵庫県伊丹市の市民グループとの交流が始まった。伊丹市の市民グループは、地域SNSを活用しながら、高校と地元商店街が連携するユニークな活動を行っていた。その活動のリーダーである高校教諭が、S氏の依頼で山形地区を訪問したのをきっかけに、山形地区の人たちが伊丹市を訪問、市民グループと会合をもったり、商店街を見学したりした。伊丹市との関係は、豪雨災害（８月９日）に見舞われた佐用町（兵庫県）への救援にもつながった。災害直後、伊丹市市民グループの呼びかけを受け、地区振興協議会も「古タオルを送ろう」プロジェクト

に参加した。

以上のような地域内でのイベントの積み重ねや、他の地域との交流によって、振興協議会の中心メンバーは「活動することの実感」をつかみ、次第に自信をつけていった。当時、M氏は、「こんなに切れ目なく活動をし続けるのは、すばらしいことだ」と感想を漏らしている。

さらに、2009年度より、町役場から地区振興協議会に専属の事務職員[14]が配置されることになった。このことによって、煩雑な事務作業が軽減され、さまざまな事業展開がよりスムーズになり、地区振興協議会の活動に弾みがついた。

c．2010年度

振興協議会は、まだまだ住民の中に浸透したとは言えないまでも、発足当時には想像できなかったほどの活動が行われるようになった。振興協議会の中心メンバーの中にも、発足当初の緊張感から、「活動を楽しむ」という姿勢への変化が見られるようになった。「誕生日会」が、「あそぼう＠かい」と名称を変えたのにも、その変化が現れている。「あそぼう＠かい」の内容も、「魚をさばく」（４月、10月）、「笹巻を巻く」（６月）、「やまがたの宝探し」（７月、９月）、「流しそうめん・かき氷」（８月）、「グランドゴルフ大会」（11月）、「年末恒例・お餅つき大会」（12月）など、楽しいメニューになっている。

地域外との交流も、伊丹市・市民グループに加えて、地域外のNPOと共同して、森・林業を考えるイベントを開催したり、若者が高齢者から昔の体験を聞き書きするイベントを実施した。また、振興協議会の中心メンバーが、岡山県立大学保健福祉学部（本論文第１著者の所属大学）や、京都大学総合人間学部（同第３著者の所属大学）を訪れ、大学との連携にむけての下準備も行った。

高齢者福祉については、「共育センター」でデイサービスを行いたいという希望があったが、町の高齢者福祉計画としての位置づけができず、その計画が消滅した[15]。しかし、振興協議会の中心メンバーの中には、「住民が参加する高齢者福祉」によって、住民同士が支えあう地域にしたいとい

う強い願いがあった。当初のデイサービスも、単に福祉のプロに任せきりではなく、何らかの形で住民も参加することが念頭にあった。では、デイサービスはあきらめるにせよ、どのような住民参加の高齢者福祉を構築していくかを、自ら考えねばならなくなった……それが、次年度の岡山県立大学との共同調査のきっかけになる。

d．2011年度

「あそぼう@かい」は、一層内容を充実しつつ、着実に継続されていった。また、伊丹市・市民グループとの交流も、市民グループや伊丹市商工会のメンバーが山形を訪問したり、逆に振興協議会のメンバーが伊丹市の高校・商店街共同イベントに参加するなど、双方向的な交流になった。

高齢者福祉については、岡山県立大学と対等な共同調査によって、高齢者のニーズを調べることになった。同大学の教員（本論文第１著者）の指導のもとに、２名の４年生が頻繁に山形を訪れ、独居高齢者や関係者に対してヒアリングを行った（写真８）。その結果、山形の独居高齢者については、①公的サービスを上手に活用しつつ、家族（近隣）に支えながら生活していること、②他方で、人との関わりを強く求めていることが明らかになった。この調査結果を受けて、学生は、「高齢者が安心して過ごせる環境下（＝高齢者の自宅）で、個別に関わる機会を提供する」ために、とくに「食事」に着目し、高齢者宅で学生が共食（おしゃべりをしながら食事を共にする：孤食から共食への移行）を提案し、これが2012年度の事業計画の一つとなった。

写真８　学生によるフィールド調査のひとコマ

また、智頭町の各地区にあった小学校が、2012年度から１校に統合されることになった（写真９）。これを機に、廃校となる山形小学校[16]の施設をどのように活用していくかが、現役の小学生を含む地区住民とともに検討され始めた。小学校活用の方向性として、「区民の心の泉として、中身が変わっても末永く後世に引き継ぎたい」こと、「地区の文化財としての価値を残したい」ことが確認された。

写真９　廃校となる山形小学校全景（重要文化財）と山形小学校内部の80メートル廊下

４．今後の活動に向けて

以上、山形地区振興協議会の設立経緯と発足後４年間の軌跡を紹介した。10年プロジェクトの５年目を迎えようとしている今、ここまでの成果と反省を踏まえて、今後６年間の構想・計画を練り直す時期に来ている。

ａ．中核メンバーの自信

前項で紹介したように、この４年間、地区振興協議会はフル回転で、次から次へと事業を計画、実行してきた[17]。それらの事業は、協議会の設立に汗を流した元・準備会のメンバーを中核にして実行されてきた。

設立までの約半年、そして、発足後の１年は、中核メンバーの中にも不安があった。しかし、事業を重ねるごとに、不安が自信へと変化したように見える。その変化は、次のM氏の言葉にも表れている[18]。

「今、中心になっている12人くらいのメンバーは、大きく成長をしてくれたと思う。これこそ、山形の財産になったと思っている。」

しかし、地区振興協議会の認知度は、まだまだ低い。これをどこまで高めていけるか……これが今後の大きな課題である。とくに、集落をあげての参加を決めなかった集落の住民の中にも、協議会の活動に興味を持つ人がいるかもしれない。その人たちをいかにして活動に巻き込んでいくかも考えねばならない。そのためには、広報にも力を入れる必要がある。

「みな、振興協議会には協力しなければとは思っているけど、仕事がある。したくてもできない。日曜日でも家庭のことがある。だから、行事を通じて協力体制を作っていかないと集まらない。また、集落で『協力しない』と決まったら、なかなか協力しづらい。だから、区長さん（集落の世話人）も出ていけない。協力したいという区長さんも、住民から『集落として反対しているのに』と言われると出ていけない。でも、3年たって反省する点もある。（振興協議会も）一つ一つ問題を解決していくだろうから、そのお手伝いをしないと、と思っている。今、思い返せば、（振興協議会を設立するとき）説明不足だった。何回も何回も説明に来てくれていたら、もうちょっと賛成も増えていたかもしれない。『地域をどうにかせんといかん』と思っていた人は、賛成したと思う。（住民）」

「振興協議会の当初の目的は、介護の拠点、しかもボランティアでデイサービスみたいなのを立ち上げると聞いたので、『ボランティアでは絶対無理だ、できるわけない』と思った。専門家が要るし、絶対無理だと思ったから反対したんですよ。それでも、（振興協議会が）立ち上がって、そのうちに活動がどんどん違う方向に行って、危惧を感じるというか、『これは何だ』っていう思いがした。単なる行事だったら、同じようなことを公民館でもやっている。みんな、振興協議会のことが何も見えてこないから、納得してない。『勝手に何をしてるんだ、大きなお金を使って』と思っている。例えば、公民館は広報を出している。その都度、みんなの顔が見えるように、活動結果を発表している。それに対して、振興協議会は年度末発表会[19]では発表しているようだが、地域の中では何も出してこないから、何をやっているのかわからない。ただ、お誘いしかでてこない。お誘いも交通手段が無い人は出られないし、出たくもない。そ

んな活動しとってどうするんだ。活動も一歩も進んでいないし、改善点が全く出てこない。（既存団体）」

若い人たちを、いかに巻き込むかも大きな課題である。

「若い世代が仲間に入ってくれない点が一番さみしいところでねぇ。70代や60代の者が頑張っても、若者と連携を取っていかないと地域は元気にならないと思う。これからは、もっと連携をとっていって、年寄りと若者とみんなで考えないと。振興協議会は高齢者を大事にするということをテーマにしているけれども、高齢者と若者がつながって、初めて振興協議会の活動が進む。年寄りばかりが元気で活動をしていても、若者がこないとどうにもならないのではないかという想いでいっぱいです。（振興協議会メンバーの一人）」

b．既存団体との関係

地区振興協議会の活動を地区全体に浸透させていく上での大きな課題は、既存団体との協力関係をいかに構築していくかだ。前述のように、協議会に批判的な人は、協議会設立が見切り発車であったことを指摘している。たしかに、12の集落の賛同を得ること、少なくとも集落をあげての反対を避けることが最優先し、既存団体との調整まで手が回らなかったのは事実である。

しかし、発足後４年間が経過した現在、既存団体との関係をもう一度考え直してみることも必要だろう。既存団体の厳しい声にも耳を傾けてみよう。

「もう少し風通しを良くしないと。各種団体と繋がり、各地域にもっと説明しなければならない。説明に来られないなら、広報を出すべきである。（他の）活動をしている人に顔を出すべき。そうしたら、（協議会の）雰囲気が伝わってくると思う。住民は『おかしい、おかしい』と言いながら、日にちも経ち、怒っている。もっと地域住民の顔をみるべき。１人１人と話をしなければならない。待つだけでは人は来ませんよ。まずは、振興協議会が動かないといけないでしょう。上から見ているだけではだめです。まずは、同じ視点に立たないと。押し付けるばかりじゃ誰も賛成しません。考えていることは決して悪い事

じゃないのに、みんな（地域住民、各種団体）がバラバラ背中合わせで離れていっている気がする。地域が離れていっている。（既存団体）」

「お金の問題がねぇ…。地区振興協議会の年間費用は、公民館より莫大な金額です。地区のみなさんも振興協議会という組織が本当に地区のためになっているのかと危惧しているところがあって。前回の総会の時に、もう一回各集落に説明に行ったらどうだという提案もあったが返事はなかった。…（中略）…公民館活動とかぶっているところも多々ある。まあ、喧嘩したこともあったけど、３年たって、そうは言ってはいられないということで、地域の方と意見交換をしたらどうかと提案したけども全く動きが無い。だからまず、もう一度、地区に足を運んで説明すべきだとは思うな。…（中略）…伊丹市や県立大学との交流はそれなりに評価しているし、森のセラピーに関しても協力したいと思っている。けれども公民館や社協のあげあしをとるような事業は、絶対に許されないと思います。（既存団体）」

「この地区には、地区社協、公民館、老人会、婦人会、消防団、財産区等々、いろんな組織・団体が錯綜、林立していて、しかもそれの構成員は同一住民なんです。そういう中で、立ち上げを苦労されたのは、そういう地区の住民の頭の中の整理ができてなかったのかなと思ったりもする。その中で、福祉と地域を軸とする活動を始められて。福祉についていうと、これは社協のエリアと重なりますね。公民館も、社会教育法に書いてあるのは福祉とか教育ですね。まあ、全部ダブりますから。結局、トラブった原因というのは、他の団体が自分のエリアを…縄張りを侵された気がするんでしょうね。そういう感じが今なお続いておりますけれども。これを解消するためには、各種団体が連絡を取り合わないと。（振興協議会が）良かれと思ってやっても、悪く解釈されたりすることが起きてきますから。団体同士で、やっぱり横の連携、話し合いをやらないと。…（中略）…振興協議会独自のもの、他にないものを開拓していかないといけないでしょうね。今ある古い組織で住民サービスがすべて満ち足りているとは思いません。必ずある空白の部分があるわけですから。そういう努力はされているのかなと思います。まあ、なかなか大変なんですけどね。…（中

略）…だから、各種団体がそれぞれの路線で特色を出していくことが大事だし、それとともに連携をして横のパイプを持って充分連絡を取り合っていかないと摩擦が起こるということです。…（中略）…役員を兼任しとられるということも一つの連携、強みになるんですけど、組織として集まって連絡をとりあうこともやっていませんからね。公民館長をやっていても公民館を動かすだけで精一杯ですから。（既存団体）」

既存団体との関係をいかに構築していったらよいか……これは、難しい問題だ。しかし、考えてみれば、既存団体といえども、その機能を十全に果たしているかと問われれば、必ずしも胸を張ってイエスと言える状況にはないのではなかろうか。既存団体には、どうしても長年の縦割りが染みついている。互いの領分を侵さないようにすれば、おのずと領分と領分の間に隙間が生じる。

地区振興協議会の役割は、住民の目線から、その隙間を発見し、それを埋めるような活動を考えていくことではないか。地区振興協議会は、集落振興協議会とは違って、旧村にあった「村長、村議会、村役場」を住民のボトムアップで創っていくことを目指す。その意味では、地区振興協議会は、地域の牽引役、リーダーである。あえて、ピラミッド状の図を描けば、地区振興協議会は地域ピラミッドの頂点に置かれるべき存在である。

しかし、地区振興協議会の位置づけがそうであっても、地区振興協議会、とりわけ、その中核メンバーには、それとは逆のスタンスが求められるのではないか。地区振興協議会の位置づけとスタンスは、図４のように表現できる。下から

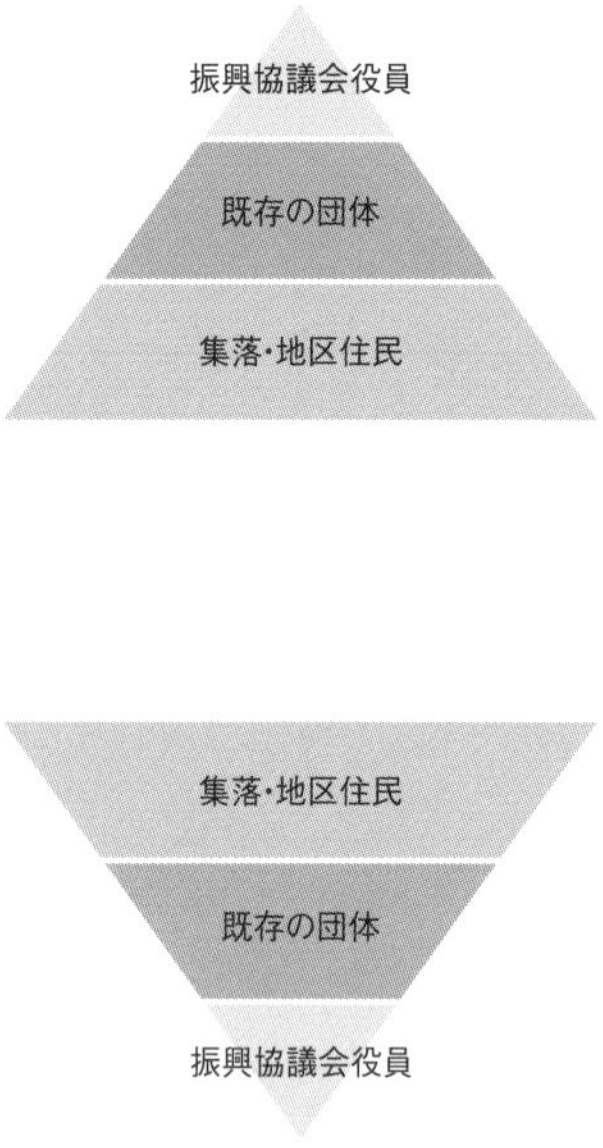

図４　地区振興協議会の公式的な位置づけ（上）と活動する上での位置づけ（下）

見上げると、公民館・地区社協などの既存団体の間に埋めるべき隙間が見える。また、集落・地区住民の間にも埋めるべき隙間が見える。それらの隙間をうまく埋めていくのが地区振興協議会（とくに役員）の役割ではなかろうか。

〈資料１～７は、集団力学研究所のホームページから検索してください。〉

資料１－１　山形区長会・財産区合同会議の開催案内状
資料１－２　山形区長会・財産区合同会議（「山形地区振興協議会の設立準備について」別添資料）
資料２　地区振興協議会事業概要
資料３　山形地区振興協議会設立に向けての経緯
資料４　山形地区振興協議会設立準備会議事録
資料５　2008年２月15日に全戸に配布されたチラシ
資料６　山形地区振興協議会の規約
資料７　平成23年度山形地区振興協議会事業実績

注
1　岡山県立大学保健福祉学部　arakugi@fhw.oka-pu.ac.jp
2　岡山県立大学保健福祉学部（2012年３月卒業）dcmr4x4_nana07@yahoo.co.jp
3　京都大学大学院人間・環境学研究科　sugiman.toshio.7a@kyoto-u.ac.jp
4　目的別に「杉下村塾」、「耕読会」、「地域リーダー養成講座」などがある。
5　この時期のCCPTの活動については、杉万（2000）を参照のこと。
6　同運動の詳細については、岡田・杉万他（2000）を参照のこと。また、同運動に参加した各集落の変化について、２回にわたるアンケート調査の結果を含めて報告したものに、高尾・杉万（2010）がある。
7　智頭では、「集落を治めるのが区長」、「町を治めるのが町会議員」、そして、「地区を治めるのが財産区議員」というのが慣例である。
8　S氏（本論文の第３著者）は、約20年の間に100回以上は智頭を訪れているが、町役場から正式に依頼を受けた用務のための数少ない訪問を除いては、智頭の人（役場を含む）から旅費や謝金は一切受け取っていない。
9　地区社協は、智頭町社会福祉協議会（町社協）の下部組織として、各地区に

置かれている。また、山形地区はその広さから、２つの公民館（第１公民館、第２公民館）がある。

10　この間の山形地区振興協議会設立に向けての経緯を資料３に示した。

11　各集落の状況報告は資料４の議事録の通りである。この資料４は、各地区の住民向けに全戸配布されたチラシ（資料５）の意見を集約した地区の決定に基づいている。

12　規約（全文）を資料６に示した。

13　集計結果の詳細は、前出の高尾・杉万（2010）を参照のこと。

14　2009年度から2011年度の３カ年は厚生労働省の緊急雇用創出事業、2012年度以降の３カ年は、総務省の地域おこし協力隊事業の雇用による。

15　山形地区のデイサービス構想は、その後「鳥取型地域生活支援システムモデル事業」として2012年度から「森のミニデイ」として実現した。

16　山形小学校は国の重要文化財に指定されている。

17　2011年度の事業実績を資料７に示した。

18　以下に紹介された関係者の声は、本論文の第２著者（山田）によるインタビュー調査で収集された。地区振興協議会の立ち上げから深く関わってきた第３著者（杉万）ではとても徴収できなかったであろう貴重な声ばかりである。

19　集落単位の「ゼロ分のイチ村おこし運動」は始まって以来、毎年３月の第１日曜日には、参加集落の活動発表会が行われている。地区単位の運動が始まってからは、地区振興協議会も活動発表をしている。

引用文献

岡田憲夫・杉万俊夫・平塚伸治・河原利和（2000）．地域からの挑戦：鳥取県・智頭町の「くに」おこし．岩波書店．

杉万俊夫（2000）．よみがえるコミュニティ（第２章）．ミネルヴァ書房．

杉万俊夫（2008）．地域活性化のアクションリサーチ．サトウタツヤ・南博文（編）質的心理学講座３：社会と場所の経験．東京大学出版会，pp.155-181．

高尾知憲・杉万俊夫（2010）．住民自治を育む過疎地域活性化運動の10年：鳥取県智頭町「日本・ゼロ分のイチ村おこし運動」．集団力学，27，76-101．

―2012.8.10受稿，2012.12.24受理―

【集団力学 2013第30巻pp.2-35

集団力学研究所ホームページ2013年掲載

https://www.group-dynamics.org/journal】

論文-5

旧村を住民自治の舞台に
―鳥取県智頭町：地区振興協議会の事例―

伊村優里（京都大学）[1]・欒木章子（岡山県立大学）[2]・杉万俊夫（京都大学）[3]

要　約

地域主権を構想する上で、国と地方自治体の関係を見直すのみならず、市町村よりも小さなコミュニティ、すなわち、「風景の共有できる空間」での住民自治をいかにして育むかを考えねばならない。農山村では、戦前ないし昭和の大合併以前の旧村が、「風景を共有できる空間」に相当する。

鳥取県智頭町では、旧村単位に地区振興協議会を設置し、住民自治を育む運動が始まっている。本論文では、同町を構成する６つの地区（旧村）のうち、３地区の運動を現場調査に基づき報告する。具体的には、各地区について、①地区振興協議会立ち上げの経緯、②現在までの活動、③活動の成果と今後の課題を報告する。

キーワード：住民自治、旧村、地区振興協議会、風景を共有できる空間、鳥取県智頭町

1．旧村単位の住民自治

地域主権を構想する上で、国と地方自治体（市町村、都道府県、あるいは、府県の広域連合体）の関係以外に、もう一つ重要な論点がある。それは、市町村よりももっと小さなコミュニティ、すなわち、「風景を共有できる空間」での住民自治をいかにして育むかという論点である。農山村では、概ね、戦前ないし昭和の大合併（1953－1961年）以前の旧村、また、都市部では小学校の校区がそれに当たる（欒木・山田・杉万，2013）。

そのようなコミュニティで住民自治を育む画期的な取り組みが、鳥取県智頭町で行われている。それは、同町を構成する６つの地区（旧村）ごと

に、地区振興協議会という住民組織をボトムアップで立ち上げ、役場とのイコール・パートナーシップで住民自治を育む取り組みである（図１・図２参照)。樂木・山田・杉万（2013）は、６地区の中でも、いち早く地区振興協議会を立ち上げた２地区の一つ、山形地区について、①地区振興協議会の構想が生まれたきっかけ、②協議会が立ち上がった経緯、③協議会発足後４年間（2008－2011年）の歩みを報告している[4]。本論文では、山形地区以外の３地区、すなわち、山郷（やまさと）地区、那岐（なぎ）地区、富沢（とみざわ）地区のそれぞれで、いかにして地区振興協議会が立ち上がり、いかなる活動を行ってきたかを報告する。

智頭町では、本論文で取り上げる地区単位の運動に先行して、最小コミュニティ単位である集落ごとに住民自治を育む運動が行われてきた（岡田・杉万・平塚・河原，2000；杉万，2006；高尾・杉万，2010)。その運動は、何も先行事例がないゼロの状態から最初の一つ（イチ）の事例を創出するという気概を込めて、「ゼロ分のイチ村おこし運動」（以下、集落ゼロイチ運動）と呼ばれた。1997年度を初年度とする同運動には、智頭町にある89集落のうち15集落が参加した。集落ゼロイチ運動に対して、本論文で取り上げる地区単位の運動は、「地区ゼロイチ運動」と呼ぶことにする。

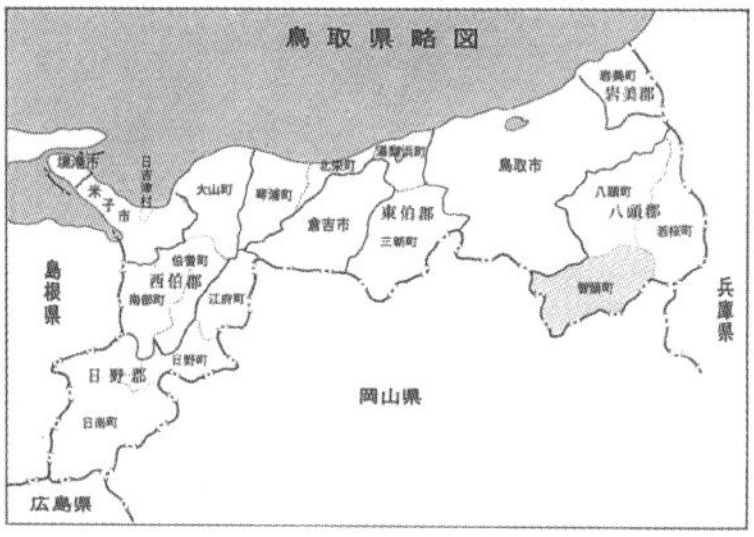

図１　智頭町の位置

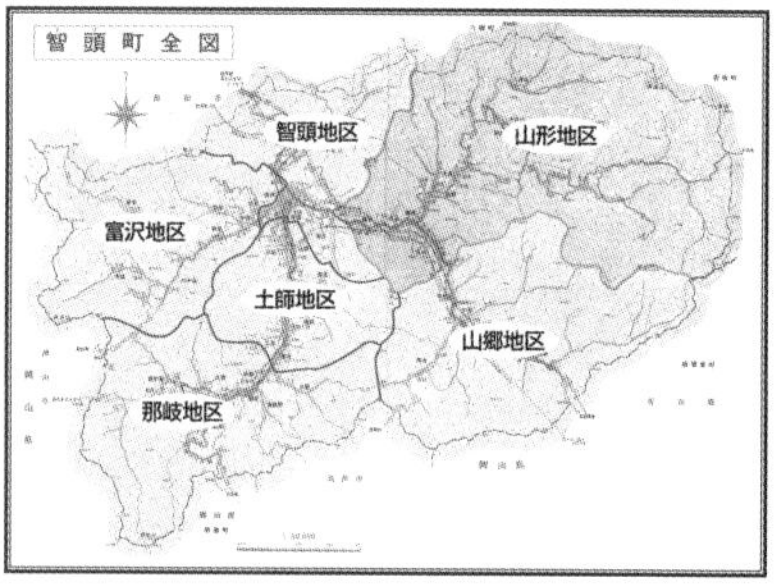

図２　智頭町にある６つの地区

2．山郷地区

2-1．背景

山郷地区は智頭町中心部から見て南東に位置し、岡山県との県境にある。智頭町内でも山側に位置し、標高が高い。地区内には、白坪（しらつぼ）、新田（しんでん）、中原（なかばら）、福原（ふくはら）、駒帰（こまがえり）、尾見（おみ）の６集落がある。人口は、2012年現在605人と町内で最も少ない。そのうち235人が65歳以上の高齢者であり、高齢化率（39％）は町内で最も高い。

６つの集落のうち、中原、新田、白坪の３集落が集落ゼロイチ運動に参加していた。新田・白坪集落は1997年から2006年まで、中原集落は1998年から2007年まで、10年間の集落ゼロイチ運動に取り組んだ。

2-2．立ち上げの経緯

（1）きっかけ

2007年、集落ゼロイチ運動を始めてから10年が経過し、各集落は、同運動の「卒業」を迎えていた。2007年３月には新田、白坪集落が卒業し、中原集落も2008年３月には卒業を迎えることになっていた。新田集落では、集落ゼロイチ運動以前から取り組んできた都市部との交流事業や、人形浄瑠璃の公演活動が、運動によって一層定着した。卒業を１年後に控えた中原集落でも、集落住民による蕎麦づくりは、一定の収入を得られるまでになっていた。

集落ゼロイチ運動の中心を担った住民たちは、同運動の10年間を振り返った。その結果、集落内のみでの運動に限界を感じるとともに、自らの集落で培った経験を他の集落にも広げていかねばならないという意見が出された。集落ゼロイチ運動の次なる段階をどうするかは、同運動に関わってきた住民たちに共通の課題だった。

他方、集落ゼロイチ運動の次なる段階への気運を後押しする地区外からの動きもあった。それは、集落ゼロイチ運動を地区単位の運動に発展させようという計画、すなわち、地区ゼロイチ運動の計画が町役場から提示さ

れ（付録１）、それに呼応するかのように、隣接する山形地区が地区振興協議会の立ち上げに動き出したことだった。1984年以来、智頭町で地域活性化運動に取り組んできたT氏は、地区ゼロイチ運動を山形地区だけで立ち上げるよりも、山郷地区とともに２地区で同時に立ち上げた方がプラスの相乗効果を狙えると判断し、中原集落のリーダーに地区ゼロイチ運動を開始するよう強く勧めた。また、T氏は、山形地区振興協議会には、大学教授のS氏が助言者として関与していることを考え、山郷地区には、同じく大学教授のO氏に助言者となることを依頼した。

（2）設立準備

2007年、地区振興協議会設立の準備が始まった。設立準備の中心となったのは、集落ゼロイチ運動を行っていた３集落のうち、中原集落のリーダーたち（N氏、K氏ら）だった。地区振興協議会を立ち上げるにあたって、まず、目標を共有することから始めた。同年の夏から冬にかけて、O教授の指導のもとにセミナーを開催し、地区振興協議会の意義、設立の必要性を話し合った。このセミナーには、６集落すべてから代表者が参加した。セミナーでは、「集落単位から地区単位に運動を拡大する大きな意義は、いい意味での政治力を獲得できることにある」という意見が支持を集めた。また、賛同者を集めることも重要だった。地区のキーパーソンを訪問し、協力を求めた。

2008年１月11日から13日の３日間、O教授と大学生約20名が山郷を訪れ、地元のメンバーと、地区の課題や今後のビジョンを話し合うワークショップを開催した。集落ゼロイチ運動を行った集落からは、その中心となった人物が参加し、集落ゼロイチ運動を行わなかった集落からは、役場職員など地区ゼロイチ運動に賛同する住民が集まった。このセミナーでは、SWOT分析[5]や四面会議システムという手法が用いられた。四面会議システムは、T氏が考案した活動計画の策定手法であり、４つの主要な側面からディベートをしながら計画づくりを行うというものである（羅・岡田・竹内, 2008、付録２）。このワークショップの経験は、その後の計画づくりや事業の実施におおいに役立った。

こうして活動に積極的な住民たちの間でビジョンを共有し、結束を強めながら、他の住民の同意を集めていった。地区振興協議会の設立には、全集落の代表者の署名を得なければならない。2007年から2008年にかけて、１年近い時間をかけて活動ビジョンを策定しつつ、賛同者を増やし、協議会発足の土台をつくっていった。

各集落の中心人物への呼びかけによって、ほとんどの集落からは同意を得られたが、福原集落だけは活動に対して否定的だった。「福原は、山持ちや県会議員のように、旧来のシステムで財産を築いている有力者が多い地域で、山郷地区の中でも特に封建的で保守的な土地柄だから」……その理由を、当時、協議会設立に向けて動いたメンバーの一人は、こう語っている。しかし、最終的には、福原集落は、集落をあげての同意はしないが個人としての参加は認めるという形で妥協した。現在では、振興協議会の活動に積極的に参加する福原集落の住民もいる。

また、住民の負担金を全戸から500円ずつと設定したものの、すべての世帯から同意を得るのは容易ではなかった。そこで、当時、財産区の議長でもあったN氏の発案によって、住民負担金の不足分は財産区からの支出で補うことになった。

このような準備期間を経て、2008年３月、山郷地区振興協議会の発足総会を迎えた。町から正式な認定を受け、山郷地区振興協議会の活動が始まった。

2-3. 現在までの活動

本項では、振興協議会の発足以降、現在に至るまでの活動を紹介する。まず、振興協議会の組織構成について述べ、次に、これまでに行ってきた活動の事例とその成果を述べる。

（1）山郷地区振興協議会

山郷地区振興協議会には、会長、副会長、理事、事務局長、会計、監査の役職が置かれている。町が策定した振興協議会設立規定では、副会長に役場の課長クラス以上の職員を入れることが義務化されているが（付録

１）、山郷地区振興協議会の設立規約では、役場職員の他、財産区議長と公民館長も副会長に就任すること、理事は各集落から代表２名が入ることが定められている。中原集落に住むK氏が初代会長となった。現在は、同じく中原集落に住むH氏が２代目を務めている。

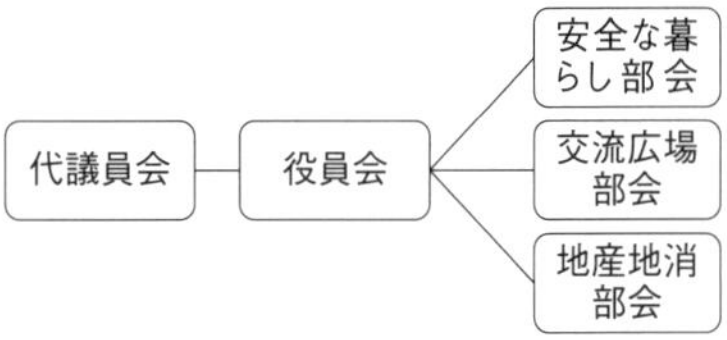

図２　山郷地区振興協議会の組織

振興協議会は、活動の柱として「住民自治力の向上・安全な暮らしを築く」、「意気・粋（いき・いき）交流広場で人財づくり」、「自給自足・地産地消の実践」、「観光・交流の輪づくり」の４つを掲げている。さらに、これらを実践する組織として、安全な暮らし部会、交流広場部会、地産地消部会の３つの部会が設けられ、合わせて50名ほどのメンバーが活動している（図２）。

振興協議会の事務所は、中原集落にある山郷地区公民館の事務室に置かれている。もともと公民館単独の事務室であったところを、現在共同で利用しており、事務室には、町が振興協議会のために採用した職員が１名常駐している。

（2）現在までの主な活動

2008年３月、振興協議会の正式発足後、具体的な活動方針を作成するための会合を重ねた。その際、集落ゼロイチ運動で培ったビジョン策定のノウハウや、行政に勤めた経験のあるメンバーの知識が役立った。話し合いを重ねる中で、振興協議会が今後目指すべき地区のビジョンを表現する標語として、「新山郷村（しんやまさとそん）」という標語が使用されるようになった。この標語には、旧村時代の自給自足社会をモデルとして、それを現在に即した新しい形で実現しようという気概が込められている。

さらに、振興協議会の活動の基本方針として、防災にも力を入れることが決まった。先に述べた自治、人、食、交流という４本の柱に加えて、「安心・安全」というテーマにも取り組もうというわけだ。災害が起こった際に、地域の力が備わっていなければ対応することはできない、そこで、防

災が充実しているかどうかが、地域力を測る指標になるという考え方が生まれた。こうして決定されたテーマのもと、四面会議システムで提案された案も大いに活用しながら、具体的な活動計画の作成が進められた。

振興協議会が発足してから５カ月後の2008年７月13日、最初の大きなイベントである「新山郷村開村祭」が、地区内にある高速バス停留所広場で行われた。住民にとって普段はあまり縁のない場所だが、防災の拠点、地域のつながりの場になりうるという狙いで、この場所が選ばれた。当日は、地区内外から200名を超す参加者が集まり、財産区議長や町長のあいさつに始まり、地元消防団による模擬訓練、救命講習、炊き出し訓練など、防災をテーマにした催しが行われた。

開村祭に続き、2008年度は、地域活性化に取り組む他の地域の視察や、住民自治や地域経営について考えるワークショップを行った。視察では、兵庫や京都まで赴き、地元住民で経営する農園や地域防災組織を見学し、地元住民との交流を行った。また、同年12月には、顧問のO教授による、災害時の対応などをテーマとしたセミナーも開催された。

一方、住民の意見を聞くため、地区内の全住民を対象としたアンケート調査も実施した。アンケートでは、出生地や地域外での生活経験といった基本的な情報から、現在の悩み、必要と思うサービス、愛着を持つ地域単位、集落活動への参加状況、地区振興協議会に対する意見まで、幅広く質問した。調査結果は、年齢や性別に分けて詳細に分析された。その結果、多くの住民が愛着を持っているのは地区ではなく集落であること、振興協議会に対する認知度が、特に若者や女性の間では、まだまだ低いこと、地域のための野菜作りには比較的積極的な人が多いことなどがわかった。また、住民の要望や課題も浮き彫りになった（付録３）。

アンケートの結果をもとに、初年度である2008年度末には、新山郷村活性化ビジョン行程表ができあがった（付録４）。その工程表には、自治、人、食、交流の４本柱を軸とする10年後の将来ビジョンを実現するための基本プロジェクトとアクションプログラムが描かれている。

協議会設立の翌年、2009年度からは、前年度に策定した事業計画に沿って本格的な活動が開始された。以下、４つの部会ごとに活動を紹介しよう。

「山郷の安全な暮らし部会」では、３つの事業を展開した。第１は、「山郷の安全な暮らし見守り隊」活動事業である。これは、災害に備え、平時から地域で高齢者を見守り、防災設備を充実させ、自主防災組織を強化することを目的としている。具体的には、2009年度には、地区の小学校で「日英防災教育セミナー」を開催、京都市にある地域自主防災組織「朱八自主防災会」との交流を行った。また、2010年度には、地区内の全戸に火災報知機を設置、2011年度には、非常持ち出し袋を配布するなど、精力的に活動を行った。

第２は、「山郷の備荒蔵」事業である。これは、備蓄をテーマに、地域生活共同組合をつくり、買い物代行、給食サービスなどを行おうという試みである。2012年度は、この事業に特に力を入れた。災害時に備えた備蓄の拠点として公民館に着目し、施設を整備するとともに、そこに味噌などの加工品や非常食を置くことも検討された。

第３は、防災拠点整備事業である。2010年度、新山郷村開村祭を行った高速バス停留所広場で、振興協議会によるテント市を開催した。それ以降、毎年７月と11月の年２回、地域の住民が共同で鯖寿司、こんにゃく、パンなどの手作り特産品や、地元の野菜、工芸品などを販売している。第３回のテント市には、地区内外から500人近い人が訪れた。また、高速バス停留所広場に、余った収穫野菜を販売する無人直売所も常設された。

「交流広場部会」では、人財づくり、観光・交流、その他ハード・ソフトインフラ整備のそれぞれの方面でプロジェクトを展開している。高齢化率が町内で最も高い山郷地区では、高齢者の居場所づくりや健康管理は大きな課題である。そこで、閉校になった山郷小学校に地域住民の触れ合いの場を作ろうと「山郷ふれあいサロン」を開設した。また、2010年10月には、地区内の歴史ある道を歩くイベント「歴史の道ウォーク」を開催、道沿いに「因幡の街道交流茶屋」を開き、参加者に湯茶のサービスを行った。

インフラについては、ソフト面の整備に力を入れた。具体的には、2011年10月には、振興協議会の公式ブログを開設した。ブログのタイトルは、「緑に包まれた里から」。イベントの案内や活動の紹介が掲載され、より広範囲に向けた情報発信が可能になった。

「地産地消部会」は、「豊かな食の小国山郷」創造プロジェクトとして、地元で作ったものを自分たちで食べる「地産・地消」をテーマに、農業推進や、料理を通じた交流事業を行っている。その一環として、2009年11月に、「我が家の味自慢コンテスト」の第１回目が開催された。出場者は、「豊かな食の小国山郷」のテーマのもとに、我が家の自慢料理を披露し、来場者の試食・アンケートによって優勝作品を決めるというものである。この年は８名が出品、50名の試食により優勝作品が決められた。コンテストは好評を博し、それ以降毎年開催されている。

テント市で販売する特産品づくりも、地産地消部会の担当である。食に関することだけに、地産地消部会は女性が中心である。家の畑で採れた野菜を使った料理や、地域の伝統料理、捕獲したイノシシや鹿肉を使った料理から、栄養バランスを重視した料理、パンやお菓子まで、それぞれの得意分野を活かして共同で作業する。イベントの際の大がかりな料理も、大抵は地産地消部会の手作りである。小学校の空き校舎を利用したレストラン開設の案も持ち上がっており、レシピや材料費、人件費の計算など、具体的な検討が行われつつある。

(3) 活動の成果と今後の課題

５年間の活動で、山郷地区振興協議会は多くの実績を上げてきた。防災の分野では、火災報知機の設置や非常持ち出し袋の配布など、目に見える成果が出ている。協議会発足当初の狙いであった高速バス停留所広場を地域の防災、交流の拠点にするという試みは、テント市の成功や無人直売所の設置によって少しずつ形になってきている。

また、食の分野では、女性の活躍の場が大きく広がった。集落ゼロイチ運動の時代にも、特産品づくりなどで女性が活躍する集落はあったが、地区振興協議会の部会活動を通して、他集落との協力関係が大幅に深まり、地域によるレストラン経営を計画するなど、女性が主体的に活動している。

その一方で課題もある。第１は、廃校後の小学校活用の問題である。2012年度から廃校となった山郷小学校は、現在、町の所有となっている。校舎の利用方法については、振興協議会側から提案する機会も何度かあったが、

町との具体的な話し合いには至っていない。山郷地区にのみ利益がある利用形態が許可されるのか、それとも、町全体のための施設とするのか。町役場は、振興協議会からの提案は、よいものであれば受け入れるという姿勢をとってはいるが、今のところ、双方様子見といった状況である。

第２の課題として、振興協議会の組織の改善という課題もある。現在の役員会は、約50人にもなる大所帯である。そのために、あまり会合に出てこないメンバーもいる。しばらく忙しくて会合に参加していないと、なんとなく出づらくなり、そのまま疎遠になってしまうこともある。地区の誰もが、いつでも気兼ねなく参加できる、そんな会合にする方法を考えることも必要だろう。

また、振興協議会の組織運営を、役場との協力関係をより強化できる方向にもっていくことも課題だろう。町役場の方から振興協議会に何かを要求してくるということはほとんどない。それは、住民の自主性を尊重しているという点では長所と捉えうるが、他方では、振興協議会のメンバーの中には、情報提供などの面で、役場にもっと積極的に地区に関わってほしいという希望もある。もちろん、個人として振興協議会の活動に参加、協力する町役場職員はいる。しかし、それでも、協議会と町役場の間に距離があることは否めない。この距離を、いかにして埋めるかは、今後の活動をさらに広げるうえで重要な課題の一つだろう。

3．那岐地区

3-1. 背景

那岐地区は、智頭町中心部から南に伸びる谷の奥にあり、2012年現在、1,116人が暮らす。地区内には、河津原（こうづわら）、奥西（おくにし）、下西（しもにし）、東宇塚（ひがしうづか）、五月田（ごがつでん）、宮ノ本（みやのもと）、口早野（くちわさの）、早野（わさの）、栃本（とちもと）、水島（みずしま）、駅前（えきまえ）、野原（のばら）、真鹿野（まがの）、早瀬（はやせ）、大屋（おおや）の計15集落がある。地区内の高齢者人口は390人、高齢化率は35％である。地区内には、国定公園に指定されている霊峰・那岐山があり、周辺はハイキングコースとなっている。

那岐地区の15の集落のうち、早瀬、五月田、奥西、早野の４集落が集落ゼロイチ運動に取り組んだ。早瀬集落は1997－2006年度、五月田集落は1998－2007年度、奥西、早野集落は2000－2009年度の10年間、同運動に取り組んだ。

3-2. 立ち上げの経緯

（1）きっかけ

上記の４集落が集落ゼロイチ運動を「卒業」し、各集落は、それぞれの形で活動を継続していく一方で、自分たちの集落で培ったものを那岐地区に還元したいという気持ちを持っていた。「このままでは、那岐地区として見た場合、何も残らないのではないか。高齢化などの問題は、集落の問題であるにとどまらず、地区全体で取り組むべき問題ではないのか」……各集落には、このような意識が強かった。

４集落は、集落を超えて活動するのは経験済みだった。集落ゼロイチ運動を行う中で、４集落は、特産品の協同販売を行ったり、互いの集落の行事を手伝い合う相互協力ネットワークをつくっていたのだ。その名前は、「いざなぎネットワーク」。地区単位の活動に向けて、集落を超えたまとまりで活動するという発想は、４集落にとっては自然なものだった。

町役場の側からも、2007年に「地区ゼロイチ運動をやってみては」という提案があった。山形地区、山郷地区は、すでに2008年度の振興協議会発足に向かって動き出していた。しかし、「すでに始めている地区と同じルートにのってもおもしろくない。住民からの盛り上がりで、自分たちの地区らしく始めたい」と、山形や山郷のように、大学教授を顧問に招くという方法は、あえて選ばなかった。「那岐には大学教授アレルギーがあるから」と理由を指摘する人もいる。

最初に動き出した数人は、五月田集落や奥西集落で集落ゼロイチ運動を中心的に推進してきた人たちだった。その中には、町役場職員、公民館長も含まれていた。彼らは、財産区議長や、他の団体のリーダーにも参加を呼びかけ、賛同の輪を広げていった。

（2）設立準備

振興協議会設立に向けて、役場職員、財産区議長、公民館長、PTA役員らが中心となって、那岐地区地域活性化検討会を発足した。2010年２月５日、公民館で第１回目の会合が開かれた。会合では、地区の現状や地域の課題、それらの解決策や活性化ビジョンが議論された。その後、会合は、ほぼ月一回のペースで開かれた。

検討会のメンバーを中心に各集落へ参加を呼びかけると、集落ゼロイチ運動に参加していた４集落からは比較的スムーズに賛同が得られた。なかでも五月田集落と奥西集落は、「卒業」後も、自主的に集落ゼロイチ運動を継続しており、地区ゼロイチ運動にも理解を示し、振興協議会設立にもほとんど反対意見はなかった。

一方、反対する集落もあった。たとえば、最初に動き出した数人の一人、K氏が振興協議会の説明に集落を回っていたときも、住民から活動費用を集める必要があることを説明すると、反対意見が相次いだ……「何に使うのか」、「何をするのか見えないことに、お金を出すのは…」。それらの意見に対し、K氏は、地区振興協議会の必要性を訴えた……「これからさらに高齢化が進めば、自分たちだけで集落を維持できない限界集落も出てくる。防災などの面を考えれば、そういった集落を地区全体でカバーしなければならない」。結局、一口500円の負担金を義務化することはせず、「集落で集まった分だけ」ということで妥協が図られた。「最初は、逃げ腰だったけど、自分で説明するからには責任を持たざるをえなくなった」と、K氏は当時を振り返る。

検討会の会合が回を重ねるごとに、各集落からやる気のある住民が集まって、那岐の今後について語り合うようになった。その会合は「那岐サロン」と呼ばれた。公民館の看板の上に「那岐サロン」の名前を掲げて、会合を重ねた。

協議会設立に向けて、検討会のメンバーは組織人事に心を砕いた。振興協議会には、財産区、公民館、PTA、町役場といったさまざまな立場の人間がメンバーに入り、さらにそれらの既存団体が協力して活動していくことになる。振興協議会内部の足並みが揃うように、また、集落間に不平等

が生じないように、注意深くメンバーの配置を決めた。さらに、組織づくりでは、役場職員を通じて素早い情報収集や情報網の拡大ができることにも留意した。那岐地区振興協議会では、地区出身の役場職員のほとんどが協議会のメンバーに入っている。そこで、役場の中枢メンバーを協議会組織の要所々々に配置した。

2010年11月の第９回目の会合からは、地区活性化のビジョンが議論された。その議論を通じて、「元気で優しい那岐が好き」、「住民が輝く那岐が好き」「心のふれあう那岐が好き」という３つのスローガンが決定された。そのスローガンのそれぞれについて、短期、中期、長期目標が定められた（付録５）。

（3）会長

組織づくりを行うメンバーたちにとって、会長を誰に依頼するかは大きな問題だった。やる気のあるメンバーが集まって準備を行ってきたものの、地区は広いだけに、集落のように、誰もが納得する会長を選ぶのは容易ではなかった。そのような状況で、この人なら誰も文句はないだろうと、検討会のメンバーが依頼したのが、五月田集落にある極楽寺の住職Y氏だった。

Y氏は、10年間の全期間にわたって、五月田集落の集落振興協議会会長を務め、10年が経過し、自主的な活動となってからも会長職を務めていた。しかし、那岐地区での振興協議会設立の動きには、まったく関与していなかった。当時、住職としての仕事が忙しく、他に保護司分区長を務めるなど、仕事や役職が重なっていた時期でもあった。「五月田のことだけで自分は精一杯だから、地区の活動までは参加しないでおこう」、Y氏は、そう考えていた。

2011年２月頃、振興協議会設立を目指していた中心人物数人がY氏のもとを訪れた。地区で振興協議会を立ち上げようという動きがあるのは知っていたが、Y氏は、そのとき初めて振興協議会が正式に発足することを聞いた。数人は、Y氏に「ぜひ頭（あたま）になってほしい。名前だけでも貸してほしい」と、会長就任を依頼した。その熱い依頼を受け、地域に貢

献しなければいけないという思いから、結局、Y氏は会長職を引き受けた。「和尚さんをトップにもっていったら、先祖を人質に取られるわけだから、誰も文句は言えないだろうと思ったんじゃないか。」Y氏は、笑いながら当時を振り返る。

Y氏は、かねてから子ども会や青年会の活動を通して地域活性化に携わってきた。31歳の時に、子ども会をつくり、そこから「極楽寺真言青年会」が誕生した。さらに、その一部のメンバーが「緑山会」をつくり、地域おこしに積極的に関わってきた。1977年から行っている子どもたちを対象にした「修養会」は、今でも続いている。このように、Y氏の極楽寺は、地域で活動しようとする人たちとタイアップして、地域の取り組みを以前から積極的に支援してきた。

3-3. 現在までの活動

2011年２月19日、約１年の準備期間を経て、那岐地区公民館で振興協議会の設立総会が開かれた。同年３月６日に町から正式に認定を受け、「いざなぎ振興協議会」という名称で振興協議会が発足した。集落ゼロイチ運動に参加した４集落がつくった「いざなぎネットワーク」の「いざなぎ」が、再び使われている。

(1) いざなぎ振興協議会

振興協議会の基本的な組織形態は、他の地区と同様である。地区住民全員が参加できる総会の下に、実務を統括する役員会と、各種団体長と集落代表によって構成される理事会が置かれている（付録６）。

役員会の副会長は、財産区議長、公民館長、役場幹部職員の３名と定められている。役員会のもとに、事務局と３つの部会がある。事務局には事務局長と事務局次長、各部会には部会長と副部会長が置かれるが、事務局長と部会長は「民間」から、事務局次長と副部会長は行政、すなわち町役場の幹部職員から選出されることになっている。一方、理事会には、公民館長、財産区議長、各集落の世話人のほかに、小学校PTA会長、那岐地区社会福祉協議会会長、婦人会長など、あらゆる既存団体の代表者が入って

いる。

協議会の事務所は、現在、那岐小学校に置かれている。2012年度からの小学校廃校に伴い、公民館の事務所と共に移転した。現在、専任の事務員はいないため、協議会事務局に所属する役員が、自分の仕事のかたわら協議会の事務を行っている。活動費用は、町の助成金と住民から集める地区負担金で賄われている。一口500円の地区負担金は強制ではなく、集落ごとに住民から集まった分だけとしている。

(2) 現在までの活動

先に述べたとおり、振興協議会は、「元気で優しい那岐が好き」、「住民（ひと）が輝く那岐が好き」、「心のふれあう那岐が好き」という３つのスローガンを掲げている。これらのスローガンのそれぞれに対応して、安全安心部会、地域振興部会、交流情報部会の３つの部会が設置された。

安全安心部会は、地域福祉の充実、健康づくり、防災対策を担当する。活動を開始した2011年度には、「那岐地区・笑顔の村づくり事業」として、要支援者・要介護者マップを作成するとともに、高齢者や要介護者の見守り支援活動の一環として、冬期間の屋根の雪下ろしや、自宅周辺の通路の除雪を地域住民が支援するため、各集落に除雪道具を配布した。また、防災面では、2012年度より、自主防災組織の設立を目的とした学習会を開くなど、地域防災の取り組みを始めている。

地域振興部会は、環境美化、農林業の振興、集落営農、特産品づくりをテーマに活動を行っている。2011年度には、特産品づくり事業として、どぶろく特区により地域の特産品どぶろくづくりに取り組む鳥取県伯耆町を視察に訪れた。また、林業振興事業として、チェーンソーの操作講習会も実施した。2012年度には、智頭町と交流している大阪府摂津市に出向き、農業祭に参加、那岐地区の高齢者が作った農産物を販売した。また、「子ども福祉ボランティア事業」（地区内の小学生を対象に、田植えから稲刈りまでを経験してもらい、餅をついて、メッセージとともに高齢者にプレゼントする事業）に取り組み、子どもたちと高齢者の交流を図っている。

交流情報部会は、地区内外への情報発信、交流事業、空き家対策等を担

当する。2011年10月には、那岐地区にある霊峰・那岐山（日本300名山の一つで、豊かな植生やパワースポットに恵まれる）の魅力を全国発信するために、地域イベント「いざなみコレクション」（山ガールファッションショー・那岐山登山）を開催した。このイベントには、多数の来客があり、マスコミにも大きく取り上げられた。また、2012年度には、地域の課題である結婚対策のために、婚活イベント「本気の婚活」を実施した。それには、智頭町内外から、男性22名、女性20名が参加し、７組のカップルが成立、大成功をおさめた。

地区外へ情報を発信しつつ、外部から知識を取り入れる……これは、交流情報部会を超えて、いざなぎ振興協議会が最も力を入れていることの一つでもある。振興協議会は、発足当初から町外の企業に積極的に働きかけ、協力関係を築いてきた。すでに、あるIT企業や鳥取総合研究所とつながりを持ち、チラシやウェブ上での広報に活かしている。さらに、2012年度には、小学校の空き校舎を利用した交流事業も開始した……地域外から招いた若手アーティストが小学校に滞在し、小学校を舞台にアート作品を制作、その展覧会を行うというものである。これは、智頭町で活動するNPO法人「森のようちえんまるたんぼう」（林・乾・杉万，2011）との共同企画として行われ、若手アーティストに作品発表の機会を与えるとともに、展覧会を通して地域内外の交流を促進することを目的とした。

(3) 活動の成果と今後の課題

いざなぎ振興協議会では、協議会全体の副会長だけでなく、各部会の副部会長にも役場職員が配置されている。他の地区の振興協議会に比べて、町役場の課長クラスの職員が多く、行政の情報網を積極的に利用できるのは、那岐地区の大きな強みである。

活動開始から２年が経過し、各部会は積極的に活動している。しかし、集落ゼロイチ運動のときにはなかった苦労や問題もある。その一つは、集落ゼロイチ運動よりもはるかに大勢の住民に対して、いかにして活動を周知させていくかという問題である。顔見知りだけの集落とは違い、活動の広報や行事の連絡など、何をするにも手間がかかる。規模の拡大による違

いは他にもある。集落ゼロイチ運動のときは、部会はあってないようなもので、メンバー全員で企画し、全員で実行していた。集落内で決めたことを集落内で行うのだから誰からも文句は出ない。それに対し、地区振興協議会は規模が大きいため、部会ごとの活動が重要となる。そうすると、部会の活動によっては、他の団体（例えば公民館）の活動と重なり、調整が必要になる。集落ゼロイチ運動のときと違って、必ずしも部会の思うようには活動できない場合も出てくる。

他の問題として、現在事務を専任で行う人間がいないため、事務局メンバーの負担が過重になり、活動を限定しなければならないという問題もある。実際、2012年度に行った小学校でのアートイベントは、2013年度は見送りになった。

今後､振興協議会は､小学校の空き校舎を利用した事業の拡大に積極的に取り組み《〔ママ〕》もうとしている｡「空き校舎の良い利用方法を見つけるのは、結構難しい。後者《〔ママ〕》は、一つの店や事業所にしては大きすぎるし、そうかと言って、部分々々に分けてバラバラに使うのでは、校舎としてのまとまりを活かしきれい《〔ママ〕》ない」と、ある協議会メンバーは言う。校舎全体を使った複合施設をつくれないか、校舎全体を活かした新しいビジネスを展開できないかなど、現在、模索中である。

また、安全安心の基盤として、防災体制をいかに築いていくかも重要な課題である。災害に強い地区を目指し、避難経路の確保や連絡網の作成、平時からの相互見守り体制の構築にも取り組もうとしている。

4．富沢地区

4-1．背景

富沢地区は､智頭町中心部から西に伸びる谷一帯に位置する｡人口は788人、高齢者は282人で、高齢化率は36％である。地区内には、９つの集落がある……岩神（いわがみ）、坂原（さかわら）、中田（なかだ）、惣地（そうち）、新見（にいみ）、口波多（くちはた）、波多（はた）、口宇波（くちうなみ）、宇波（うなみ）。それらの集落は、谷を流れる新見川と川の横を走る国道に沿って点在しており、そのため集落同士は離れている。

富沢地区では、9集落のうち、中田、波多、岩神の3集落が集落ゼロイチ運動に参加した。中田集落と波多集落は1997－2006年度、岩神集落は2000－2009年度の10年間、同運動に取り組んだ。

4-2. 立ち上げの経緯

（1）きっかけ

富沢地区振興協議会の設立発起人はN氏（2012年現在47歳）である。2009年、N氏が中心となり、「篭富会（ことみかい）」という地域団体が結成された。N氏は、惣地集落の出身であり、今に比べれば地域の交流イベントが活発に行われていた中で子ども時代を過ごしてきた。「今、地域には何もない。たとえば、那岐地区には緑山会があって、地区をまとめている。そのような地域を牽引できる団体をつくれないものか。」そう考えた若手メンバー7人が、2009年6月、N氏を中心に結成したのが篭富会だった。

篭富会のような地域団体は、富沢地区においてもさして珍しいものではない。他にも似たような活動をしている団体は、以前から存在していた。公民館、老人会、PTAなどの既存団体もあった。しかし、そのいずれも、活動の領域は限定されており、地区全体をまとめるような力は持っていなかった。

篭富会は、地元の人間の力で富沢地区を活性化することを目的に、交流事業を積極的に行った。富沢地区には、国の重要文化財に指定されている豊乗寺（ぶじょうじ）がある。その副住職も篭富会のメンバーである。そこで、毎年夏、地区内外の人を対象に境内でサマースクールを開催することにした。2012年には、子どもから大人まで、40人近くが参加した。豊乗寺の近くの畑で、農業体験イベントも行った。

一方、2011年に智頭町内の小学校の統合が決まると、廃校となる富沢小学校の今後を検討するため、PTA、公民館、婦人会などが中心となって文化振興協議会が設置された。富沢小学校は、以前、町役場が各地区の小学校建て替えを計画した際に、山郷小学校よりも早く建て替えられる予定であったにもかかわらず、町による計画変更で、結局、建て替えがなされないままになっていた。文化振興協議会の話し合いの末、老朽化した校舎は

取り壊されることになった。

文化振興協議会は、あくまで小学校の利用を考えることを目的とした組織である。しかし、校舎を取り壊すことは決定したものの、その跡地をどのように利用するかについては、遅々として議論が進まなかった。町役場に何か施設を建ててもらう要求を考えるばかりで、施設をどう運営していくのか、跡地を地域経営にどう結びつけるかといった前向きの発想がなかった。そのような文化振興協議会の様子は、N氏が地区振興協議会を立ち上げようと思ったきっかけの一つになった。

2011年６月、N氏は財産区議長に就任した。財産区議長のポジションは、地区内でかなり発言権がある。また、集落同士のつながりの薄い富沢において、財産区議会は、地区内の全集落に呼びかけることのできる数少ない場だった。N氏は、このタイミングを活かして地区振興協議会を設立しようと決断した。2012年度発足を目指して、振興協議会設立の準備を開始した。

(2) 設立準備

2011年12月、N氏は財産区議長として各集落の区長に呼びかけ、区長会を開いた[6]。正確には、各集落の区長は翌年１月には交代するので、次期の区長に呼びかけた。地区振興協議会の説明を行い、集落の同意を得るためであった。現在では、地区振興協議会の設立は年度の途中からでもできることになっているが、当時は、毎年３月に行われる「ゼロイチ運動発表会」で町から承認を受けることになっていた。したがって、残された時間は、わずか３か月しかなかった。

区長会で説明をすると、集落ゼロイチ運動に参加した経験のある中田、波多、岩神集落の代表は、「ゼロイチ活動は大変だ」と参加を渋った。10年という長丁場の集落ゼロイチ運動は、決して楽なものではなかった。「集落ゼロイチ運動で疲れた」という集落もあった（高尾・杉万，2010）。実際、上記３集落では、集落ゼロイチ運動で行ってきた活動は、10年経過と同時にぷっつりと途切れていた。N氏は、「とにかく、集落に負担をかけないようにします」と強調して、なんとか同意を得た。

2012年１月、各集落の新区長相手に、再度、説明会を開き、承諾書を書いてもらう約束を取り付けると、２月には組織づくりと規約作成に取り掛かった。前年から集落の同意を集めることが最優先の課題だったため、活動の具体案はまだほとんど決まっていなかった。会長、副会長の役を、財産区、公民館、役場から出すことに決め、各種団体長に理事として名を連ねてもらうことにした。

2012年２月29日、３月に行われる「ゼロイチ発表会」の直前に[7]、富沢地区振興協議会の設立総会が開かれた。ところが、この総会で、当初副会長に入ってもらう予定だった公民館長から、「理事になるのはいいが、副会長に当てることはやめてくれ」と言われてしまった。とりあえず会長さえ決まっていれば、町の承認を得ることはできる。結局、設立《〔ママ〕》この総会では、N氏が会長に就任することだけが決まった。

３月４日、「ゼロイチ発表会」で町から設立の承認を受け、正式に富沢地区振興協議会が発足した。その後、結局、副会長は公民館の代わりに婦人会から出ることが決まった。

こうして協議会の活動がスタートしたが、「文化振興協議会が地区振興協議会に変わったことに対しても、住民は無反応」とN氏は言う。協議会設立に際しての集落の合意も、「賛成」というよりは「反対はしない」という姿勢だった。富沢地区振興協議会が、住民に十分に浸透しないうちに始まったという感は否めなかった。

4-3. 現在までの活動

（1）富沢地区振興協議会

富沢地区振興協議会は他地区と同様、総会のもとに役員会があり、また公民館やPTAなどの各種団体長と集落の世話人が理事として入っている。（付録７）役員会の下に事務局、各部会が置かれている。会長をN氏が務め、副会長は財産区、婦人会、役場幹部職員から各１名である。

活動拠点となる事務所は富沢地区公民館の２階の一室に置かれている。事務所には事務員１名が常駐している。専任の事務員のいる３地区の振興協議会の中で唯一、事務員は地元の女性が務めている。公民館の他に、イ

ベントの際は富沢小学校を利用することもある。

協議会には文化部会と地域づくり部会の２つがある。役員会のメンバーは現在総勢で50人ほどである。もともと準備段階から活動を共にしていた数名の他に、設立に際して集まったメンバーが加わり、さらに協議会立ち上げ後事務局から役員会メンバーを募集したところ、10名ほどが集まった。そのうち文化部会は９名、70代くらいの人が中心になっている。地域づくり部会は８名、こちらは30代から60代まで幅広く、若いメンバーが多い。その残りから会長や副会長、監査等の役職を除いた30名弱は、設立後にできた学校跡地部会のメンバーである。これに関しては後述する。

篭富会会長であるN氏が立ち上げたこともあり、協議会には篭富会のメンバーも多い。そのため役員の年齢層が他地区に比べ若いのが富沢地区の特徴である。地域交流企画など、篭富会と地区振興協議会は活動内容が似通ってくる部分があるが、あくまで地区振興協議会の活動と篭富会の活動はしっかり区別するようにしている。「そうでないと結局、協議会の仕事が篭富会に流れることになる」とN氏は言う。協議会設立は達成したものの、すべてのメンバーが積極的に活動するというわけではないことが窺える。

（2）現在までの活動

まず、地区振興協議会設立を機に、小学校跡地利用を検討する文化振興協議会は、地区振興協議会の一部会として位置づけられた（付録７）。地区振興協議会の役員が担当する部会は、先述の文化部会と地域づくり部会の２つのままとし、理事である各種団体長の中で、この２つの部会に参加していない人が、文化振興協議会が担当していた小学校跡地問題を引き続き担う学校跡地部会のメンバーになった。学校跡地部会には、理事以外のもともとの協議会メンバーは、数名を除き基本的に関与しないことになった。

2012年８月13日、地域づくり部会の企画で、富沢地区夏祭りを実施した。当日はあいにくの雨で、富沢小学校の体育館で開催された。集落間が離れているため徒歩では来ることができない。バスは１日に数本しかない。マイカーで来ればお酒は飲めない。さまざまな事情を考慮して、当日は臨時

の送迎バスを運行した。普段はあまり顔を合わせない住民が一同に小学校に集まり、出店や盆踊りを楽しんだ。

大学との交流活動も行った。８月、惣地集落で鳥取大学と共同で「地元学」セミナーを企画、実施した。同大学の教授と学生約20名が惣地集落を訪れ、２日間にわたって、関心あるテーマについて地元の人に話を聞き、集落の自然や生活、文化を学ぶという内容だった。学生は、住民に教わったことを自分たちでまとめ、集落公民館で住民に発表した。その発表会には、多くの住民が集まった。

それでも、始まったばかりの地区振興協議会の認知度はまだまだ低い。活動を知ってもらおうと、事務局からは毎月広報を発行している。広報のタイトルは「とみざ輪」。イベントのお知らせや活動の紹介、役員の募集など、地区振興協議会を中心に住民の輪を広げようと、工夫を凝らして活動している。

(3) 活動の成果と今後の課題

今後は、観光や交流など、地域外から多くの人が訪れる環境をつくり、それをきっかけに地域内での交流、活性化を図っていこうとしている。例えば、まだ構想段階ではあるが、文化部会では豊乗寺周辺をセラピーロードとして整備する、地域部会では地区内の美しい自然景観や名所を活かして地域外から人を呼び、収益を上げるしくみをつくることが検討されている。

さらに、そういった活動を進めていくうえで、いかに集落の協力を得るかが大きな課題となっている。富沢地区は、地区の範囲と小学校区が一致していないため、地区の一体感が弱い。また、以前、町による小学校改築の計画が頓挫したことで、富沢地区の住民の中には、今でも行政に対して不信感を持つ人が少なくないという声も聞かれた。外部から積極的に人や情報を入れることで閉鎖的な環境に刺激を与えながら、一方で、地区内のイベントや情報発信を通して、根気強く協議会に対する理解と協力を呼びかけていくことが必要だ。

5．考　察

「自分が住む地域を何とかしたい」……そう願う人は多い。しかし、それに向かって自分が立ち上がるかとなると、決して容易なことではない。自分だけが住んでいるのではない。家族も住んでいる。友人、知人も住んでいる。それが、地域だ。その中で、意を決して立ち上がり、これまでの惰性に掉さすのは容易ではない。しかし、本論文で紹介した３つの地区振興協議会の事例、また、山田・欒木・杉万（2013）が報告した山形地区の事例、さらには、地区ゼロイチ運動に先立つ集落ゼロイチ運動の事例は、「自分の地域を何とかする」ことが可能であることを教えてくれる。

同時に、それらの事例は、「住民が自らの地域を何とかする」ための仕組み（システム）が、いかに重要であるかも教えてくれる。仕組み（システム）は、「まず、だれかが仕組みをつくって、それを多くの人々に適用する」といったやり方では、なかなかうまくいかない。仕組みの構築プロセスそのものに、それが将来的に適用される人々が参加していなければ、仕組みは機能しない。この点は、「風景を共有できる空間」のような顔の見える空間で、仕組みを構築する場合には、特に重要となる。

本論文で報告した振興協議会の「立ち上げの経緯」には、「住民が自らの地域を何とかする」ための仕組みを構築するプロセスが述べられている。そのプロセスは、実に多様である。山郷地区や那岐地区のように、地区ゼロイチ運動に先行する集落ゼロイチ運動の組織が活かされる形で、新しい仕組みが構築された地区もあれば、富沢地区のように、集落ゼロイチ運動を行った集落があったにもかかわらず、それとは一線を画す形で、新しい仕組みが構築された地区もある。また、集落ゼロイチ運動の組織が活かされる形で新しい仕組みが構築された場合も、単なる集落ゼロイチ運動の延長線上に構築されたのではない。そこには、10年間の集落ゼロイチ運動で得られた「教訓」が、陰に陽に活かされている。

さらにさかのぼれば、地区ゼロイチ運動に先行する集落ゼロイチ運動も、それに先立つ約10年の前史がある。それは、1984年に「たった二人」から始まった運動である（岡田ほか，2000）。振り返れば、それ以来、四半世

紀の時間が経った。いや、「積み重なった」というべきかもしれない。その時間の積み重ねの中で、「風景を共有できる空間」を何とかしたいと願う人間が、何とか動けるような仕組みが形成されてきた。

「悲壮感させ《〔ママ〕》漂う、必死の運動」から「楽しげで軽やかな運動」への移行……この表現は、集落ゼロイチ運動の前期から後期への変化を見事に捉えている。この移行は、単なる運動への慣れを意味するのではない。必死の運動の積み重ねこそが、軽やかさを産み出すのだ。それだけに、軽やかさのもつ意味は大きい。この移行は、集落ゼロイチ運動の変化のみならず、集落ゼロイチ運動から地区ゼロイチ運動への変化にも当てはまるのだろうか。今後の推移を、活動を共にしながら見守っていきたい。

〈付録１～７は、集団力学研究所のホームページから検索してください。〉

付録１．町役場から提示された地区ゼロイチ運動の企画
付録２．四面会議システム
付録３．山郷地区で実施されたアンケート（一部抜粋）
付録４．新山郷村活性化ビジョン行程表
付録５．那岐地区の３つのスローガン
付録６．いざなぎ振興協議会の組織
付録７．富沢地区振興協議会の組織

注

1　京都大学総合人間学部（現在：京都大学大学院アジア・アフリカ地域研究研究科）　imura@asafas.kyoto-u.ac.jp
2　岡山県立大学保健福祉学部　arakugi@fhw.oka-pu.ac.jp
3　京都大学大学院人間・環境学研究科　sugiman.toshio.7a@kyoto-u.ac.jp
4　智頭町の概略、および、地区振興協議会に連なる前史についても、同論文を参照されたい。
5　SWOT分析とは、組織や地域の現状を、強み（Strengths）、弱み（Weaknesses）、機会（Opportunities）、脅威（Threats）の各面から分析する手法。
6　区長は、集落の世話人で、毎年変わる。

7　「ゼロイチ発表会」とは、3月の第1日曜日に、集落ゼロイチ運動に参加している全集落が一堂に介して行っていた発表会。現在では、地区ゼロイチ運動に参加している全地区の発表会として継続されている。

引用文献

岡田憲夫・杉万俊夫・平塚伸治・河原利和（2000）．地域からの挑戦：鳥取県智頭町の「くに」おこし．岩波書店．

杉万俊夫（2006）．コミュニティのグループ・ダイナミックス（第2章）．京都大学学術出版会．

高尾知憲・杉万俊夫（2010）．住民自治を育む過疎地域活性化運動の10年：鳥取県智頭町「日本・ゼロ分のイチ村おこし運動」．ジャーナル「集団力学」，27，76-101．

羅貞一・岡田憲夫・竹内裕希子（2008）．減災型地域コミュニティマネジメントのための戦略的リスクコミュニケーション技法に関する研究．京都大学防災研究所年報，第51号B，179-188．

樂木章子・山田奈々・杉万俊夫（2013）．「風景を共有できる空間」の住民自治：鳥取県智頭町山形地区の事例．集団力学，30，2-35．

―2013.5.30受稿, 2013.12.2受理―

【集団力学2013年第30巻pp.409-435
集団力学研究所ホームページ2013年掲載
https://www.group-dynamics.org/journal】

論文-6

政策の立案・実行過程における住民参加の新しい試み
―鳥取県智頭町「百人委員会」―

叶　好秋（京都大学）[1]・樂木章子（岡山県立大学）[2]・杉万俊夫（京都大学）[3]

要　約

地域の一般住民が、政策の立案過程のみならず実行過程にまで参加する「住民参加」の新しい方式として、鳥取県智頭町では「百人委員会」という試みがなされている。百人委員会は、町長のイニシアティブのもと、平成20年（2008年）に発足した。その特徴は、次のとおりである。

①百人委員会の委員には、満18歳以上の町民か、町内の事業所で働いているならば、だれでも応募できる。

②商工・観光、生活・環境、保健・福祉・医療、農林業、教育・文化など、行政のほぼ全域にわたる部会が設置されている。

③百人委員会で立案された政策は、民主的な取捨選択を経るが、なるべく多くの政策に対して「予算措置」されることが約束されている。

④百人委員会の委員は、政策立案にとどまらず、行政職員とともに政策の実行・実現にも当たる。

本論文では、百人委員会が設置されるに至った経緯、設置後の７年間の経緯（平成26年度まで）を報告する。それを踏まえて、新しい住民参加方式としての百人委員会の意義を明確にし、今後の課題を検討する。

キーワード：百人委員会、住民参加、政策立案・実行、鳥取県智頭町

1.「百人委員会」の誕生

地方行政への住民参加をめぐっては、すでに全国で多くの試みがなされている。ひと口に住民参加と言っても、その内実は多様である。たとえ

ば、事業の計画素案等に対するパブリックコメントも住民参加の一つであるし、住民アンケートの実施や計画策定に係る住民公募という形態も住民参加の形態として考えられる。とはいえ、これらは住民参加といっても、行政が予算作成の説明責任を果たすことが中心で、住民による事業提案や予算提案はほとんどない。これらの現状から、今後はこれまでの住民参加の枠組みとは異なる効果的な住民参加の方法が課題としてあげられている（濱田、2013）。

本論文では、平成20年(2008年)以来、鳥取県智頭町で行われている「百人委員会」を取り上げる。百人委員会は、新しい住民参加の具体的事例であり、今後の住民参加のあり方を考える上で、貴重な参考資料になると考えたからである。

本節では、まず、百人委員会の発足から現在までを詳細に述べる。その後、時間的な順序は逆になるが、智頭町で百人委員会が発足するに至った過去の経緯を述べる。

1-1. 鳥取県智頭町

智頭町は、鳥取県の南東隅に位置する中山間地である。総面積の93％を森林が占め、その森林には杉、ヒノキが植えられている（図１、写真１を参照)。智頭町に入ると、「智頭杉のまち」という看板が掲げられている。しかし、智頭町に限らず、もう半世紀にわたって日本の林業は低迷を続けている。

智頭町は、典型的な過疎地域でもある。昭和30年（1955年）の約15,000人をピークに、人口は急速に減少。百人委員会が発

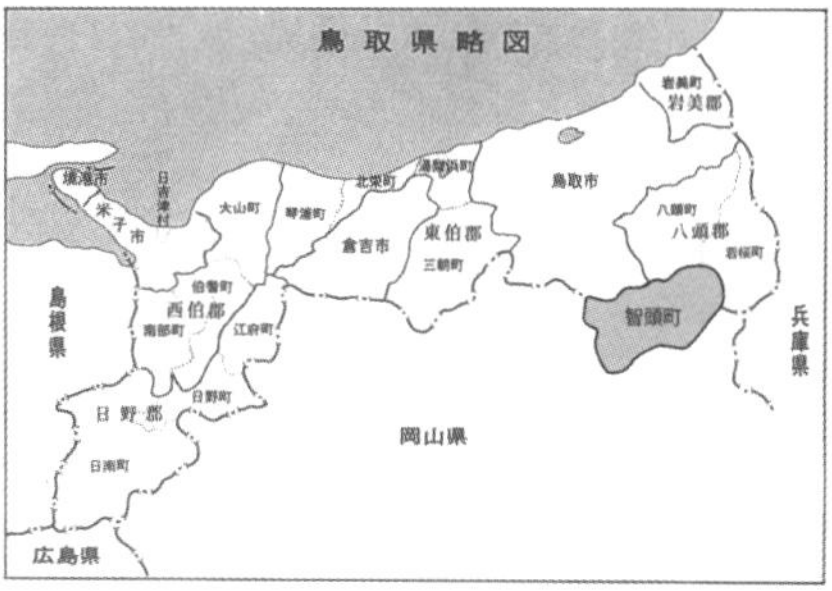

図１　智頭町の位置

写真１　山に囲まれた集落風景

足した平成20年（2008年）時点では、約8,400人にまで減少していた。65歳以上の高齢化率は34％（全国では約20％）に達していた。

1-2. 百人委員会の誕生

まず、百人委員会誕生の経緯と同委員会の概要を、当時、智頭町役場地域振興室長として同委員会の発足に深くかかわった田中俊訓の文章を引用する形で紹介しよう（田中､2009a，2009b）[4]。

百人委員会は、平成20年（2008年）の町長選挙で当選した寺谷誠一郎氏の決断によって誕生した。寺谷町長（同年６月就任）は、選挙運動の期間から､「もう俺についてこいという時代は終わった。これからは、あなたたち住民が主役となり、住民と行政が一体となって町の未来を切り開くしかない」と繰り返し訴え、百人委員会の実現を公約に掲げていた。

寺谷町長が就任してすぐに、百人委員会の募集が始まった[5]。一般公募である。寺谷町長に町の未来を託した住民が次々と応募してきた。予想を大きく上回る142名の応募があったが､これは住民の町政に対する危機感と希望が入り交じった結果であろう。また「優れた企画に対して町が予算を付けます」というのは全国的に珍しい試みであり、インセンティブとなった｡「町のために応募してきた人を落とす理由なし」ということで、町長は応募者全員を委員として任命した。

９月16日、「智頭町百人委員会出発式」を開催、第１回部会では、部会長、副部会長を選出、今後の日程、会議のルール（表１）などの確認を行った。各部会終了後、部会長、副部会長による第１回運営委員会を開催、委員長、副委員長を選出し、いよいよ百人委員会がスタートした。また、具体的な会議の進め方については、本論文末尾の付録３のようなわかりやすい指針が配布された。

表１　会議のルール

１．相手の意見を否定しない。
２．１回の発言は１分以内（資料説明などは別）。大声禁止、議長が制止する。
３．意見のキーワードをプロジェクト用紙に記入。何が話題となっているのかを全員が確認しながら、会を進める（議事録はとらない、決定事項のみ記録）。
４．１人３票制の複数多数決方式で意見を絞り込み。

1-3. 百人委員会の概要

百人委員会は、６つの部会で構成されている。行財政改革、商工観光、生活環境、保険・医療・福祉サービス、農業林業、教育文化の各検討部会で、概ね役場の課単位での構成である。

次年度の予算に間に合わせるという目標に合わせ、企画、予算案の提出締め切りを12月中旬と設定した。そのため各部会での実質審議は３ケ月弱という非常に短期間での作業となる。各部会では概ね隔週開催を設定したが、時間不足から毎週開催に踏み切った部会、小部会に分けて効率を上げるなどの工夫が行われた。

会議は公民館、役場会議室を使い、夜７時から10時まで２～３時間程度で、少ない部会で７回、多い部会では小部会も含め十数回の回数を重ねた。委員の多くは仕事を終えて夕食の準備だけして息をきらせながら出席という姿もみられた。委員の方々の百人委員会への思いと努力には改めて頭が下がる。

各部会には事務局として課長補佐クラスの職員が２名ずつ張り付き、情報提供、日程調整、コーディネイトの役割を担った。住民との協働の接点となる大切な役割である。コーディネーターは初めてという職員もあり、研修の必要性を感じた。

1-4. 各部会での議論

各部会は、部会長の進行の下で活発に進められた。役場の会議では出てこないような発想や提案がしずらいようなアイデアもポンポンと出てくる。

商工・観光検討部会では「智頭町にはトトロとそっくりの場面がある。まるごとトトロの街に」、「観光を切り口にしているが食が弱い。無農薬野菜や参勤交代で出された食材を洗練し“智頭弁”として売り出したい」、「智頭農林高校で開発している杉の“わっぱ”に入れて売ろう」。また、「町内には立派な家が空き家となって潰れそうになっているものもある。修復して宿泊施設にしたら一石二鳥」など、空き家対策も委員からの声となれば説得力がある。

教育・文化検討部会では、「智頭町の素晴らしい自然環境を活かし、“森

のようちえん”を作りたい」[6]、「子どもたち、お年寄り、地域が一緒になって減反中の田んぼで米を作り、食料危機で困っている国へ送りたい。国際貢献につながる」など、地域の特色を活かした取り組みがあげられた。

行財政改革検討委員会では議員と町職員の給与に議論が集中し、「単独でいくと決めたからには議会、町職員の給与の改革が不可欠」[7]、「議員は日当割が妥当だ」といった内容が徹底して話し合われた。この部会だけは他の部会とは違った雰囲気で、担当した総務課、企画財政課の町職員は激しいジレンマに立たされた。

このように、それぞれの部会で住民が智頭町の未来に対して真剣に語ってもらったが、実質３カ月足らずという限られた期間に企画書と予算書を作成しなければならず、どの部会も企画の絞り込みに非常に苦労した。

1-5. 町民・庁内・議会への影響

委員募集当初は、町長の「やらせ事業」ではないかというような声も聞かれたが、委員会の募集方法、趣旨、部会の模様が、次々と周知される中で、委員以外の住民にも関心が広がっていった。町を歩いても、また住民との会合でも「百人委員会、結構期待しとるだで」という声が聞こえてくるようになっている。

役場内部では、幹部職員と担当部局以外は、比較的に冷静に眺めているといった雰囲気であるが、マスコミが頻繁に出入りし、突然カメラを振ったりすることが多くなり、職員も無関心ではいられない。

さて、「百人委員会があれば町議会はいらない」といった発言さえ聞かれる中での議員の反応。当初は「議員軽視だ」、「これは議員の仕事ではないか」、「百人委員会に予算編成権があるみたいでおかしい」と言う議員もいたが、オブザーバーとして部会に参加した議員からは「意見はいくらあってもいいじゃないか」、「多くの住民の声が届くのは良いこと。議会で案をチェックできるので、議会軽視にはならない」という声が聞かれるようになった。西川議長も、「議員は事業を精査し、優先順位を判断することで職責をしっかり果たしたい」といったスタンスを保っている。新年度予算が審議される３月議会に注目が集まるのは必至である。

1-6. 公開予算ヒアリング

2008年12月14日、公開予算ヒアリングの日がやってきた。会場となった総合センター大集会室は百人委員会のメンバーと町職員、オブザーバーの町会議員、県幹部、そして、一般住民でいっぱい。それを新聞記者やテレビカメラが追いかける。ステージスクリーンには「智頭町百人委員会公開ヒアリング」の文字がくっきりと映し出され、前列中央に設けられたヒアリングのための広いテーブルがぽっかり空いている。一種異様な雰囲気が漂っていた。

町長、委員長の挨拶を受けて、いよいよ予算折衝が始まった。（各部会の企画は、本論文末尾の付録４を参照）。各部会30分という時間制限はやむを得なかったが、その中でそれぞれの部会で練り上げてきた企画のプレゼンテーションが行われた。ある委員は映像を馳駆し会場をうならせ、また別の委員は声をからして切々と窮状を訴えた。それに対し、町長、担当課長が質問、アドバイスを行うといったやり取りが続く。双方真剣勝負である。各部会３～５本の企画・予算が提案され、６つの部会で合計21本の企画書が、この日提案された。あっという間の４時間が過ぎ去り、閉会の挨拶。寺谷町長は声を詰まらせた。感動的な一瞬となった。

当日は会場アンケート、町幹部職員の採点の二つの形で企画内容の審査を行った。会場アンケートはシンプルなものとし、21本の企画の中で「町としての重要な施策を３点選んで○を付けてください」という形式。

町幹部の採点方法は、緊急度、費用対効果度、委員・住民参加度、智頭町としての独自性、10年後のイメージの５指標について、１点～５点で評価し、25点満点で採点してもらった。

その結果は、表２のとおりで、予算審査の資料として使われた。

公開ヒアリングでは時間制限もあり細部のやり取りまでできなかったため、年が明けてから改めて町長、町幹部が各部会に出向き予算折衝の続きを行った。委員一人ひとりが町長、担当課長らに素直に思いを発信できる絶好の機会となった。

公開ヒアリングを受けて、町では年末までに、各担当課で、次年度予算計上可能なものと困難なものに仕分け、予算の詳細検討が行われた。これ

表2　公開予算ヒアリングでの会場アンケート、幹部審査結果

部会	企画見出し	町幹部職員審査平均点	町幹部職員順位（上位10位）	会場アンケート順位（上位10位）
商工・観光検討部会	「トトロに出会えそうな町づくり」プロジェクト	16.8	4	4
	参勤交代「智頭弁」食キング	17.1	3	10
	智頭町空き家活用事業	14.9		4
生活・環境検討部会	智頭町環境政策に向けてのシステムづくり	16.2	8	
	公共交通機関の活用方法改善及び「すぎっこバス」の利用率の向上	15.2		10
健康・福祉・医療サービス検討部会	医師、看護師、介護福祉士の確保	17.2	2	3
	子どもの医療費軽減	14.9		
	智頭町「健康革命」	16.5	5	
農業・林業検討部会	米の生産調整政策に反対し有機農法によるブランド米・農作物の生産と販売ルートの確立	15.5	10	8
	農業問題アンケートの実施	16.3	7	
	林道・作業道の開設と間伐の推進	15.5	10	4
	間伐材等の木材を加工・利用する施設の建設	14.0		
	森林を利用した健康づくりやイベントの開催	16.4	6	
教育・文化検討部会	智頭町に森のようちえんを作ろう！	19.0	1	2
	移動図書館車（仮称）「読書セラピー号」が走る	15.0		
	智頭米を生かした国際貢献	15.7	9	
	子育て支援組織（仮名）の設立	14.8		
	結婚・すこやか子育て支援制度の確立	14.6		
行財政改革検討部会	町議会・議員の改革	15.0		1
	人事・組織の改革	13.9		9
	職員給与の改革	12.3		7

を元に町幹部会で１件ずつ慎重な審査が行われた。査定のポイントは、委員・住民の参画度と運営方法である。予算上の取り扱いは、最終的に、次のように仕分けることとなった。

①「まちづくり交付金」の制度を新設し、提案者に運営を任せるもの
②百人委員会と協議し、町事業の一環として取り組むもの
③調査的な企画は住民意識調査として一括して百人委員会と町で実施。総合計画、百人委員会を将来へ担保する自治基本条例の策定への資料とする
④アイデア的な企画については次年度さらに練り上げ改めて提案

1-7. 公開予算ヒアリング以降

以上、田中（2009b）を引用して、2008年９月に百人委員会が誕生して約３カ月の経緯を紹介した。その紹介の最後に述べたように、公開予算ヒアリング、各部会と町幹部によるさらなる予算折衝（2009年１月）が行われ、各部会から提案された企画の中から、次年度の2009年度（平成21年度）予算案に盛り込まれるものが絞り込まれていった。その予算案が町議会の審議に付されたことは言うまでもない。

百人委員会の各部会は、年度末に向けて提言を取りまとめた。各部会の提言を、本論文の末尾の付録３に示す。

2.「百人委員会」のその後

「百人委員会」は、誕生後もおおむね順調に進捗し、毎年度、同委員会が提出した企画の中から予算措置されるものが少なくない。平成21年度（初年度）から28年度の８年間にわたる企画の採択・不採択をまとめると、付録５のとおりである。

本論文は、「百人委員会」の誕生を中心とした事実経過をまとめる域を出ていない。「百人委員会」は、単に住民が行政に要望を出すだけという段階を超えて、新しい住民参加、すなわち、企画段階さらには実行段階にまで住民が参加するという意味で、新しい住民参加に挑戦した先駆的な試みで

ある。それだけに、その成果と制約条件については、慎重な検証が必要であろう。その本格的な検証は別稿の課題としたい。

しかし、それにしても、少なくとも次のような指摘は可能と思われる。第１に、「百人委員会」は、本稿執筆時点（平成29年度）も、なお継続しているように、智頭町行政の確たる一角を占めるに至っている。一見、提案数が減少しているかに見えるのは、発足当初に存在した多くの問題が、それなりに解決されつつあることの表れとも言えよう。

第２に、初年度には設置された「行財政改革部会」が、２年度以降、姿を消したことにも注意する必要がある。田中（2009b）は、同部会について次のように述べている。

> 行財政改革部会では、議員と町職員の給与に議論が集中し、「単独でいく[8]と決めたからには、議会、町職員給与の改革が不可欠」、「議員は日当制が妥当だ」という内容が徹底して話し合われた。この部会だけは、他の部会とは違った雰囲気で、担当した総務課、企画財政課の町職員は難しいジレンマに立たされた。（下線は著者による）

百人委員会は、あくまでも政策立案・実行への住民「参加」であり、選挙を基盤とする「政治」とは異なる。行財政改革、とりわけ、議員や町職員の給与のような利害関係をはらみ、激しい対立をもたらすテーマは、「政治」の場で決することである。ここに、百人委員会の制約条件の一つが見て取れる。百人委員会が、あくまでも住民参加の一方式である限り、激しい対立や、一部の人々の大きな利益や損失をもたらすテーマには不向きである。では、「政治」と「住民参加」が、いかに建設的な補完関係を築いていけばよいのか……それが今後の大きな課題となるだろう。

CHANGE CHIZU TOWN!!

『こんなまちに住みたい！』を実現しませんか？

「智頭町百人委員会」委員を募集します！

○百人委員会とは

智頭町の自立度を高め、活力ある地域づくりを進めるために、町政へ住民の皆さんの声を反映していくことが必要です。

百人委員会は、住民が身近で関心の高い課題を話し合い、これを解決するための政策を行政に提案し、智頭町ならではの住民自治を実践することを目的としています。

○百人委員会 部会

①行財政改革検討部会	④保健・医療・福祉サービス検討部会
②商工・観光検討部会	⑤農業・林業検討部会
③生活・環境検討部会	⑥教育・文化検討部会

○募集委員

100人程度

○応募資格

①満18歳以上（高校生を除く）の町民の方

②町内事業所へ勤務されている方

○応募方法

①住所　②氏名　③生年月日　④連絡先　⑤希望する部会（第2希望まで）を記入して、役場企画財政課（担当：田中、山本 ℡75－4112）まで提出してください。

○募集期限　平成20年9月8日（月）〆切

---------- 切り取り ----------

①住　所　智頭町　番地

②氏　名（会社名）　（　　）

③年　齢　歳

④連絡先電話番号　（　　）　－

メールアドレス

⑤希望する部会　第1希望　部会

第2希望　部会

※収集した個人情報は、百人委員会関係事務以外には使用しません。

付録1　百人委員会募集チラシ

付録 2. 百人委員会設置要綱

智頭町百人委員会設置要項

（設 置）

第 1 条 智頭町は、町の自立と持続をめざし、諸課題に関する住民の意見を町政に反映させ、もって町の発展と住民福祉の向上に資するため、智頭町百人委員会（以下「委員会」という）を設置する。

（所掌事務）

第 2 条 委員会は、智頭町内における各種政策等について意見を町長に述べることとする。

（組織）

第 3 条 委員会は、次の部会を設置し、各部会で正副部長を互選する。

①商工・観光部会
②生活環境部会
③健康部会
④林業部会
⑤特産農業部会
⑥教育・文化部会
⑦獣害対策部会

2 委員会は、各部会の正副部長で構成する百人委員会運営委員会（以下「運営委員会」という」を設置する。

（委 員）

第 4 条 委員は、次の各号の規定を順次適用して選出された者を、町長が任命する。

（1） 公募の開始の日において高校生を除く年齢満１８年以上の応募者で、智頭町の住民基本台帳に記録され、又は外国人登録法(昭和 27 年法律第 125 号)第 4 条第 1 項
の外国人登録原票に記載された居住地(以下「居住地」という。)が智頭町である者。

（2） 智頭町内事業所に勤務する者。

2 委員の任期は、1 年（任命の日より翌年 3 月 3 1 日まで）とする。

3 委員は、再任されることができる。

4 町長は、委員が次の各号のいずれかに該当するときは、その委員を解任することができる。

（1） 心身の故障のため職務の遂行に堪えないと認められるとき。

（2） 委員たるに適しない非行があると認められるとき。

12

付録２　百人委員会設置要綱

（委員長）

第５条委員会には正副委員長を置き、各部長および副部長の互選によりこれを定める。
２　委員長は、会務を総理し、委員会を代表する。
３　副委員長は、委員長を補佐し、委員長に事故があるとき又は委員長が欠けたときは、その職務を代理する。

（会 議）
第６条　委員会の会議は総会、運営委員会、部会とし、総会、運営委員会は委員長が招集し、部会は部長が招集し、それぞれ議長となる。
２　委員長は、運営委員会から総会又は運営委員会招集の請求があったときは、これを招集しなければならない。
３　会議の開催方法は、運営委員会で決定する。
４　会議は、その調査審議のため必要があると認めるときは、関係者又は参考人の出席を求め、その意見を聴くことができる。

（意見の取扱い）
第７条 企画提案会では、会議で審議された内容をとりまとめ町長に提出するものとする。
２　　町長は、企画提案会で提出された内容を精査した上で、これを尊重し、智頭の地域の発展と住民福祉の向上のため、町政に反映させるものとする。
３　　委員は、企画提案した内容について、「自立と持続を推進するまちづくり交付金」などを活用し、住民主体で事業を展開するものとする。

（庶 務）
第８条　委員会の庶務は、企画課において処理する。

（雑則）
第９条　この要項に定めるもののほか、委員会の運営に関し必要な事項は、運営委員会が定める。

（附則）

この要項は、平成２０年７月２８日から施行する。

この要項は、平成２１年４月１日から施行する。この要項は、平成２３年６月６日から施行する。

この要項は、平成２４年６月１２日から施行する。この要項は、平成２５年５月３０日から施行する。

13

〈付録３～６は、集団力学研究所のホームページから検索してください。〉

付録３．会議の進め方の指針
付録４．公開予算ヒアリング資料（平成20年12月14日）
付録５．各部会の提言（平成21年３月25日）
付録６．百人委員会から提案された企画（平成21～28年度）

注

1　京都大学大学院人間・環境学研究科　ye.haoqiu.73v@kyoto-u.jp
2　岡山県立大学保健福祉学部　arakugi@fhw.oka-pu.ac.jp
3　京都大学大学院人間・環境学研究科　ttttsugiman@yahoo.co.jp
4　本項（1-2）から1-6項までは、田中（2009b）からの引用である。
5　百人委員会の募集チラシは本論文末尾の付録１、設置要綱は付録２を参照。
6　「森のようちえん」とは、園舎を使わず、雨が降ろうと雪が降ろうと、森の中で過ごす「ようちえん」（文部科学省が定めた幼稚園ではないので、平仮名表記にしている）。「森のようちえん」の詳細については、林・乾・杉万（2011）を参照。
7　鳥取市と合併するか、合併しないか（単独を守るか）をめぐって紆余曲折を経た結果、最終的には単独路線で決着したことを指す。その紆余曲折の経緯については、杉万（2008）を参照。
8　「単独でいく」という意味は、脚注８を参照。

引用文献

杉万俊夫（2008）．地域活性化のアクションリサーチ．サトウタツヤ・南博文（編）質的心理学講座３：社会と場所の経験，pp.155-181.

田中俊訓（2009a）．「限界自治体」からの挑戦：智頭町百人委員会、住民と自治、４月号，32-34.

田中俊訓（2009b）．新しい「参加」への挑戦:町民の声を予算編成に反映させる．地方自治職員研修，４月号，56-59

濱田一成（2013）行政活動領域における住民参加の意義と動向．㈶地方自治体研究機構　市区町村における住民参加方策に関する調査研究，9-15

林沙織・乾英理子・杉万俊夫（2011）．保育と療育における身体の「溶け合い」．ジャーナル「集団力学」，28，66-85.
https://www.jstage.jst.go.jp/article/jjgd/28/0/28_66/_pdf

—2017.4.30受稿．　2017.11.25受理—
【集団力学2018年第35巻pp.3-83
集団力学研究所ホームページ2018年掲載
https://www.group-dynamics.org/journal】